प्रारम्भ

यह अंत नही शुरुवात है।

क्युकी पिक्चर अभी बाकी है मेरे दोस्त !!

- दिपा वंजारे

ISBN 979-8-89277-278-5

ये किताब में अपने पापा को समर्पित करती हूँ।
में ये किताब मेरे पापा को उनके ६६ ज़ल्मदिन पर तौफ़े में देती हूँ।

This book is dedicated to my dad.
I am gifting this book to my dad for his 66th birthday.

मेरा जीवन सकारात्मक दृष्टि से बदलने वाली मेरी गुरु "देवी लक्ष्मी" "करोड़ों की देवी अंजना रितोरिया" को पूरी दिल से शुक्रिया करती हूँ।

&

Special thanks to my guru lord lakshmi
"Anjana Reetoriya"

अनुक्रमणिका

Section अ

डिप्रेस व्यक्ती और डिप्रेस व्यक्ती का परिवार

Gratitude

First I'm thankful for my dad, who is my best friend too. I am thankful for all his support, encouragement, unique teachings and his blessings.

I am thankful for my mom. Mom is always a lifetime teacher. I learned many things from her. I am really grateful for that.

I am thankful to my sister Sayali for her out of the box thinking. Most of the time I was like "are ha Bhai aisa bhi ho sakta hai :) "Thanks for all your support.

And Special Thanks to Sayali for this mesmerizing book cover and wonderful customize chapter designs.

I am so thankful to Shashank Tawte & Satish for Website designing

I am so thankful to my "motha mama", who was always with me at important turns of my life

I am so thankful to each and every family member. Thank you universe for loving, supportive, understanding family.

I am so thankful to my "Nali aatya" who is my childhood 2nd mother.She loves me and always takes care of me.

Universe
I am so thankful for all guidance, support, love, encouragement, acknowledgment.

I am so thankful to my Guru Anjana Reetoriya, her teachings changed my life in a positive direction.

I am thankful for the Himachal trip, where I wrote most of the part of this book.

I am so thankful to Ajay sharma:

For the very first time I came to know about the law of attraction.

Thank you Abraham Hicks for your all teachings.

I am so thankful to Dr Joe Despenza, for all your teachings.

I am so thankful to all my youtube family and Instagram family because they all are happily doing things given in videos.

In advance, thank you to all my readers.I am so thankful to all my readers because you are all happily doing all things given in this book, every day, regularly, consistently. (My readers are each person of this planet Earth.)

लेखिका के २ शब्द

इस किताब का जल्म ही अनुभव से से हुआ है। इस अनुभव से मानसिक स्वास्थ्य के बारे में मुझे कई चीजें समझ में आयी और जब मुझे वो समझ में आयी तब उसका मैंने गहराई से study किया। उसके पीछे के विज्ञान के बारे में, ब्रेन के बारे में मैंने गहराई से स्टडी किया। फिर मुझे अलग अलग scenarios समझ में आये।

मानसिक स्वास्थ कैसे बीघाड़ जाता है? किस वजह से मानसिक स्वास्थ्य में बीघाड़ होता है? उसका मूल कारण क्या क्या हो सकता है? कोई इंसान तनाव के दलदल में कैसे फ़स जाते है? फिर क्या करने से इस दलदल से आप बाहर निकल सकते हो? ब्रेन और विज्ञान का मानसिक स्वास्थ्य बिघड़ने से क्या संबंध है? फिर क्या करने से आप इसमैं से सही सलामत बाहर निकल सकते है?

अनुभव और विज्ञान का बहुत ही सुंदर संगम इस किताब में दिखाई देगा। बहुत ही आसान भाषा में समझे इस लिए सत्य घटना पर आधारित कई कहानीया इसमैं लिखे गये है। हर घटना और उस घटना के पीछे के कई scenarios और उस scenarios से मानसिक स्वास्थ्य के तात्पर्य दिखाई दिये गये है।

मैंने depression को बहुत ही नज़दीक से देखा है। फिर उस वजह से उसके अलग अलग सीनेरियोस मुझे समझते गये। और फिर उस दिशा में मैं सही ज्ञान संपादित करती गई।

ये किताब जो पढ़ेगा, उसे ये सारे सीनेरियोस एक साथ एक जगह पर मिलेंगे। ये किताब जो भी पढ़ेगा, पढ़ने वाले का मानसिक स्वास्थ्य हमेशा स्वस्थ रहेगा।

अगर पहले से ही आप मानसिक स्वास्थ्य के बीघाड़ से जा रहे हो तो, पक्का इससे बाहर निकलने में आप को help होगी और वह आसानी से सहीसलामत बाहर भी पड़ सकता है। क्योंकि इस किताब में मैंने सही रास्ता दिखाने का काम किया है। उस रास्ते पर चलने का काम आप का है। मैं आपको रास्ता दिखा सकती हूँ, पर चलना तो आपको ही पड़ेगा। मैं आप का जीवन नहीं जी सकती। वो आपका आप को ही करना पड़ेगा।

जैसे की बेल गाड़ी अलग स्पीड से चलती है, कार अलग स्पीड से चलती है, ऐरोप्लेन अलग स्पीड से चलता है। ठीक वैसे ही ये समझने का स्पीड सबका अलग अलग होता है। पर जब सूरज के सामने जब बादल आते है, तब सूरज की रोशनी कम नहीं होती। ठीक वैसे ही सबके पास समझने की capacity है। सिर्फ़ वो capacity पर आप का विश्वास होना चाहिए। और उस रास्ते से आपको चलना चाहिए। नियमितरूप से हर दिन।

तनाव हमारे जीवन में कभी भी ना आये, इस लिए क्या precautions लेना ज़रूरी है? अगर कोई तनाव में होगा तो कैसे healing करनी चाहिए? यदि आप के परिवार की

कोई व्यक्ति मानसिक स्वास्थ्य के बीघाड़ से जा रही हो, तो परिवार के बाक़ी लोगों ने उस व्यक्ति से कैसे बर्ताव करना चाहिए? "मानसिक स्वास्थ्य healthy रखना", ये हर इंसान की ज़िम्मेदारी है। इसलिए छोटे बच्चे से लेकर बड़ी उमर वाले सब को ये चीजें पता होनी चाहिए।

आप student हो, housewife हो, वर्किंग women हो, business women हो, दादा दादी हो। हर किसी को ये किताब बहुत ही ज़्यादा महत्वपूर्ण है। क्योंकि मानसिक रूप से यदि आप शांत, खुशहाल हो, आप में आत्मविश्वास हो तो ही आप जीवन के किसी भी पाड़ाव में, किसी भी घटना को ख़ुशी से, आत्मविश्वास से सामना कर सकते हो।

हम अपने ही भावना के जाल में कैसे अटक जाते है, ये आप को इस किताब में समझेगा।

इसलिए हर किसी ने ये किताब पढ़नी चाहिए। "ख़ुद के लिए और ख़ुद के मानसिक स्वास्थ्य के लिए", इतना तो आप कर ही सकते है। आप के आख़री सास तक आप का मानसिक स्वास्थ्य आप के साथ होगा। इतना आप का ख़ुद "मानसिक स्वास्थ्य" आप के जीवन में महत्वपूर्ण है।

फिर उसका ध्यान तो आपको रखना ही होगा। अगर बिल्डिंग की नींव मज़बूत हो तो ही बिल्डिंग मज़बूत होती है। "आप का मानसीक स्वास्थ्य" ये नींव है। अगर वो मज़बूत होगा तो ही आप के जीवन की बिल्डिंग मज़बूत रहोगे।

प्रस्तावना

आज २०२३ साल शुरू है। विज्ञान ने कितनी भी प्रगति की होगी, तो भी डिप्रेशन के बारे में सहजता से बोला नहीं जाता है। डिप्रेशन के बारे में कई ग़लत विचार, ग़लतफ़हमी अभी भी लोगों के मन में है। "डिप्रेशन में होना" इसका मतलब ये नहीं होता की आप पागल खाने में भर्ती हो गये हो।

डिप्रेशन के बारे में सब लोगों को पता तो है। पर ये सारी चीजें ख़ुद में या फिर परिवार में किसी को होने लगती है। तब सहजता से उसके बारे में बोला जाना चाहिए। बुख़ार आया, तो हम कैसे सहजता से अपने परिवार के लोगों को बुख़ार के बारे में बताते है। उतनी ही सहजता डिप्रेशन, डिप्रेशन के वजह से शरीर में होने वाले बीमारी के बारे at least परिवार से बात करनी आनी चाहिए। इस डिप्रेशन से कुछ रास्ता निकाला जा सकता है क्या? ये atleast हम पूछ सकते है।

विज्ञान ने इतनी प्रगति की है, तो फिर डिप्रेशन के बारे में सहजता से बोलना ज़रूरी है। डिप्रेशन के बारे में छुपाओगे, तो कैसे चलेगा?

"आप डिप्रेशन में हो" इसका मतलब कुछ बड़ा हुआ है, ऐसा नहीं है। समय पर इलाज किया तो उसका प्रभाव कम हो सकता है।

आज की भागदौड़ की ज़िंदगी में, अगर, समय के अनुसार, सफलता की रफ़्तार बढ़ाते वक़्त, आपको अपने ख़ुद के

मानसीक स्वास्थ का ख़याल रखना, बहुत ज़्यादा ज़रूरी है। ऐसा किया तो जीवन के किसी भी पाड़ाव में आप खंबीरता से, धीरज से, ख़ुशी से सामना कर सकते हो।

यदि आप के माँ ने कई सालों तक आप का घर साफ़ नहीं किया, तो आप का घर धूल से ख़राब हो जाएगा। ठीक वैसे ही आप के मन को हर दिन साफ़ करना ज़रूरी है। नहीं तो एक के ऊपर एक बुरी घटनाएँ, भावनाये मन में दब जाएगी और मानसिक स्तिथि को बीघाड़ जाएगी। फिर धीरे धीरे उसका असर शरीर और मन पर दिखने लगेगा।

इसलिए अभी आप अपने आयु के किसी भी पड़ाव पर होंगे, तो भी आप को डिप्रेशन और मानसिक स्वास्थ्य के बारे में कई पैलू हर व्यक्ति को पता होना बहुत ज़्यादा ज़रूरी है।

डिप्रेशन के बारे में कई पैलू हम देखने वाले है। चलो फिर डिप्रेशन के विभिन्न पैलू हम अब देखेंगे।

टिप्पणी

इस किताब में कई चीजें बहोत बार अलग अलग उदाहरण के रूप में बताये गये है। एक ही चीज आपको इस किताब में कई बार पढ़ने को मिलेगी। ऐसा करने का कारण यही है की, वैज्ञानिक रूप से जब हम एक ही चीज़ कई बार अलग अलग तरीक़े से समझते है। तब वो चीज हमे अच्छी तरीक़े से समझ में आती है। और एक ही चीज बार बार अलग अलग रूप में पढ़ने के वजह से जाने अनजाने में हम वो चीज अपने जीवन में भी उतार देते (use करते) है।

Readers के लिए २ शब्द

आज एक ऐसा भी प्रकार देखने को मिलता है की, हर व्यक्ति, हर उमर का व्यक्ति, फिर वो स्कूल जाने वाला हो, कॉलेज में जाने वाली हो, गृहिणी (house wife) हो, ऑफिस में जाने वाला व्यक्ति हो, या फिर बिज़नेस करने वाला व्यक्ति हो, दादा दादी हो या फिर ग़रीब हो या करोड़पति हो। हर प्रकार के व्यक्ति के मुँह से "डिप्रेशन" ये शब्द सुननाए मिलता है। हर किसी के मुँह से फिर वो छोटा बच्चा हो या फिर बड़ा व्यक्ति हो, "हम डिप्रेशन में है।" ये हम बहुत बार सुनते है।

"डिप्रेशन" ये शब्द छोटे छोटे कारण के लिए use होता है। "डिप्रेशन" ये शब्द का मानो बहुत ज़्यादा संख्या में use किया हो। इसलिए सच में डिप्रेशन में कौन है, ये पहचानना थोड़ा मुश्किल हो गया है।

किसी भी चीज की अधिकता (अतिरेक over करना) बुरा ही होता है। ये हम सब बचपन से सुनते आय है। आप भी आप के जीवन में "डिप्रेशन" ये शब्द कुछ ज़्यादा ही use कर रहे हो? ये आप जान के लो, ये आप समझ के लो।

जब बीनकरण आप डिप्रेशन शब्द का use कर रहे हो, तो तुरंत ये करना आप को रोकना होगा। इससे आप के जीवन में कृतज्ञता का (thankfulness का) अभाव दिखाई देता है।

वैज्ञानिक दृष्टिकोण से शब्दों की तकड़ हम आगे आने वाले चैप्टर में देखेंगे। पर बार बार "डिप्रेशन", "डिप्रेशन" बोल कर आप डिप्रेशन को आप के जीवन में आमंत्रित (invite) कर रहे हो। और डिप्रेशन के साथ साथ ही आप शरीर और मन के बीमारी को आमंत्रित (invite) कर रहे हो।

Disclaimer

हम जीतने intense भावना के साथ कुछ करते है या फिर किसी घटना के तरफ़ देखते है, तब वो घटना हम अपने जीवन में create कर रहे होते है। इस किताब में कई छोटी छोटी सच्ची कहानिया आप को दी गई है। तो जब कभी ये कहानिया आप पढ़ोगे, तब वो कहानिया पढ़ते समय पूरी भावना से **involve होकर** ये कहानिया मत पढ़िए। इस किताब में कई कहानिया सत्य घटना पर आधारित है। मानसिक स्वास्थ्य के बारे में कई पैलू (different scenarios) आप को इस कहानि से समझमे आयेंगे। तो ये मानसिक स्वास्थ्य के अलग अलग aspect समझने के हेतु से आप ये किताब पढ़िए। हर घटना का तात्पर्य बहुत कुछ बता के जाता है। तो इसमें आपको मानसिक स्वास्थ्य के बारे में महत्वपूर्ण information आपको मिलेगी।

पर उसके पीछे की कथा अपने दिल को मत लगाना। जब कोई भी मूवी देखते है, तब उस मूवी में जब अभिनेत्री (actress) या फिर अभिनेता (actor) को कुछ हुआ तो, हमे भी बुरा लगता हैं। मानो वो घटना हम ही जी रहे होते है। हम जाने अनजाने में उस मूवी के किरदार के साथ emotionally जुड़ जाते है।

या फिर कोई सीरियल देखते समय उस सीरियल के अभिनेत्री actress को जब कुछ होता है तब कई लोगो के आँखों में असु आ जाते है। ऐसा कैसा कोई अभिनेत्री actres के साथ कर सकता है? ऐसा उन्हें गुस्सा भी आ जाता है। उनको पता होता है ये सब सीरियल में हो रहा है, ये सब सच नहीं है, फिर भी वो ऐसा करते है। और फिर देखते ही देखते वो सीरियल की actress अपने परिवार की व्यक्ति कब बन जाती है, ये हमे पता ही नहीं चलता। तो इतने intensity के साथ इस किताब की कहनिया मत पढ़िए।

क्योंकि विज्ञान के अनुसार जब हम इंटेंस भावना के साथ कुछ पढ़ते है या फिर देखते है, तब वो घटना हम हमारे जीवन में create कर रहे होते है।

Readers, आप ये कहानी पढ़ते समय कल्पना कर के पूरी भावना से ये किताब मत पढ़िए। तो उसके पीछे का तात्पर्य आप ध्यान में लीजिए। उस घटना से लेखिका आप को मानसिक स्वास्थ्य का विज्ञान समझना चाहती है। वो समझने का प्रयास कीजिए।

इस किताब में दिये गई कहानी सत्य घटना पे आधारित है। जो मानसिक स्वास्थ्य से जुड़ी हुई है। उससे मानसिक स्वास्थ्य का महत्व और उसके पीछे का विज्ञान आपको समझने वाला है।

इस सारी सच्ची कहानियों से मुझे लोगों से मानसिक स्वास्थ्य के बारे में एक महत्वपूर्ण तात्पर्य देना है। मानसिक स्वास्थ्य के बारे में एक सिख देनी है। और उसके पीछे का विज्ञान मुझे हर कहानी से समझना है।

इन कहनियो के सारे पात्र दिल से बहुत ही अच्छे है। आपको इन कहनियोंसे सिर्फ़ बोध लेना है। मानसिक स्वास्थ्य के बारे में information जान लेनी है। ये कहानिया कोई भी अपने दिल को मत लगाइए। इन कहानियों से किसी को भी hurt करने का कोई इरादा नहीं है। तो समाज को इससे मानसिक स्वास्थ के संबधित अलग अलग scenarios दिखानेका और इसके पीछे का विज्ञान बताने का शुद्ध हेतु है।

अगर किसी ने ये कहानी अपने दिल को लगायी तो इसके लिए हम ज़िम्मेदार नहीं है।

Section अ

डिप्रेस व्यक्ती और डिप्रेस व्यक्ती का परिवार

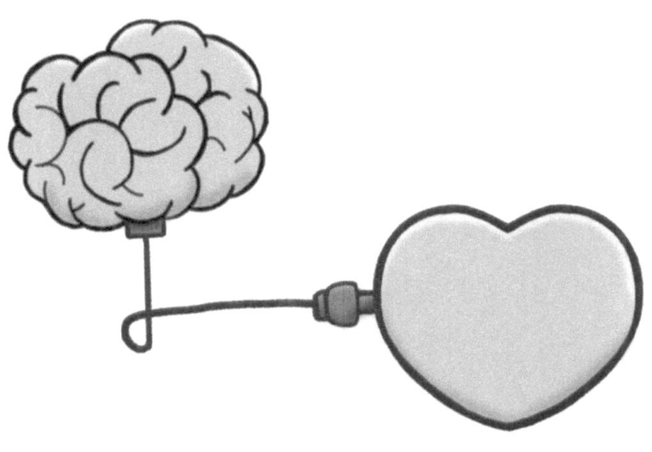

१०.१ आप अगर ये गलती कर रहे हो, तो आप अपनेही परिवार के व्यक्ती को डिप्रेशन के दलदल मे ढकेल रहे हो

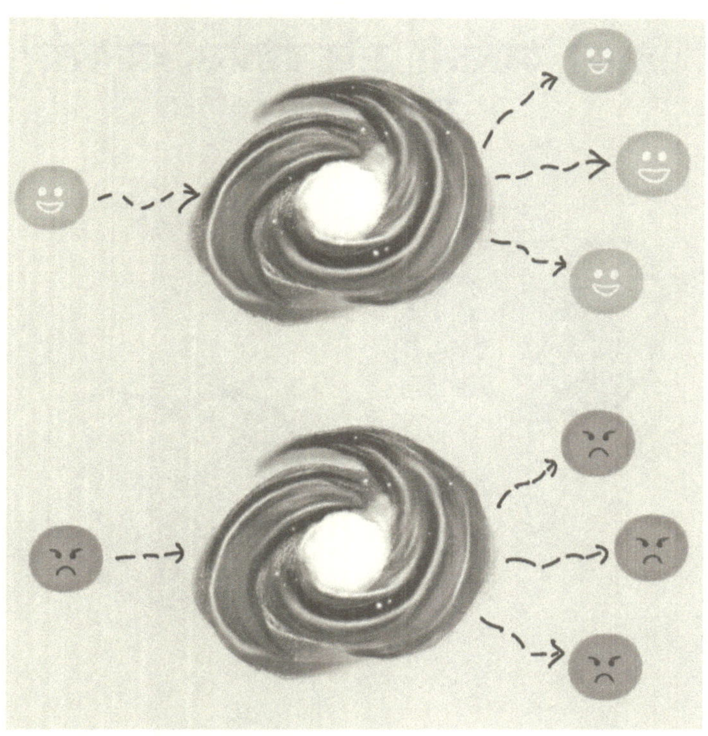

भाग १

अपने परिवार के लोगोंका स्वभाव कैसा है, ये परिवार के लोगो को पता होता है.मतलब उदाहरण देकर बताती हू "वो ऐसेही गुस्से वाली है", "छोटी छोटी बात पार गुस्सा करती है, अगर उसके दिल को लग गया तो बहोत दिन तक बात नहीं करती और बाद मे गुस्सा थंडा होते ही खुद से बात करने आती है" या फिर हमे पता होता हैं की हमारे परिवार की कोन्सी व्यक्ती over thinking करती है या कौन ज्यादा over sensitive होता है या कौन short temper है

फिर घर के लोग हमेशा बोलते है की, "अरे वो short temper है। पर दिल से बहुत अच्छा है। उसे संभाल के लेना।" जिसके बारे में यह बोलते है, वह व्यक्ति ख़ुद भी यह सब बार बार बोलता है की, "हा, मैं short temper हूँ। मुझे संभाल के लेना"

और एक उदाहरण देकर बताती हूँ, "अरे वह over sensitive है उसे संभाल के लेना" जिसके बारे में यह बोला जाता है, वह ख़ुद भी

यह सारे बातें बार बार रिपीट करता है की," हा मैं over sensitive हूँ। मुझे संभाल के लेना।"

आप और आप के करीबी मिल कर दोनों ये सब बार बार बोलते रहते हो। इससे क्या होता है पता है आपको?

आप और आप के करीबी व्यक्ति ये सब बार बार बोल कर, उस व्यक्ति का गुस्सा, over thinking, over sensitivity और ज़्यादा बड़ा रहे हो। यूनिवर्स में आप ख़ुद और आप के करीबी व्यक्ति गुस्से की, ओवर थिंकिंग की, ओवर सेंसिटिविटी की फ्रीक्वेंसी भेज रहे है।

यूनिवर्स का सिद्धांत

जैसा गुरूत्वाकर्षण का सिद्धांत होता है। वैसे ही यूनिवर्स का सिद्धांत होता है। ये सब सिद्धांत विज्ञानने सिद्ध किए है। ये सब सिद्धांत सब के लिए समान कार्य करते है। ये सिद्धांत हम बदल नहीं सकते। ये सब सिद्धांत एक डिसिप्लिन मैनर से ही कार्य करते है। ये भी विज्ञान ने सिद्ध किया है।

यूनिवर्स एक आयने की तरह होता है। जो आप दोगे वह आप को तीन गुना रिटर्न दे देगा। तो आप ही देख लो की आप यूनिवर्स में क्या दे रहे हो? ओवर सेंसिटिविटी, गुस्सा, चीड़चीड़ापन, प्यार, नफ़रत, नाराज़गी, तारीफ़, ख़ुशी, डर? फिर वही सब आप के पास लौट आता है। उसमे आपके करीबी लोग भी आप के बारे में यही सब बोलते है। फिर यही फ्रीक्वेंसी आप यूनिवर्स में दुगुनी ताक़द से यूनिवर्स में भेज रहे हो। फिर यही सब और तिगुना होकर आप के पास वापस लौट आ जाता है।

शुरू में ये मनःस्थिति कुछ समय के लिए होती है। पर कब ये मनःस्थिति लगातार हो जाती है। और कब वो गुस्सा,स्ट्रेस टेंशन anxiety में बदल जाता है। ये वह व्यक्ति को ना ख़ुद पता चलता और ना उसके फ़ैमिली को समझता है। क्योंकि होता क्या है, जहां पर आपका ध्यान जाता है, वो चीजे बढ़ानी लगती है। आप के ब्रेन को ऐसी मनःस्थिति की आदत लगती है। लगातार

गुस्सा करने की, चिड़चिड़ापन में रहने की आप के ब्रेन को आदत हो जाती है।

प्रत्येक भावना मग राग असो, आनंद असो, चिडणं असो, दुःख असो, प्रेम असो, pain असो.त्या प्रत्येक भावनेच आपल्या शरीरात एक रसायन तयार होत असते आणि सतत चिडत राहिल्याने तुमच्या brain ला शरीराच्या प्रत्येक पेशीला या रसायनाची सवय लागते.हे रसायन आवडू लागतं आणि जेव्हा आपण ठरवतो की हे वागणं योग्य नाही आणि तुम्ही असं वागणं थांबवायचं ठरवता. तेव्हा मात्र तुमच्या ब्रेनला, शरीराच्या पेशींना अस्वस्थ वाटायला लागतं, uncomfortable feel होतं। पेशी खोटं खोटं ब्रेनला भासवतात की, "शरीराचा संतुलन बिघडल आहे। शरीराच संतुलन राखण्यासाठी राग येण्याचे, चिडण्याचे रसायन शरीराला गरजेच आहे।"

हर एक भावना फिर वो गुस्सा हो, ख़ुशी हो, दुख हो, प्यार हो, दर्द हो। उस हर भावना का हमारे शरीर में एक रसायन तयार होता है। और लगातार गुस्से में रहने के वजह से आप के ब्रेन को, आप के शरीर के हर एक पेशी(cells) को ये रसायन की आदत लगती है। और जब आप तय करते की ऐसा behaviour सही नहीं है और जब आप ऐसा behav न करने का तय करते हो, तब आप के ब्रेन को, शरीर के हर एक पेशी को बेचैन लगने लगता है। uncomfortable feel होने लगता है। पेशी ब्रेन को झूठा एहसास दिलाती है की, "शरीर का संतुलन बीघाड़ गया है। शरीर को संतुलित करने के लिए शरीर को गुस्सा या चिड़चिड़ेपन के रसायन की शरीर को बहुत ज़्यादा ज़रूरत है।

आपको गुस्सा आये ऐसी घटनाए आपको आपका ब्रेन याद दिलाता है। ताकि आप गुस्सा हो और आप के शरीर के पेशी को गुस्से का केमिकल मिले। फिर ऐप इस चक्रव्यूह में अटक जाते हो और आप फिर से गुस्सा हो जाते हो और आप को समझ ही नहीं आता की ऐसा बार बार आपके साथ क्यों हो रहा है।

फिर ये गुस्सा कब चिड़चिड़ापन, ख़ुद को कम समझने की भावना से कब स्ट्रेस, टेंशन, anxiety में convert होता है। ये समझने में ही नहीं आता। क्योंकि जब मन शांत नहीं होता तब ब्रेन का संतुलन बिघड़ जाता है और ब्रेन का संतुलन बिघड़ते ही उसका परिणाम (effect) आप के शरीर पर, त्वचा (स्किन) पर होता है।

पर परिवार के लोगोंकों लगता है की, ये बस अपने परिवार के सदस्य का स्वभाव(nature) है। परिवार के लोगोंकों एहसाह ही नहीं होता की, उस सदस्य के साथ क्या हो रहा है। उन्हीं के परिवार का सदस्य डिप्रेशन/स्ट्रेस में है। ऐसे परिस्थिति में ये depressed लोग higher beta waves में होते है। मतलब इन लोगो को छोटी छोटी बातें दिल को लग जाती है, ये लोग ओवर थिंकिंग करते है, भूतकाल की (past की) बुरी घटनाएँ ये लोग बार बार याद करते है, Future में कुछ बुरा तो नहीं होगा ये डर में जीते है। ये लोग survival mode में जीते है। ऐसी परिस्थिति में अगर आप इन depressed लोगोंकों समझाने को जाएँगे फिर भी ये लोग समझने की मनःस्थिति में नहीं होते है।

।।चाप्टर का सारांश।।

अपने परिवार के हर एक सदस्य का स्वभाव(नेचर) हमे पता होता है। पर जब डिप्रेशन परिवार में प्रवेश करता है, तब कभी कभी जो डिप्रेस है वो खुद और उसके परिवार के लोग दोनों को एहसास ही नहीं होता की, ऐसा कुछ हुआ है। हर एक भावना का हमारे शरीर में एक रसायन तयार होता है। किसी भी चीज की अधिकता बुरी ही होती है। इसी लिए अगर आपको एहसास हुआ की, आपके स्वभाव में किसी भी एक नकारात्मक भावना की अधिकता हो रही हो, तो उस भावना को सही समय पर अपने ज़िंदगी से निकालने का प्रयास करे। नहीं तो, वैज्ञानिक दृष्टिकोण से, हमने अभी अभी इस चाप्टर में देखा की, हम कैसे डिप्रेशन के चक्रव्यूह में फ़स जाते है।

भाग २

तीन प्रकार के परिवार होते है।
शिक्षित (well educated),
कम शिक्षित,
अशिक्षित (uneducated).

जब परिवार में डिप्रेस्ड व्यक्ति होती है। ऐसे समय पर अब देखते है ये तीन प्रकार के परिवार कैसे अभिव्यक्त करते (express करते) है। और जो लोग डिप्रेस्ड व्यक्ति के साथ रहता है उनका क्या होता है।

शिक्षित लोगोंको जब एहसास होता है की ऐसा कुछ हो रहा है। तब उनका reaction होता है की:

"ये बस उस व्यक्ति का स्वभाव है।"

और अगर डिप्रेस्ड व्यक्ति पति पत्नी में से कोई एक है तो, परिवार वालोंका लगता है की ये सिर्फ़ पति पत्नी के बीच के झगड़े है और फिर उनके परिवार वालोंका का रिएक्शन होता है की:

"दोनों में से किसी एक ने maturely लेना चाहिए।" फिर परिवार वाले ख़ुद के सांसारिक रिश्ते के बारे में बताने लगते है की, "मैं भी शादीशुदा हूँ। हम दोनों में से मेरी पत्नी ज़्यादा mature है। मैं mature नहीं हूँ।"

"अरे, वो ना ज़्यादा over sensitive है, उसे सम्भाल कर लेना"

"एडजस्टमेंट, पति पत्नी के रिश्ते में एडजस्टमेंट तो करना ही चाहिए" (ऐसे कई अयोग्य opinions परिवार के लोगोंके होते है।)

"पति पत्नी का झगड़ा बाबा तीसरे व्यक्ति ने इन दोनों के बीच नहीं पड़ना चाहिए। उनका उन्हें देखने दो।"

आखारी दो sentence कई सदियोंसे, बहुत सारे पीढ़ी से हम सब (generation से) सुनते आ रहे है। मतलब शिक्षित लोगोंकों (educated लोगोंकों) स्ट्रेस डिप्रेशन ये सब पता होता है।

१) पर जब उनके घर में जब कुछ अजीब घटित होता है, तब उनको एहसास ही नहीं होता की अपने परिवार का सदस्य डिप्रेस है। उनको लगता है की,"ये बस उनका सिर्फ गुस्सेवाला स्वभाव है।" ये सब नार्मल है। वो बोलते है ना, "शिवाजी महाराज पड़ोसी के घर में पैदा होना चाहिए।" (मराठी में बोलते है "शिवाजी महाराज जल्मावे, ते शेजारच्या घरात")

उनके सामने सब घटित होते हुए भी उनको वो सब दिखता नहीं.आगर यदि दिखता भी हो तो भी वह मानते नहीं।

PS : ये educated लोग, डिप्रेस्ड लोगों के, परिवार वाले, या करीबी रिश्तेदार,या फ्रेंड्स है।

२) कुछ शिक्षित व्यक्ति डिप्रेस्ड व्यक्ति को समझाने का प्रयास करते है। पर डिप्रेस्ड व्यक्ति ये मानने के लिए तयार ही नहीं होते की वह डिप्रेस्ड है। इसलिए ये शिक्षित व्यक्ति इनका डिप्रेशन नज़रअंदाज़ करते है।"हमने डिप्रेस्ड व्यक्ति को समझाने का प्रयास किया और अब हम क्या करे?"ऐसा बोलकर वह सीधा हात खड़े कर देते है। और ये खड़े करने को maturity का नाम देते है।

PS : ये educated लोग, डिप्रेस्ड लोगों के, परिवार वाले, या करीबी रिश्तेदार,या फ्रेंड्स है।

३) कुछ शिक्षित लोग इस बात पर सहमत होते है की उनके परिवार का सदस्य डिप्रेशन में है। तो उन्हें डिप्रेशन में बाहर निकालने के लिए वह हर एक प्रयास करते है।

(डिप्रेस्ड व्यक्ति उनका कहना मानते है की नहीं ये एक अलग topic है, ये हम आगे देखेंगे।)

PS : ये educated लोग, डिप्रेस्ड लोगों के, परिवार वाले, या करीबी रिश्तेदार,या फ्रेंड्स है।

४) कुछ शिक्षित लोग ऐसे behave करते है:

परिवार के डिप्रेस्ड व्यक्ति के बारे में बार बार सिर्फ़ चर्चा होती रहती है, जैसे की: छोटी छोटी बातोंसे झगड़े हो रहे है, अजीब बिहेवियर होता है, बार बार अजब शर्ते होती है।

इस प्रकार की लगातार चर्चा से या तो आसपास के लोग या तो ऊब जाते(bore हो जाते) है। या तो कुछ लोग उनका मज़ाक़ उड़ाते है, या तो "आज क्या किया आप के परिवार के उस व्यक्ति ने?", ऐसी गंभीरता से चर्चा करते है।

कुछ शिक्षित लोगों का डिप्रेस्ड व्यक्ति के प्रति ऐसा व्यवहार होता है।

PS : ये educated लोग, डिप्रेस्ड लोगों के, परिवार वाले, या करीबी रिश्तेदार,या फ्रेंड्स है।

#कुछ UNEDUCATED लोग कैसे react करते है?

ये uneducated लोगोंको तो इस सब का मूल कारण क्या है? यही पता नहीं होता। मूलतः बात क्या है, प्रॉब्लम क्या है, यही इन लोगोंको नहीं समझता। वो सिर्फ़ चिंता करते रहते है।"पति पत्नी का झगड़ा है, किसी और व्यक्ति ने पति पत्नी के झगड़े में बीच में पड़ना नहीं चाहिए", ऐसा उन्हें लगता है।"adjustment करनी चाहिए", ऐसा उन्हें लगता है। ये लोग सिर्फ़ चिंता करते है और किसी और को दोष देते रहते है। ये लोग सिर्फ़ इतना ही करते है।

इनका सिर्फ़ गुस्सा और चिड़चिड़ापन रहता है, "हमारे साथ ही ऐसा क्यों होता है?"ऐसा इन्हें लगने लगता है।

PS : ये uneducated लोग, डिप्रेस्ड लोगों के, परिवार वाले, या करीबी रिश्तेदार,या फ्रेंड्स है।

जो व्यक्ति डिप्रेस्ड व्यक्ति के साथ हमेशा रहती है। उस व्यक्ति का क्या होता है? उसे इस बात का एहसास होता है क्या की, उसके परिवार की व्यक्ति डिप्रेशन में है। या फिर डिप्रेशन के वजह से उनके परिवार का सदस्य ऐसे अजीब behave कर रहे है।

हमेशा डिप्रेस्ड व्यक्ति के साथ तनावपूर्ण वातावरण में रहके इनकी मनःस्थिति कैसी बनती जाती है? वो इस सबका सामना कैसे करती है? ये हम आगे के chapter में देखेंगे।

टिप्पणी

Uneducated या फिर कम सीखे हुए लोगों का ये एक scenario है। हर एक व्यक्ति का Uneducated या फिर कम सीखे हुए लोगों का अनुभव (experience) अलग अलग हो सकता है। यदि वह कम सीखे हुए होने के बावजूद हो सकता है की सामने वाले इंसान को मानसिक रूप से अधिक अच्छी तरीक़े से समझते भी होंगे। यहा पर Uneducated या फिर कम सीखे हुए लोगों को hurt करने का कोई भी इरादा नहीं है। इस किताब में हम हर angle से डिप्रेस लोगो की परिस्तिथि देख रहे है।

||चाप्टर का सारांश||

इस chapter में हमने देखा की, विभिन्न प्रकार के लोग, डिप्रेस्ड व्यक्ति के साथ कैसे behave करते है। वह उनको मदद करते है या उनको ऐसे ही छोड़कर चले जाते है।

१०.२ चलो शादी कर दो/बच्चे कर दो सब ठीक होगा

१) कई परिवारों में, उनके परिवार का सदस्य कुछ अजीब behave कर रहा है, ये पता होता है। पर डिप्रेशन के वजह से ये ऐसे behave कर रहे है, इस की जागरूकता उनमे नहीं होती। वो ऐसे क्यों behave कर रहे है? उसका मूल कारण क्या है ये उनको समझमे नहीं आता, पर कुछ तो अजीब घटित हो रहा है, ये उनको पता होता है।

२) कुछ परिवार में पता होता है की, उनके परिवार का एक सदस्य डिप्रेस्ड है। उसी वजह से वो ऐसा behave कर रहा है। इस तरह के मामलों में, कई बार परिवार वाले इसके समाधान के तौर पर वे उस व्यक्ति की शादी कर देते हैं। या फिर अगर उसकी शादी हुई हो तो, समाधान के तौर पर उनको बच्चा करने की सलाह देते है।

शादी करना या फिर बच्चा करना ये डिप्रेशन Anxiety का समाधान/उपाय हो सकता है क्या?

एक उदाहरण दे कर आपको समझाती हूँ। ये मेरे फ़ैमिली फ़्रेंड की सत्य घटना है।

मेरे फ़ैमिली फ़्रेंड है, उनका सगा देवर बहुत दारू पिता था। उसके परिवार वालों ने उसकी दारू छुड़वानी की बहुत कोशिश की। उस व्यक्ति ने ख़ुद दारू छोड़ने की कोशिश की। लेकिन इससे कोई फर्क नहीं पड़ा।

लगातार शराब पीने के बाद घर में लड़ाई होनी लगी । घर का वातावरण ख़राब होने लगा। पारिवार वालों ने भी बहुत प्रयास लिया ताकि उसकी दारू छूट जाये। पर उन्हें सफलता नहीं मिली।

फिर आख़िरकार परिवार वालों ने परेशान होकर उसकी शादी करवाने का फैसला कर लिया। उनको लगा शादी के बाद उसकी जो भी पत्नी आयेगी वह इसे ठीक कर देगी। शादी हुई, ज़िम्मेदारी आयेगी तो अपनेआप ही इस की दारू छूट जाएगी।

कुछ ही महीनों में उसकी शादी करा दी। शादी के बाद भी कुछ ख़ास फ़र्क़ नहीं पड़ा। शादी के बाद भी फिर से "जैसे थे"

उसका दारू पीना शुरू ही था। उसका दारू पीना जरा भी कम नहीं हुआ। उल्टा इसके पहले दारू पीकर वो अपने परिवार वालों से लड़ाई करता था। लेकिन अब वो दारू पीकर अपने पत्नी के साथ और परिवार के साथ दोनों के साथ लड़ाई करता था।

पहले तो सिर्फ़ परिवार था। अब तो पत्नी भी आयी। ये शादी करवाके उसके परिवार वालों ने उसकी पत्नी की मतलब और एक लड़की की ज़िंदगी ख़राब कर दी थी। एक ज़्यादा दारू पीने वाले और लड़ाई करने वाले लड़के से उस लड़की की शादी करवा दी थी। क्योंकि इसके वजह से घर का वातावरण और बिगड़ने लगा, सब की मानसिक शांति भी बिगड़ने लगी। लगातार इसी वातावरण में रहके इसका असर मन पर जरूर पड़ता है। मन पर परिणाम हुआ तो उसका असर शरीर पर ज़रूर होता है। और यह विज्ञान द्वारा प्रमाणित है।

अब उसके परिवार और उसकी पत्नी ने हद कर दी। उनको लगा अब बच्चा करवाते है। बच्चा आयेगा तो ज़िम्मेदारी आयेगी और ज़िम्मेदारी बढ़ने से इसकी दारू कम होगी।

आगे इन दोनों को बच्चा हुआ। बच्चा आने पर भी इसकी दारू जरा भी कम नहीं हुई। पहले जैसे ही घर में वातावरण था। दारू पीकर घर में लड़ाई/झगड़े करना ये सब चालू ही था।

ऐसे वातावरण में उसके परिवार वालों ने उसकी पत्नी के साथ छोटे से बच्चे को भी घसीट लिया। ऐसे वातावरण में वो बच्चा बचपन में रहने वाला था। ऐसे लगातार लड़ाई का उस बच्चे पर बचपन से ही परिणाम हो रहा था।

आपमें से कई लोगों को लगेगा की, बच्चा तो छोटा है। उसे झगड़े समझमे नहीं आयेंगे। उसे कुछ नहीं समझता। तो वो ऐसा नहीं है। वाइब्रेशंस होते है। हर एक चीज एक एनर्जी है। लड़ाई/झगड़ा भी एक एनर्जी है। लगातार परिवार में होने वाले झगड़े ये भी एक एनर्जी है। उस नकारात्मक एनर्जी का, वाइब्रेशंस का उस बच्चे के शरीर और मन पर परिणाम होगा।

ये सब बताने का कारण ये है की: यहा पर इस उदाहरण में सिर्फ़ दारू थी। इस दारू के उदाहरण को हटा कर दारू के बजाय उस जगा पर डिप्रेस्ड व्यक्ति को रख दीजिए। हालाकि कई बार इस दारू के बजाय डिप्रेशन होता है और फिर घर का वातावरण धीरे धीरे बिगड़ने लगता है। और फिर ये सब बार बार लगातार होने लगता है। लगातार लड़ाई के वजह से, ऐसे वातावरण के वजह से घर के दूसरे लोगों की मनस्तिथि बिगड़ने लगती है। फिर उसका असर शरीर पर होने लगता है। और फिर शरीर बीमार पड़ने लगता है।

और हो सकता है की:

कई बार ये सब उसके परिवार वालों को पता होता है।

और कई बार परिवार वालों को इस सबके बारे में जागरूकता ना भी हो।

डिप्रेशन के समाधान के लिए या फिर ये अजीब behaviour के समाधान के लिए घर वाले शादी करवा के देते है, बच्चे करवा के देते है। आप जब ऐसे माहोल में बच्चे करते हो तो आप बचपन से ही उस बच्चे का शारीरिक और मानसिक रूप से नुक़सान करते हो।

बचपन से ही छोटे बच्चे पर बहुत अच्छे संस्कार करने चाहिए। ऐसा वातावरण बचपन से देकर आप उस बच्चे की मानसिक शांति भंग करते हो। बचपन से ही ऐसे डिप्रेस्ड वातावरण का उसके मन पर बहुत ही गहरा परिणाम होता है। इस वजह से वो पत्नी और वो बच्चा मानसिक रूप से बीमार हो सकते है।

इसी लिए शादी या बच्चा करना यह डिप्रेशन का उपाय/ समाधान नहीं हो सकता।

डिप्रेशन के विभिन्न रामबाण उपाय चैप्टर १०.९ में दिये गये है। पहले तो डिप्रेशन के लिए वो सारे उपाय कीजिए। डिप्रेस्ड व्यक्ति को पहले तो शारीरिक और मानसिक रूप से स्वस्थय बनाइए। उसके बाद ही उनके शादी या बच्चा करने का फ़ैसला कीजिए। क्योंकि उपाय की तौर पर यदि आप डिप्रेस्ड व्यक्ति की शादी या बच्चा करवाते हो, तो आप और दो निर्दोष व्यक्ति का (पत्नी और बच्चा) जीवन ख़राब करते है। और ऐसा कर के आप उन दोनों को (पत्नी और बच्चा) भी आप डिप्रेशन के दलदल में धकेल रहे हो।

।।चैप्टर का सारांश।।

कई बार कई परिवार वाले अपने परिवार के डिप्रेस्ड सदस्य को डिप्रेशन से बाहर निकालने के लिए उनकी शादी करवा देते है या फिर उनको बच्चा करने की सलाह देते है।

शादी या बच्चा करना डिप्रेशन का समाधान नहीं है। उसके लिए chapter १०.९ में दिये गये रामबाण उपाय देखिए और अपने जीवन के डेली रूटीन में उसको शामिल कीजिए। डिप्रेस्ड व्यक्ति पूरी तरीक़े से ठीक होने के बाद ही उनकी शादी करवा के दीजिए।

१०.३ वैज्ञानिक दृष्टिकोन: वो ऐसा क्यू है? तणावातील व्यक्ती ऐसा क्यों behave करती है?

डिप्रेशन में रहने वाले व्यक्ति higher बेटा वेव्स में रहते है। higher बेटा वेव्स मतलब क्या? तो संक्षेप में और आसन भाषा में कहे तो, ये ब्रेन के कुछ लहरे होते है। जैसे की अल्फा, बेटा,गॅमा, डेल्टा। हर एक वेव्स का हमारे शरीर पर विशेष परिणाम होता है।

तो जैसे की मैंने आपको बताया की डिप्रेस्ड व्यक्ति higher बेटा वेव्स में रहते है। जो की हमारे शरीर और मन के लिए सही नहीं होता। higher बेटा वेव्स में रहमे के वजह से डिप्रेस्ड व्यक्ति को छोटी छोटी बातें दिल पर लगने लगती है। उन की मन की अवस्था ऐसी रहती है की लगातार तड़फड़ाहट रहती है, यूही बिना कारण हमेशा चिंता करते रहना, ओवर थिंकिंग करना, डर, लगातार भविष्य में और क्या बुरा हो सकता है ये सोचकर उसकी चिंता करना, हमेशा ख़ुद की तुलना दूसरे से करना, उनकी नींद कम हो जाती है, उनको थकावट लगती है, हमेशा किसी ना किसी बात की चिंता में उदास रहते है।

उनका गुस्सा करना, चिचिड़ापन बढ़ जाता है।

वो जो मानसिक मानसिक कष्ट (pain) होता है ना, मानसिक कष्ट (pain) उनके शरीर पर हावी हो जाती है। मतलब क्या होता है? वह व्यक्ति खुद पर से नियंत्रण (कंट्रोल) खो देता है।। क्योंकि मानसिक वेदना उसपर हावी हो जाती है। इसका विज्ञान साक्ष है। (ये "द पॉवर ऑफ़ नाऊ" ये किताब में सिद्ध किया है)

ये higher बेटा वेव्स में लगातार रहने के वजह से इसका परिणाम ब्रेन पर भी होता है। फिर ब्रेन का संतुलन बीघड़ जाता है। ब्रेन हमारे शरीर में बहुत सारे कार्य करता है।

ब्रेन पर हमारी शरीर की बहुत सारी जिम्मेदारिया होती है। जैसे की सांसे चालू रखना, दिल की धड़कने चालू रखना, पाचन को चालू रखना, इसी के साथ बहुत सारे कार्य ब्रेन हमारे शरीर में करता है।

जैसी की हमने देखा की डिप्रेस्ड व्यक्ति higher बेटा वेव्स में रहते है। उसी के वजह से ब्रेन के संतुलन बिघाड़ना चालू होता है। फिर ब्रेन का संतुलन बीघड़ जाने पर ब्रेन जो जो कार्य करता है,वो सारे कार्य में बीघड़ होने लगता है। उसी के वजह से शरीर में बीमारी धीरे धीरे बढ़ने लगती है। फिर डिप्रेस्ड व्यक्ति की insecurity बढ़ने लगती है, उनकी ओवर थिंकिंग बढ़ने लगती है।

वो लोग अतीत की (past की) बुरी घटनाओं पर ध्यान केन्द्रित करते हैं और फिर दुखी हो जाते है। भविष्य में और क्या बुरा हो सकता है? ये सोच सोच कर उसकी चिंता में अस्वस्थ हो जाते है।

ब्रेन का संतुलन बीघड़ जाने पर उसका दिल पर, पचानशक्ति पर, स्किन पर परिणाम होता है। छोटी छोटी एलर्जी होती है।

जैसे की स्किन पर दाग हो जाना, पित्त भी होता है, बुख़ार-सर्दी पर भी जा सकता है, कैंसर पर भी जा सकता है, कुछ लोगो को सूरज की रोशनी में जाने पर दर के वजह से तकलीफ़ होती है, चक्कर आती है, सूरज की रोशनी का वो सामना नहीं कर पाते।

यहा पर में और डिटेल में बीमारी की लिस्ट नहीं दूँगी। जैसे की ये कोणसे प्रकार का डिप्रेशन है? और कौन से प्रकार के डिप्रेशन से

कौन सी बीमारी होती है। इसकी डिटेल में इनफार्मेशन मैं आपको क्यों नहीं दूँगी। ये हम आगे आने वाले chapter में देखेंगे।

मतलब संक्षेप में डिप्रेशन में रहने वाले व्यक्ति higher बेटा वेव्स में रहते है। उसी के वजह से उनका गुस्सा, चिड़चिड़ापन बढ़ जाता है, छोटी छोटी चीजें उनके दिल को बुरी लगती है। और महत्वपूर्ण बात ये है की उनके ब्रेन का संतुलन बीघाड़ जाता है। जैसे ही ब्रेन का संतुलन बीघाड़ जाता है, वैसे ही ब्रेन जो जो कार्य हमारे शरीर में करता है वो सारे कार्य में बीघाड़ होना चालू हो जाता है।

और फिर शारीरिक और मानसिक बीमारी बढ़ाने लगती है।

और ये ब्रेन का विज्ञान डॉ.जो. डिस्पेंझा ने वैज्ञानिक दृष्टी से सिद्ध किया है।

ऐसी परिस्थिति में इनका ख़ुद पर का आत्मविश्वास भी हिलने लगता है। जैसे की उदाहरण के तौर पर: पहले जो ऑफिस के कम सहज रूप से वो करते थे, वो सारे काम अब करने में कठिनता महसूस होती है। इतने आसान काम भी अब कर नहीं पा रहे, इस लिए वह ख़ुद को कम क्षमता का व्यक्ति समझने लगते है।

भाग २

एक सिनेरियो ऐसा देखने को मिलता है। जहां पे एक व्यक्ति डिप्रेस्ड हो जाता है, तब शुरू में उस व्यक्ति को ख़ुद को ये एहसास नहीं होता की वो डिप्रेस्ड है। उनके साथ कुछ अजीब घटित हो रहा है ऐसा उनको लगता भी है, पर ये नहीं समझता की वो डिप्रेशन में है उसी के वजह से ये सब हो रहा है। कई बार तो ऐसा होता है की वो घटना बहुत छोटीसी होती है। पर उनकी ओवर थिंकिंग, उस घटना पर बार बार सोचना, उस घटना को बार बार याद करके मतलब पुनरावृत्ति कर के उसे चिंता और टेंशन की भावना देकर वो व्यक्ति डिप्रेशन के दलदल में और फ़स्ता जाता है।

ऐसे समय पर ये व्यक्ति अपने करीबी लोगों को बताने को भी डरते है। क्योंकि उनका उनको ही समझ नहीं आ रहा होता की, की हो क्या रहा है। फिर वो करीबी लोगों को भी क्या एक्सप्लेन करेंगे की क्या हो रहा है।

कुछ समय बाद भी उनको ये एहसास होता है की, वो ख़ुद डिप्रेशन में है। पर उस समय करीबी लोगों को, घर के परिवार के लोगों को ये सब बताने की उनकी हिम्मत नहीं होती। वो openup नहीं होते है।

विज्ञान के दृष्टिकोण से अगर देखे तो,मानसिक तनाव स्ट्रेस anxiety डिप्रेशन का शरीर परिणाम होता है। हर भावना फिर वो ख़ुशी की हो, दुख की हो, pain की हो, ख़ुद की कम क्षमता की हो, समय के अभाव की हो, गुस्से को, दर की हो, हर भावना का हमारे शरीर में एक रसायन तयार होता है। हर छोटी सी बात पर गुस्सा, चिड़चिड़ापन, दर्द की भावना, भूतकाल में घटित हुए घटना के लिए गुस्से की भावना। अगर आप लगातार ऐसे ही भावना में रेह रहे हो, तो लगातार आप के शरीर में वह भावना का रसायन बन रहा है। फिर लगातार निर्मित होने वाले नकारात्मक भावना के रसायान की आप के पूरे शरीर को आदत हो जाती है। और लगातार नकारतामक भावना के रसायन के निर्मिति के वजह से ब्रेन का संतुलन बीघाड़ जाता है। जैसा की मैंने पहले भी बताया है की ब्रेन हमारे शरीर में कई सारे कम करता है। जैसे की श्वसन क्रिया, पाचन क्रिया, दिल की धड़कने चालू रखना, ऐसे विभिन्न काम ब्रेन करता रहता है।

लगातार निर्मित होने वाले एक ही प्रकार के नकारात्मक रसायन की आप के शरीर के हर एक पेशी को (cells को) इतनी आदत हो जाती है की,जब इस डिप्रेस्ड व्यक्ति को कोई दूसरा व्यक्ति इसका एहसास करा के देता है की, "ऐसे गुस्से मत रेहना, उससे आप के शरीरी को रक्तदब की परेशानी हो सकती है।"ऐसा एहसास दिलाने पर जब उस डिप्रेस्ड व्यक्ति को सच में ऐसा लगता है की, "अरे हा, लगातार गुस्से में, चिड़चिड़ापन में रहना सही नहीं है।" तब वह डिप्रेस्ड व्यक्ति जब ध्यान देकर गुस्सा करना, चिड़चिड़ापन कम कर देती है। पर तब शरीर के हर एक पेशी को (cells को) अस्वस्थ होने लगता है।

क्योंकि ये पेशी को एक ही प्रकार की नकारात्मक भावना की गुस्से की (उदाहरण की तौर पर मैंने यहा पर गुस्सा ये भावना बताई पर कोई भी नकारात्मक भावना यह पे हो सकती है।) इतनी आदत होती है की, शर की हर एक पेशी को गुस्से के रसायन की लत (addiction) लग जाती है।

फिर ये पेशी षड़यंत्र करती है।

हा षड़यंत्र। सही पढ़ा आप ने। फिर वो पेशी जुटमुठ ऐसे सिगनल्स भेजती है की, "शरीर का संतुलन रखने के लिए शरीर को गुस्से के रसायन की जरुरत है।"

ये सिग्नल मिलते ही ब्रेन आपको भूतकाल की बुरी घटना, जिस घटना से आपको गुस्सा आ जाये, ऐसी घटना आपको याद दिलाता है और फिर आप फिर से गुस्सा करते हो।"

और हा ये सब वैज्ञानिक तौर पर सिद्ध हो चुका है। इसके लिए विद्यान साक्षी है।

क्योंकि ब्रेन यह एक यादों की अलमारी है। ये अलमारी इन यादों के साथ ही उस याद की भावना को भी संभल के रखता है।

॥इस chapter का सारांश॥

कई लोगों का ये सवाल होगा की डिप्रेशन में जो व्यक्ति है वो ऐसे क्यों बिहेव करते है? उसका वैज्ञानिक कारण हम सब ने इस chapter में देखा।

तो लगातार डिप्रेशन में रहने के वजह से उसका शरीर पर परिणाम होता है क्या? डिप्रेशन में रहने के वजह से शरीर बीमार होता है क्या? विज्ञान इस बारे में क्या बोलता है? डिप्रेशन इस शरीर के बीमारी का मूल कारण हो सकता है क्या?

इस सब सवालों का जवाब हम आगे के चैप्टर में देखेंगे।

१०.४ छत्रपती शिवाजी महाराज पैदा हो तो पड़ोसी के घर में

परिवार के सदस्यों को पता ही नहीं चलता कि घर का कोई व्यक्ति अवसादग्रस्त है।

लोग दो प्रकार के होते है ।

१) करीबी लोग give up कर देते है

जैसे के हम इसके पहले chapters में देखा की, डिप्रेस्ड व्यक्ति higher बीटा वेव्स में होता है। उसी वजह से डिप्रेस्ड व्यक्ति समझने के मनःस्थिति में नहीं होते।

फिर ये लोग ओवर थिंकिंग करने लगते है। और ऐसे समय पाए जब उनके करीबी लोग डिप्रेस्ड व्यक्ति को समझाने जाते है। तब वो समझ के लेने के मनःस्थिति नहीं होते है।

ऐसे समय पर करीबी लोग उनको समझते है की, ये सब डिप्रेशन के वजह से हो रहा है। तो उससे बाहर पड़ने के लिए मैडिटेशन करना ज़रूरी है। पर वह डिप्रेस्ड व्यक्ति ये समझ के लेने के मनःस्थिति नहीं होते है।

बात ये है की:

ऐसे समय पर जब करीबी लोग डिप्रेस्ड व्यक्ति को समझाने जाते है, तब डिप्रेस्ड व्यक्ति समझ के नहीं लेते। तब करीबी लोग परेशान होकर giveup कर देते है।"हम सब ने डिप्रेस्ड व्यक्ति को समझने का काम किया। डिप्रेस्ड व्यक्ति सुन नहीं रह। हमारी भी ख़ुद की ज़िंदगी है। हमारे भी ख़ुद के कुछ प्रॉब्लम है। हमने करीबी जो व्यक्ति है जो डिप्रेस्ड उसे समझाने का प्रयास किया। वो डिप्रेस्ड व्यक्ति थोड़ा अजीब behave करती है, ये हम मानते है। अब हम भी तो क्या करे? अगर उस डिप्रेस्ड व्यक्ति को ये एहसास नहीं की वह ख़ुद डिप्रेशन में है। एहसास होगा तो ही इलाज होगा ना। उसे एहसास नहीं हो रहा तो हम भी तो क्या करे?"

और फिर ऐसा सब कह कर करीबी रिश्तेदार हात ऊपर करते है। डिप्रेशन में जो व्यक्ति है वह जैसे है उन्हें behave करने दे।

२) करीबी लोगों की लापरवाही

डिप्रेशन में जो व्यक्ति है उनके जो कुछ करीबी रिश्तेदार है, वह at least डिप्रेस्ड व्यक्ति को समझाने का प्रयास तो करते है। कुछ सग़े रिश्तेदार तो वो एक समझाने का प्रयास भी नहीं करते है।

कुछ डिप्रेस्ड व्यक्ति के जो करीबी लोगों को बोला गया कि, "हालाकि आप डिप्रेस्ड व्यक्ति के करीबी रिश्तेदार हो, उन्हीं के परिवार के हो, अगर आप उनको समझाओगे तो ज़्यादा इफेक्टिव होगा।" ऐसा समझाने पर भी वो करीबी लोग उस डिप्रेस्ड व्यक्ति को डिप्रेशन से बाहर निकालने के लिए एक बार भी प्रयास नहीं करते। ये जो करीबी लोग होते है, वो डिप्रेस्ड व्यक्ति को समझाने का तो दूर ही, वो उनके डिप्रेशन के बारे में किसी से बात भी नहीं करते। उनको डिप्रेस व्यक्ति के डिप्रेशन का कुछ भी फ़रक नहीं पड़ता। ये करीबी लोग ख़ुद के जीवन में ही मज़े में रहते है।

॥तात्पर्य॥

इस सब के लिए कौन ज़िम्मेदार है? वैज्ञानिक दृष्टिकोण से इस सब को डिप्रेस्ड व्यक्ति के शब्द ज़िम्मेदार है।

ये सब उनके शब्दों के वजह से हो रहा है। कई लोग हमेशा ये बोलते है की, "कोई किसी का नहीं होता है। हालाँकि मैं सबकी मदद करती हूँ। तो भी जब भी मुझे जभी ज़रूरत होती, तब कोई नही होता। मेरे गरज के समय पर कोई नहीं होता।"

उनके ये ख़ुद के ग़लत शब्द जो वो बार बार लगातार बोलते है, इसी के वजह से उनके पास मदद नहीं पोहचती। शब्दोंकी ताकद क्या होती है ये मैंने आपको मेरी इसके पहले की किताब "पैसा और अमीरी" में दिया है। तो गलतीसे भी ये दो सेंटेंस अपने लिए नहीं बोलना है। अगर आप ये या ऐसे शब्द, सेंटेंस ख़ुद के लिए बोलते रहे तो आप के पास कभी भी मदद नहीं पोहचेगी। और इस तरह के शब्द के वजह से आप के लिए किसको प्यार महसूस नहीं होगा। क्योंकि आप ही बार बार बोल रहे हो की, "कोई किसी का नहीं होता।"

उस शब्दों में इतनी ताकद होती है की वो शब्द आप के जीवन के वास्तव बन जाते है। और उस के लिए विज्ञान साक्षी है।

आप के जीवन में घटित होने वाली हर एक घटना के ज़िम्मेदार आप ख़ुद ही होते है। अगर आपका ध्यान नकारात्मक घटना घटित होगी, इस बात के डर पर होगी, तो नकारात्मक व्यक्ति, नकारात्मक घटना आप के जीवन में आ जाएँगे। अगर आप का ध्यान ख़ुशी के तरफ़ होगा, तो खुश लोग, ख़ुशीवाले घटनाए आप के जीवन में घटित होंगे।

क्योंकि डॉक्टर जो.डिस्पेंज़ा बोलते है, "जहां पे भी आपका ध्यान जाएगा, वो चीजें आप के जीवन में बढ़ती जाएगी। उसके लिए विज्ञान साक्षी है।

॥तात्पर्य २:॥

यहा पर हम ब्लेम गेम नहीं कर रहे है। पर अगर कोई भी परिवार का सदस्य डिप्रेस्ड हो, तो उसकी ज़िम्मेदारी लेना हमारा कर्तव्य है। वो सुन नहीं रहा, ये केहकर आप उसे यूही छोड़ नहीं सकते। डिप्रेस्ड व्यक्ति सुनता क्यों नहीं? ये हमने इसके पहले के chapter में देखा ही है।

वो बोलते है ना की, **"छत्रपति शिवाजी महाराज पड़ोसी के घर में ही पैदा होना चाहिए" ("छत्रपति शिवाजी महाराज जल्मावे ते शेजरच्या घरात")** डिप्रेशन/anxiety ये सारी चीज़े सबको पता होती है।

पर जब डिप्रेशन/anxiety ख़ुद के घर में प्रवेश करता है,

क) तब आधे करीबी लोगों को तो समझता नहीं,की "उनके घर के सदस्य डिप्रेशन में है।"

ख) और जिन करीबी लोगों को समझता है, की उनके परिवार का कोई सदस्य डिप्रेस्ड है। वो एक दो बार समझाने का प्रयास करते है, पर बाद में give up करते है। क्योंकि डिप्रेस्ड व्यक्ति उनका कुछ सुनने के लिए तयार ही नहीं होता है।

ग) और जिन करीबी लोगों को समझता है, की उनके परिवार का कोई सदस्य डिप्रेस्ड है। वो कोशिश करना नहीं छोड़ते। वो हर तरीक़े से डिप्रेस व्यक्ति को समझाने का प्रयास करते है। चाहे डिप्रेस व्यक्ति माने या ना माने।

घ) और कुछ करीबी लोगों को तो कुछ पड़ी ही नहीं होती की, घर का कोई सदस्य डिप्रेस हैवो लोग सीधा हात ऊपर करते है। अपने जीवन में वो मज़े में रहते बस उनके लिए वो बात ख़त्म हो जाती है।

ये सारे माहोल में कई बार डिप्रेस्ड व्यक्ति का डिरेशन बढ़ता जी जाता है। पर इस बात की ना उसको खबर होती है ना उसके घर वालों को। ना उस डिप्रेस व्यक्ति को ये विश्वास होता है की, वह ख़ुद डिप्रेशन में है। वो डिप्रेस्ड व्यक्ति हमेशा नकारत्मक, दुखी विचारों में, भावना में लगातार रहते है। और उसका उनके शरीर और मन पर परिणाम होकर उनकी शारीरिक और मानसिक बीमारी बढ़ती जाती है।

 कभी ये जान के लिया क्या? डिप्रेस्ड व्यक्ती से ज्यादा, डिप्रेस्ड व्यक्ती के साथ लगातर रहने वाले करीबी व्यक्ति की परिस्थिति क्या होती है?

भाग १

ये ठीक से समजने के लिए मैं आपको एक उदाहरण देती हूँ।

ये मेरे करीबी व्यक्ति के जीवन में घटित हुई सत्य घटना के ऊपर आधारित कहानी है।

वक्रतुण्ड और ख़ुशविका ये दोनों भी पति पत्नी है। उनका अरेंज मैरेज हुआ है। ये दोनों में से वक्रतुण्ड शादी के पहले से ही डिप्रेशन में था। पर इसके बारे में दोनों को भी पता नहीं होता। शादी तय होने से लेके शादी होने के बाद इन दोनों में लगातार बार बार छोटे छोटे कारण के वजह से झगड़े होते रहते है। शुरू से ही इन दोनों के विचार अलग अलग (opinion different) होते थे।

दोनों को भी छोटी छोटी बाते दिल को लग जाती थी। इस वजह से दोनों को भी दोनों में जो opinion difference थे, वो हैंडल करने नहीं आता था।

इस वजह से दोनों के झगड़े धीरे धीरे बढ़ते गये।

ख़ुद सायकायट्रीस्ट और मैरेज काउन्सलर ये दोनों ने भी बताया की वक्रतुण्ड डिप्रेशन में है।

फिर भी वक्रतुण्ड को ये मंज़ूर नहीं था की, वो ख़ुद डिप्रेशन में है। वक्रतुण्ड का परिवार: उसके माता पिता और सगा भाई इन लोगो को भी ये मंज़ूर नहीं था की वक्रतुण्ड डिप्रेशन में है।

फिर शादी के कुछ सालों के बाद उसकी पत्नी को एहसास होता है की, वक्रतुण्ड डिप्रेशन में है।

भाग २

शायद उसके पत्नी को भी पता नहीं चल रहा हो की चल क्या रहा है? ऐसा सब क्यों हो रहा है? और इस कहानी में हमने देखा की शुरू से लेकर कुछ सालों तक खुशविका को ये एहसास ही नहीं हुआ की,

वक्रतुण्ड पहले से ही डिप्रेशन में है। पर जब खुशविका को पता चला, तब खुशविका को कैसा लगा होगा? वो हम आप एक उदाहरण एक रूप में देखेंगे।

भारत देश स्वतंत्र होने के पहले तीन विभाग हुआ थे:

१) एक विभाग ऐसा था की, जो भारत स्वतंत्र हो जाये इस किए दिल से प्रयास कर रहा था।

२) एक विभाग ऐसा था की, जो भारतीय लोग थे। पर फिर भी अंग्रेज़ों के लिए काम करते थे।

३) और एक विभाग ऐसा था, जो अशिक्षित था। मतलब ये लोगों को पता ही नहीं था की भारत कौन? अंग्रेझ कौन? अंग्रेझोंने हमारे देश पर क़ब्ज़ा किया है।

ऐसे समय पर जो लोग भारत देश के स्वतंत्रता के लिए दिल से प्रयास कर रहे थे, उनकी ज़िम्मेदारी बढ़ गई। वो कैसे? वो अब हम देखते है।

१) उनकी पहली ज़िम्मेदारी थी की, पहले तो उन्हें अंग्रेझों को हमारे देश से बाहर निकालने के लिए लढ़ना था। अंग्रेझों को हमारे देश से बाहर निकालना था। हमारे भारत देश को पूरी तरीक़े से आज़ादी देनी थी।

२) उनकी दूसरी ज़िम्मेदारी ये थी की, जो लोग भारतीय होते हुए भी अंग्रेझों के लिए कम कर रहे थे। उनको समझना था की, "अंग्रेझों के लिए कम मत करो। अंग्रेझों ने हमारे भारत देश पर क़ब्जा किया है। अरे भारत हमारा देश है। आप ऐसे कैसे कर सकते हो? आप लोग कैसे उन्हीं अंग्रेझों के लिए कम कर सकते हो? पैसों के लिए अंग्रेझों के पास कम मत करो।"

ये सब समझाने के बाद उनको ये भी समझना था की, "अंग्रेझों को हमारे देश से बाहर निकालने के लिए हमारी मदत करो। और ये आज़ादी के लड़ाई में हम में शामिल हो जाओ।

३. उनकी तीसरी ज़िम्मेदारी ये थी की, जो अशिक्षित लोग है, उनको समझना था, उनको जागरूक करना था की, "भारत हमारा देश है। देश मतलब क्या होता है। ये अंग्रेझ कौन है। और ये अंग्रेझों ने हम पर क़ब्ज़ किया है।" ये सब समझाने के बाद उनको ये भी समझना था की, "अंग्रेझों को हमारे देश से बाहर निकालने के लिए हमारी मदत करो। और ये आज़ादी के लड़ाई में हम में शामिल हो जाओ।

बिलकुल ऐसे ही परिस्थिति जो करीबी लोग डिप्रेस्ड व्यक्ति के साथ लगातार रहते है उनकी होती है। उनके ऊपर भी तीन जिमेदारिया होती है:

१) ख़ुद को इस बात का एहसास कर के देना की, अपनी करीबी व्यक्ति डिप्रेशन में है। एक बार इस बात का एहसास होने के बाद, बिना टेंशन लिए ये एक्सेप्ट करना की अपनी करीबी व्यक्ति डिप्रेशन में है।

२) इन की दूसरी ज़िम्मेदारी ये होती है की, जो करीबी व्यक्ति डिप्रेशन में है, उस व्यक्ति को इस बात का एहसास दिलाना की वो डिप्रेशन में है। और एक बार एहसास करने के बाद उस डिप्रेस व्यक्ति इस बात को एक्सेप्ट करना ज़रूरी है।

क्योंकि "डिप्रेस व्यक्ति में ये acceptance लाना", ये उनके इलाज की पेहली सीढी है। उस समय पर डिप्रेस व्यक्ति को ये समझना की, "रिलैक्स, डिप्रेशन से बाहर आने के लिए सिर्फ़ उपचार (healing) की ज़रूरत है। डिप्रेशन में होना मतलब पागल होना नहीं होता। हम सही उपचार करेंगे,डरने जैसा कुछ नहीं है। relax"

३) इन की तीसरी ज़िम्मेदारी होती है की, जो व्यक्ति डिप्रेशन में है, उनके फ़ैमिली को मतलब उनके माता पिता भई बहन को ये बात का एहसास कराना की परिवार का एक सदस्य डिप्रेशन में है। परिवार के लोगों में इस बात का ऐक्सेप्टेंस लाना बहुत ज़्यादा ज़रूरी है। क्योंकि accept किया तो ही उपचार (healing) हो सकती है। जैसे की कैंसर पर हम उपचार करते है । ठीक वैसे ही डिप्रेशन हुए व्यक्ति का जल्द से जल्द उपचार होना ज़रूरी है। नहीं तो वैज्ञानिक दृष्टिकोण से, जब मन बीमार होता है तो उसका परिणाम शरीर पर होता है। यह वैज्ञानिक दृष्टिकोण डिप्रेस व्यक्ति के परिवार वालों को समझाना ज़रूरी है। डरने की कोई बात नहीं क्योंकि विज्ञान इतना आगे गया है की, डिप्रेशन पर भी उपचार है। शांति से, bravely ये सब सोल्व हो सकता है।

डिप्रेस व्यक्ति के साथ रहने वाले व्यक्ति के ऊपर ये सब जिम्मेदारिया होती है।

 # जब डिप्रेस व्यक्ति के साथ लगातार रहने वाली व्यक्ति डिप्रेस व्यक्ति के परिवार वालों को बताती है की परिवार का एक सदस्य डिप्रेशन में है। उस समय पर २ चीजे हो सकती है:

१) मयूरी देशमुख के केस में जब उसके परिवार को पता चला की, उसका पति डिप्रेशन में है। तब उसकी दोनों परिवार मायका और ससुराल दोनों भी सकारात्मक तरीक़े से react हुआ थे।

उसके ससुराल और मायके के परिवार दोनों भी सपोर्ट करने वाले, समझ के लेने वाले थे। उसके दोनों परिवार ने ये एक्सेप्ट किया था की, उसका पति डिप्रेशन में है।

"डिप्रेशन में है ये एक्सेप्ट करना ही इलाज की पहली सीढी है।"

"Acceptance is first step to cure"

फिर उन्होंने मानसिक स्वास्थ्य पर आधारित कुछ प्रोग्राम अटेंड कीए। मयूरी देशमुख अपने पति का मूड देख के उससे मानसिक स्वास्थ्य ठीक हो इस लिए मानसिक स्वास्थ्य के प्रोग्राम में जो कुछ भी सिखाया, वो अपने पति से करवाके लेती थी।

यहा पे ये सब बताने का कारण ये है की, यहाँ पर मयूरी देशमुख के पूरे परिवार में acceptance था की, उनके परिवार का एक सदस्य डिप्रेसिन में है। ये एक सकारात्मक response ये परिवार में हेम देखने को मिलता है। और ये सही दिशा में उस पर उपचार भी कर रहे थे।

(क्योंकि जब अपनी करीबी व्यक्ति डिप्रेशन में है, ये जब परिवार में पहली बार समझता है, तब एक ऐसी संभावना है की, टेंशन के वजह से ये जानने के बाद परिवार वाले ही बीमार पड़ जाये।"अब कैसे होगा? क्या होगा" ये सोचकर परिवार वाले टेंशन से बीमार पड़ने की एक संभावना है।

ठीक है टेंशन आना ये पहली reaction हो सकती है। यदि परिवार के लोग ही बीमार पड जाएँगे, तो जो परिवार का व्यक्ति डिप्रेशन में है वो तो side में ही रह जाएगा।

टेंशन के दिमाग़ से एक परिस्थिति का सामना करना या फिर दिमाग़ शांत रखकर एक परिस्थिति को सामने जाना। इसमें जमीन-आसमा का फ़रक होता है। ये ऐसी परिस्थिति को आपका धीरज से सामने जाना ज़रूरी है।

"चलो at least अब हेम पता तो चला की, परिवार का एक सदस्य डिप्रेशन में है। अब समय पर उपचार करने को मिलेगा।" ऐसा कहकर एक्सप्ट करना चाहिए की परिवार का एक सदस्य डिप्रेशन में है। अब इसके आगे क्या करना चाहिए? ऐसे परिस्थिति का सामना कैसे करेंगे? अब २०२३ साल चालू है। विज्ञान भी इतना आगे गया है तो इसके लिए solution भी मिल सकता है। इस विश्वास के साथ ऐसे परिस्थिति के सामने जाना ज़रूरी है।)

२) दूसरी एक संभावना हो सकती है की, डिप्रेशन में जो व्यक्ति होता है, उसे ख़ुद को इस बात का एहसास नहीं होता की, वो ख़ुद डिप्रेशन में है।

डिप्रेस व्यक्ति के साथ जो व्यक्ति लगातार होती है, जैसे की पति या पत्नी। उस करीबी व्यक्ति को भी इस बात का एहसास नहीं होता की, अपना करीबी व्यक्ति (पति या पत्नी) डिप्रेशन में है।

डिप्रेस व्यक्ति के परिवार वाले मतलब उसके माता पिता भई बहन को भी इस बात का एहसास नहीं होता की परिवार का सदस्य डिप्रेस है।

हालाकि exactly प्रॉब्लम क्या है और उस का मूल कारण (root cause) क्या है? ये परिवार में किसी को भी पता नहीं होता।

३) और एक संभावना ये है की, डिप्रेशन में जो व्यक्ति है उसके करीबी व्यक्ति मतलब पति या पत्नी को एहसास होता है की उनका partner डिप्रेशन में है।

पर जो व्यक्ति डिप्रेशन में है वो ख़ुद और उसका परिवार मतलब उसके माता पिता भाई बहन को ये एहसास नहीं होता की परिवार का व्यक्ति डिप्रेशन में है। वो इस बात को मानने के लिए भी तैयार नहीं होते कि परिवार का सदस्य डिप्रेशन में है। (ये chapter के भाग १ में जो मैंने आपको कहानी सुनाई। उसमे जो पत्नी है ख़ुशविका को एहसास होता है की, उसका पति वक्रतुण्ड डिप्रेशन में है। पर वक्रतुण्ड और उसका परिवार जैसे की उसके माता पिता भाई को ये बात मानते ही नहीं की वक्रतुण्ड डिप्रेशन में है।)

ऐसे समय पर जो करीबी रिश्तेदार है जैसे की ख़ुशविका। तब उसके नाक में नौ आ जाते है।

- क्योंकि उसे अपने पति वक्रतुण्ड को एहसास दिलाना था की वो डिप्रेशन में है।

- ऊपर से ख़ुशविका को वक्रतुण्ड के परिवार वालों को मतलब वक्रतुण्ड के माता पिता भई बहन को भी ये एहसास दिलाना था की वक्रतुण्ड डिप्रेशन में है।

- उसके साथ ही अपने पति को डिप्रेशन से बाहर कैसे निकले ये भी देखना था।

- पर उसका पति वक्रतुण्ड ये मानने के लिए ही तैयार नहीं होता की वो डिप्रेशन में है। तो इलाज कैसे होगा।

इस वजह से वक्रतुण्ड को डिप्रेशन से बाहर निकालना उस के पत्नी ख़ुशविका के लिए बहुत बड़ा चैलेंज होता है।

जैसे भारत देश आज़ाद नहीं था तब देश वीरों की जो हालत हुई थी। ठीक वैसे ही हालत डिप्रेस व्यक्ति (वक्रतुण्ड) के साथ लगातार रहने वाले व्यक्ति की (ख़ुशविका) की होती है।

अ) डिप्रेस व्यक्ति को समझाना की, "अरे बाबा, तू डिप्रेशन में है, ये मान ले। तुझ हीलिंग की ज़रूरत है।

हमारी इस चैप्टर के भाग १ के कहानी में ख़ुशविका को वक्रतुण्ड को ये एहसास दिलाना था की वो डिप्रेशन में है। क्योंकि एक्सेप्ट करना, ये इलाज की पहली सीढ़ी है।

आ) दूसरा परिवार को: डिप्रेस व्यक्ति के परिवार वालों को समझाना की, "अरे बाबा, आप के सगे परिवार वाले डिप्रेशन में है।" ये एहसास करवा के देना होता है। और एहसास के साथ ही ऐक्सेप्टेंस करवा के देना भी ज़रूरी है।

हमारी इस चैप्टर के भाग १ के कहानी में ख़ुशविका वक्रतुण्ड के परिवार वालों को ये एहसास दिलाने का प्रयास करती है की वक्रतुण्ड डिप्रेशन में है।

इ) और ये सब करने के पहले ख़ुद को ये एहसास दिलाना और फिर एक्सेप्ट करना ज़रूरी था की उसके परिवार का सदस्य डिप्रेशन में है। जैसे की ख़ुशविका को जब ये एहसास हुआ की उसका पति वक्रतुण्ड डिप्रेशन में है। तब ये कड़वा सच ख़ुशविका को एक्सेप्ट करना था। ये सच एक्सेप्ट कर के उसे अपने पति के पीछे खंबीरता से खड़ा रहना था। फिर उसके परिवार वालो को भी समझाना था।

||इस chapter का सारांश||

इस chapter में हमनेदेखा की, जो व्यक्ति डिप्रेशन में है, उसके साथ लगातार रहने वाली करीबी व्यक्ति के नाक में कैसे नौ आ जाते है।

Section ब

तणावात असलेल्या व्यक्तीचे योग्य पाऊल

१०.६ डिप्रेशन से छुटकारा पाने के लिए पहला कदम

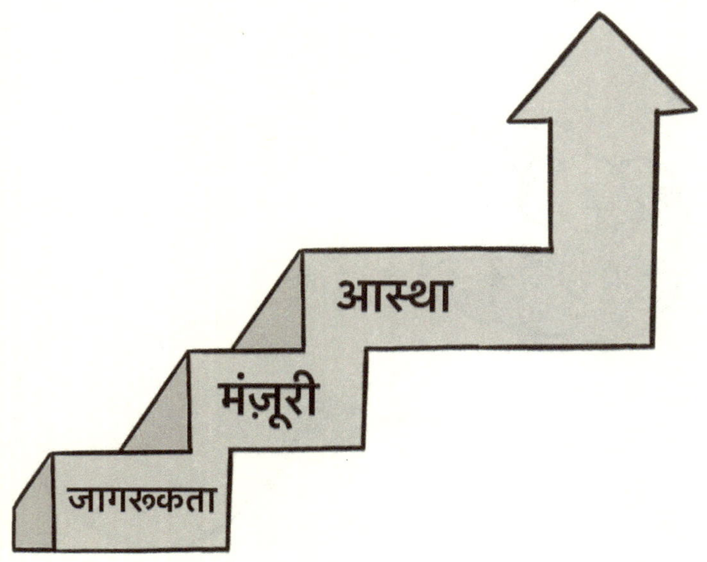

१) जागरूकता : Awareness

दो चीजे हो सकती है। एक तो आप ख़ुद डिप्रेशन में हो सकते हो या फिर आप के परिवार का सदस्य डिप्रेशन में हो सकता है।

आप ख़ुद या आप की करीबी व्यक्ति डिप्रेशन में है, इस बात की जागरूकता (Awareness) होना बहुत महत्वपूर्ण है।

"आप के साथ ही ऐसा क्यों हो रहा है", ऐसा सोचकर डरिए मत।

या फिर

"ये सिर्फ़ करीबी व्यक्ति का स्वभाव है।" ऐसा बोलकर avoid मत कीजिए।

"आप डिप्रेशन में हो।", इसकी जागरूकता(Awareness) होना बहुत ज़रूरी है।

"जागरूकता(Awareness) ये इलाज की पहली सीढ़ी है"

"Awareness is first step to get cure"

२) मान्यता (Acceptance)

एक बार आपको इस बात की जागरूकता (Awareness) हुई की, "आप या फिर आप के करीबी डिप्रेशन में है", तो उसके बाद आगे की सीढी है:

"मान्यता (Acceptance)"

"मान्यता (Acceptance) ये इलाज की दूसरी सीढी है।"

"Acceptance is second step to cure"

पर लोग डर जाते है। उन्हें लगने लगता है की,

"मैं अब पागल हुआ हूँ क्या?"

"नहीं नहीं मैं पागल नहीं हूँ"

"बापरे मुझे ऐसे कैसा हो सकता है?"

"मेरे साथ ही ऐसा क्यों घटित हुआ।"

"डिप्रेशन होता है पता है, पर मुझे ही होगा ये नहीं पता था।"

"कब ख़त्म होगा ये सब?"

"मैं कब ठीक होऊंगा?

"मुझे ठीक होने में कितना वक़्त लगेगा?

"वक़्त ही इस सब की दवाई है।"

"मैंने सुना है वक़्त लगता है डिप्रेशन से ठीक होने में"

ऐसे डरावने सवाल उनको आने लगते है।

तो ऐसे समय पर ख़ुद को समझाइए की, बुख़ार आने पर हम कैसे इलाज करते है,

तब हम ऐसा थोड़ी कहते है की,

"ऐसा कैसा मुझे बुख़ार आ सकता है।

बापरे मेरे साथ ही ऐसा क्यों होता है

मैं कब ठीक होऊँगा?

कितना वक़्त लगेगा मुझे ठीक होने में?

वक़्त ही इसकी दवाई है।"

या फिर बुखार आने पर डॉक्टर ने जो भी दवाई दी है, वो हम इंटरनेट पर जाकर ढूँढते है क्या? बुखार के कितने प्रकार होते है? ये लक्षण है मतलब प्रकार का बुखार हुआ है? जिन जिन लोगों को बुखार हुआ है उनके दर्द की कहानी इंटरनेट पर जाकर धुंडते हो क्या?

इसकी यही दवाई है क्या?

बुखार आने पर हम ऐसे करते है क्या? बुखार आने पर हम ऐसे बोलते है क्या?

बुखार आने पर हम चुपचाप डॉक्टर के पास जाते है। डॉक्टर ने जो भी कहा है वो चुपचाप करते है। डॉक्टर ने दी हुई दवाई बिना किसी सवाल या शक से चुपचाप लेते है। और फिर १, २ दिन में हम ठीक हो जाते है। बात ख़तम।

ठीक वैसे ही मानसिक बीमारी का भी वैसा ही है। उल्टा यहा दवाई भी लेने की जरुरत नहीं है। जी हा आपने बिल्कुल सही पढ़ा है। दवाई के बिना भी आप मानसी बीमारी से या डिप्रेशन से स्वस्थ हो सकते हो।

फिर और क्या चाहिए? बस आप की मन की तैयारी चाहिए।

(Disclaimer: इसका मतलब ये नहीं है की, अभी जो आप को दवाई चालू है वो तुरंत बंद कर दे।)

मतलब देखिये, अब आप को जागरूकता तो हो चुकी है की, आप को मासिक बीमारी या डिप्रेशन है। साथ में इसी मानसिक बीमारी का असर आप के शरीर पर हो रहा है, और इसी वजह से आप का शरीर भी बीमार हो रहा है।

जागरूकता के बाद अब ज़रूरत है तो इसे एक्सेप्ट करने की। क्योंकि एक बार यदि आप ने इसे एक्सेप्ट किया तो,आधि लढ़ाई आप जीत चुके हो। फिर शुरू होता है आप के इलाज का सफ़र।

क्योंकि एक बार एक्सेप्ट करने के बाद, atleast आप ये सूचना चालू करते है की चलो अब इस मानसिक बीमारी या डिप्रेशन पर क्या इलाज करे? इससे कैसे बाहर निकले? उस दिशा में आपके कदम चलने लगते है। यदि एक बार आप ने एक्सेप्ट किया तो डर,चिंता की इंटेंसिटी धीरे धीरे कम होने लगती है।

क्योंकि जैसे मैंने पहले भी कहा है की:

"मान्यता (Acceptance) ये इलाज की दूसरी सीढी है।"

"Acceptance is second step to cure"

मान्यता के साथ में ही और एक चीज भी ज़रूरी है। वो क्या है अब देखते है।

३) विश्वास (Believe)

"मैं इसमें से बाहर निकल सकता हूँ।"

"२०२३ का साल चालू है। विज्ञान बहुत आगे गया है। इसी वजह से मुझे विश्वास है की में जल्द ही इससे बाहर निकल सकता हूँ"

"बहुत लोगों की सक्सेस स्टोरी भी सुनी है। जो लोग इसमें से सही सलमात बाहर पड चुके है। तो मैं भी बाहर पड सकता हूँ। और इस पर मेरा विश्वास है।"

"जो कोई भी इसमें से बाहर निकालने के रास्ता दिखाता है। उसपर तो मेरे पूरा विश्वास है।"

"मुझे विश्वास है, मैं जल्द ही मेरा शरीर और मन स्वस्थ होगा।"

"जैसे बुख़ार आने पर लोग ठीक हो जाते है। ठीक वैसे ही इसमें से भी ठीक हो सकते है।"

"जैसे की कैंसर पर इलाज होता है। वैसे ही मानसिक बीमारी/ डिप्रेशन पर भी इलाज हो सकता है। उसके लिए हर दिन कुछ चीजें करनी होगी। और वो भी सही मार्गदर्शनि में"

"और हा इसके लिए तो दवाई की भी ज़रूरत नहीं है। कुछ सही आदतों को हर दिन में समावेश कर के मैं डिप्रेशन से बाहर पद सकता हूँ। और हा इस के लिए विज्ञान भी साक्षी है"

"विश्वास ही इलाज की तीसरी सीढ़ी है।"

"Belief is the third step to get cured."

इस बात पर आपका विश्वास होना चाहिए की आप मानसिक बीमारी या डिप्रेशन से सही सही सलामत बाहर आ सकते है।

इलाज लेने के पहले जो डिप्रेशन में है। उसके करीबी व्यक्ति की भी ये ज़िम्मेदारी है। आप की करीबी व्यक्ति जो डिप्रेशन से जा रही है, उनको मानसिक सहायता आप को करना है की," आप इस डिप्रेशन से बाहर निकल सकते हो।"जो डिप्रेस है उनके पीछे खंबीरता से खड़े रहे। उनको धीरज दीजिए। उनको सिर्फ एक बार गले लगाइए और कहो, "हा, इसमें से तुम बाहर निकल सकते हो। मैं तुम्हारे साथ हूँ। Relax"

टिप्पणी: जब डिप्रेस व्यक्ति को उसका करीबी व्यक्ति समझाने को जाता है। तो कई बार डिप्रेस व्यक्ति सुनते नहीं है। वो ये मनाने के लिए राज़ी ही नहीं होते की वो डिप्रेशन में है।

तब परेशान होकर करीबी लोगों ने giveup नहीं करना चाहिए की, हमने तो समझाने का काम किया वो डिप्रेस व्यक्ति सुन नहीं रहे। ऊपर ऊपर से आप को डिप्रेस व्यक्ति खुश दिख सकते है। पर अंदर गहराई से उन्हें क्या हो रहा वो आपको समझेगा भी नहीं। क्योंकि छोटी सी छोटी बात भी उनके दिल को लग सकती है। उनके मन में वही नकारात्मक,दुखी विचारों का तूफ़ान चालू होता है।

इसलिए ऐसे डिप्रेशन में रहने वाले लोगों को

१) एहसास दिला नी की वो डिप्रेशन में है

२) एहसास दिला ने के बाद accept करने की। वो डिप्रेशन में है इस बात का ऐक्सेप्टेंस लेन की ज़रूरत है।

३) ऐक्सेप्टेंस के बाद उन्मे इस बात विश्वास पैदा होना चाहिए की, वो सही सलामत मनसित रूप से स्वस्थ हो सकते है।

इस लिए ऐसे लोगों को अकेला मत छोड़िये।

"वो लोग हम्र सुनते नहीं। हमने उनको समझा कर देख लिया। हमारी भी अपनी ज़िंदगी है। कितना वक़्त उनके पीछे लगायेंगे।"

ऐसा बोलके कैसा चलेगा? वो आपकी ज़िम्मेदारी है। आपका उनके साथ कोई तो रिश्ता है। उनकी ज़िम्मेदारी लो और "आप का करीबी व्यक्ति डिप्रेशन में है," इस बात का उनमे एहसास दिलाने में फिर उनमे ऐक्सेप्टेंस लाने में और फिर विश्वास के बीज डालने में उनकी मदद कीजिए।

।।इस chapter का सारांश।।

आप ख़ुद या फिर आप की करीबी व्यक्ति डिप्रेशन में हो, ये बात पता हो जमे के बात क्या करना चाहिए? ये इस chapter में बहुत ही आसान तरीक़े से वैज्ञानिक दृष्टिकोण से दिया है। उसिके साथ ही, जो व्यक्ति डिप्रेशन में है उसके करीबी व्यक्ति को भी ये एहसास करा के दिया की, करीबी व्यक्ति ने डिप्रेस व्यक्ति की ज़िम्मेदारी लेनी चाहिए। क्योंकि डिप्रेशन में जो व्यक्ति है वो अब समझने की मनःस्थिति में नही होता।

"हमने डिप्रेस व्यक्ति को समझा के देख लिया वो सुन नहीं रहे। हमने हमारा काम किया। वो सुन ही नहीं रहा तो हम भी क्या ही करे। अब वो जाने और उसका भविष्य। हेम भी तो हमारी निजी ज़िंदगी है।" ये कहकर आप आपने करीबी व्यक्ति से मुँह मोड़ नहीं सकते।

ऐसा किया तो डिप्रेस व्यक्ति भी डिप्रेशन में ही रहेगा, जितना ज़्यादा समय वो डिप्रेशन में रहेंगे। उतनी उनकी शारीरिक और मानसिक बीमारी और ज़्यादा बढ़ती जाएगी।

१०.७ डिप्रेस व्यक्ती को ये एक्टिविटी करनी चाहिये

एहसास
acceptance
विश्वास

इस्के बाद आप को ये activity करनी है।

❖ डिप्रेस व्यक्ति को ये activity क्यों करनी होगी?

जो व्यक्ति डिप्रेशन/anxiety में है। इन लोगों के मन में बहुत सारे pain(वेदना) store है। उस pain के वजह से विभिन्न प्रकार की भावनाए उनके मन में कई दिन, कई महीने, कई सालों से घर कर के रहे है। हीनता की भावना, वो गुस्सा, वो डर, वो जलसी, लगातार भूतकाल की बुरी यादे याद कर के दुखी भावना का भवण्डर ये सब दिल में दब गया है।

इस चैप्टर में जो activity में जो आप को बताने वाली हूँ। वो activity करने से आप के दिल में कई सालों से दबें हुए वेदनाए, डर निकल जाएँगे। और आप बहुत ही relax फील करेंगे। दिल में

जो गुस्सा, डर, किसी घटना के वजह से या फिर किसी एक व्यक्ति के वजह से आपने अपने पकड़ के रखा हो तो वो छोड़ने के लिए बहुत ही ज़्यादा हेल्प होगी। और हा इसमें विज्ञान की भी साथ है। इसके पीछे का विज्ञान हम आगे आने वाले chapter में देखेंगे।

पर ये सब आप के मन के ऊपर का बोझ है। बोझ कौन सा भी होने दो, शरीर के ऊपर का या मन के ऊपर का...यदि आप ये बोझ आप लेकर चलोगे, तो आप के शरीर और मन को ये बोझ से परेशानी ही होगी। जब तक ये बोझ आप के मन पर रहेगा, तब तक वो अस्वस्थता आप के मन को चिपक कर बैठेगी। वो बोलते है ना, पानी हमेशा बहता होना चाहिए। एक ही जागर पर जो पानी अटका हुआ हो, तो वो ख़राब ही होगा।

कौन सी भी चीज हो एक ही जगह पर रहने से ख़राब ही होते है। फिर वो कोई भी खाने का पदार्थ होने दो,या फिर अभी जो पानी का उदाहरण दिया वो होने दो, या फिर आप के मन की कोई कटु याद होने दो और वो याद के वजह से आप के मन में निर्मित हुई कटु भावना हो, गुस्सा हो, डर हो। वो जितना पुराना हो उतना ज़्यादा कष्टप्रद होता है। उतना ज़्यादा वो ख़राब होता है।

आप जितना ज़्यादा समय ज़्यादा अति विचार(over thinking) करोगे, उतना कष्ट आप के मन को होगा। फिर उसका कब डिप्रेशन में और उस डिप्रेशन से कब शरीर में बीमारी होगी ये आप का आपको ही पता नहीं चलेगा। इसलिए इस सबको समय पर ही समेटना चाहिए।

उसके लिए अगर आप ने ये activity की, तो आप के मन की पाटी कोरी होने में मदद होगी। मन में कई बरसों से दबे हुए कटु भावनाओंका, बहते पानी में ख़ुशी के भावना में convert होकर मन की पाटी कोरी होने के लिए ये एक्टिविटी बड़ी मदद करेंगे।

❖ इस एक्टिविटी में महत्वपूर्ण बात क्या है?

आपको या एक्टिविटी में जो जो घटना के वजह से, जो व्यक्ति के वजह से परेशानी हुई। उस सबको आपको माफ़ करना है। क्योंकि

उनको माफ़ करना मतलब आप की मन की पाटी (slate) कोरी (blank) करने जैसा है। उन सबको माफ़ करना आप मानसिक स्वास्थ्य के लिए बहुत ही महत्वपूर्ण बात है। आपके स्वार्थ के लिए बोल सकते हो, या फिर आप के मानसिक स्वास्थ्य के लिए, आप को माफ़ करना ज़रूरी है।

जब भी हम किसी को माफ़ करते है ना, वो माफ़ करने के पहले हम अनजाने में एक चीज कर रहे होते है। वो है आप वो चीज, वो घटना accept करते हो। आप accept करते हो, "ठीक है, मेरे साथ ये घटना घटित हुई। मुझे ये घटना से मानसिक रूप से बाहर निकलना अब ज़रूरी है। और कितने दिन हम वो ही घटना मन में पकड़कर बैठेंगे? ये घटना से आपको जो कुछ भी परेशानी हुई वो आप कितने दिन तक लेकर बैठेंगे? मन में दबाकर बैठेंगे? और कितना ख़ुद को परेशान करोगे? वो बोलते है ना, जो होता है वो अच्छे के लिए होता है। शायद आगे जाकर समझेगा की, ये घटना मेरे जीवन में क्यों घटित हुई।"

इससे बाहर निकलने की पहली सीढ़ी है 'माफ़ करना', वो व्यक्ति को, वो घटना को माफ़ करना।"

जब भी हम किसी को भी माफ़ करने जाते है। तब ये सारे विचारों का भावण्डर हमारे मन में चालू होता है।

तो ये सब accept करना बहुत ज़रूरी है। पर इस सब में इगो बीच में मत लाओ। जैसे की,

"उसकी गलती है। मेरी गलती नहीं है। मैं क्यों माफ़ करूँ? उल्टा मेरी माफ़ी उसने माँग चाहिए।"

क्योंकि सही गलत ऐसा कुछ नहीं होता। हर एक इंसान अलग होता है। हर एक इंसान की परिस्थिति अलग होती है। हर एक इंसान का विचार करने का तरीक़ा अलग होता है। हर एक की राय अलग होती है। और हर एक इंसान के अनुभव भी अलग होते है। इन अनुभवों से हर एक इंसान की समझने की तकड़ भी अलग होती है। इस लिए एक का ग़लत दूसरे के लिए सही हो सकता

है। दूसरे का सच एक के लिए ग़लत हो सकता है। इस लिए कभी भी "ये ग़लत" या फिर "ये सही" ऐसा साबित करने के लिए मत जाइए। जो कुछ भी होता है वो अच्छे के लिए होता है, ये आप को आगे जाकर पक्का समझेगा।

यहा पर आप को आप के मन का बोझ हल्का करना ज़रूरी है। यदि आप मन का बोझ ले के जीने लगे, तो आप ख़ुद का ही नुक़सान कर रहे हो। उसका परिणाम आप के शरीर पर हो सकता है, मन पर भी हो सकता है । क्योंकि कितने समय आप ऐसे डिप्रेशन के भावना में रहोगे?

वैज्ञानिक दृष्टि से एक बार माफ़ कर दिया, टार आप के ही मन का बोझ हल्का होता है। एक बार आप माफ़ करते हो तो आप ही की हीलिंग होने शुरू होती है। एक बार आपकी हीलिंग शुरू होगी तो, आप को हल्का महसूस होगा। क्योंकि आप के मन सारे बुरी भावनाये आप ने आप से मन से निकाल रहे होते हो।

❖ **अब हम देखेंगे की जो लोग डिप्रेशन में नहीं है वो लोग ये एक्टिविटी क्यों करेंगे?**

जैसे की मैंने इसके पहले भी बताया है की, हमारा ब्रेन ये यादों की अलमारी होती है। बचपन से अभी तक घटित हुई सब घटनाएँ ये अलमारी में store होती है। यहा तक की हर घटना के भावना के साथ ये अलमारी में store होती है। ये हमारे फ़ोन के मेमोरू कार्ड जैसे होते है।

फिर बचपन में कोई एक घटना में आपको यदि बुरा लगा होगा, आप को किसी ने कम समझा होगा, माँ ने मस्ती किया होगा तो मारा होगा। सबकुछ भावना के साथ अपने ब्रेन में store होता है।

बचपन से सबकुछ मन में स्टोर होता है। इसकिये कई लोग जरासा छोटा सा भी कुछ हुआ तो फुट जाते है। छोटासा कारण भी उन्हें blast होने के लिए काफ़ी होता है। उनको छोटी सी बात भी सेहन नहीं होती है। क्योंकि उनका गुब्बारा फुट जाता है। बाहर से

देखने वाले को समझने में ही नहीं आता की इसको छोटी छोटी बाते दिल को क्यों चुभ रही है।

तो उसको मूल कारण यही है, अपना ब्रेन बचपन से सब कुछ store करता है। तो ये सब जो बचपन से लेकर अब तक हमारे ब्रेन में store है वो निकाल कर, क्लियर करना ज़रूरी है। आप के ब्रेन में जो नकारात्मक, बुरी भावना स्टोर है, वो क्लियर करना बहुत ही ज़रूरी है।

उसके लिए हर एक इंसान ने ये एक्टिविटी करना ज़रूरी है। बचपन से जो कचरा ब्रेन में जमा हुआ है, वो साफ़ करने के लिए ये एक्टिविटी करना ज़रूरी है।

यदि आप ओवर थिंकिंग नही करते होगे, पर प्याज़ के अंदर कैसे पार्ट होते है, छोटे छोटे एक के ऊपर एक। वैसे बचपन में घटित हुई घटना और उसके वजह से जो "परेशानी" हुई वो हमारे ब्रेन में गहराई में दबी हुई रहती है।

आपको अभी वो घटना याद भी नहीं होगी,पर मन में एक प्रकार का बोझ होता है। वो क्लियर करना ज़रूरी है। ये बोझ लेके आप अपने जीवन का रास्ता मत चलिए। पहले ये बोझ हल्का कीजिए। फिर देखिए आपको कैसे रिलैक्स फील होगा।

❖ **ये एक्टिविटी करने के बाद जो फ़ायदा होता है, ये अब हम देखेंगे:**

एक अनुभव

Anxiety control success स्टोरी:

वैज्ञानिक कारण भी देखते है:

मैं डिप्रेशन एंजाइटी कंट्रोल के लिए और cure होने के लिए, काउन्सलिंग करती हूँ। उसमे से मेरे एक स्टूडेंट की ये एक कहननी है। उसने ये एक्टिविटी कर के देखी।

उसे एंजाइटी के विचार आते थे। वो बिना बात की डरती थी। वो बिना किसी बात की बहुत रोटी थी।

उसके ब्रेन को बचपन से ही नकारात्मक,दुखी भावनाओं की आदत हो चुकी थी। इस लिए मैंने उसे ये activity करने को दी थी।

उसका ब्रेन उसको ये ऐक्टिविटी करने नहीं दे रहा था। क्योंकि ब्रेन को पता था, यदि ये एक्टिविटी करेंगे तो ब्रेन में जो नकारात्मक, दुखी भावना है वो निकल जाएँगे। पर ब्रेन को तो ये नकारात्मक भावना का addiction है। यदि ये सारे नकारात्मक, भावना ब्रेन को नहीं मिलेंगे तो ब्रेन को अस्वस्थ लगेगा। इसलिए ब्रेन ये एक्टिविटी करने के पहले ही रोकता है। ब्रेन को पता होता है ये एक्टिविटी करने के बाद ब्रेन को ये दुखी,नकारात्मक भावना नहीं मिलेंगे। इस लिए ब्रेन उसे बहाने दे रहा था, जिस वजह से वो ये एक्टिविटी ना कर पाये।

फिर आख़िरकार उसने वो एक्टिविटी की। और पहले दिन ही उसे बहुत ही बढ़िया रिजल्ट आया। उसे इतना हल्का (relax) और शांति महसूस हुई, जैसे की उसके मन का बोझ हल्का हुआ हो।

सुबह सुबह ही उसने मुझे कॉल किया। उसे बहुत ही रिलैक्स महसूस हुआ और फिर ख़ुशी महसूस हुई। बचपन से जो मन में डैब गया था, ये एक्टिविटी के पहले दिन ही उसको बहुत ही बढ़िया अनुभव हुआ।

इसका वैज्ञानिक कारण भी है। हर एक विचार का हमारे मन में न्यूरॉन का जाल तैयार होता है। हर विचार, हर अनुभव, हर भावना, सब का मिलकर ये न्यूरॉन का जाल तैयार होता है। डिप्रेशन के वजह से आप कि जीवन में घटित हुई घटना, नकारात्मक भावना, दुखी भावना, pain की भावना इस सब का भी न्यूरॉन का जाल तैयार होता है। ये जाल निकालने का वैज्ञानिक दृष्टिकोण से इलाज है ये एक्टिविटी। इस एक्टिविटी को विद्यान साक्ष है। इसमें कोई भी अंधश्रद्धा नहीं है।

जब आप ये एक्टिविटी करते है, तब आप के ब्रेन में कई सालों से दबे हुए नकारात्मक और दुखी भावना के जल आप के मन से

बाहर निकालने के लिए रास्ता open होता है। इस वजह से आपको शांत, हलका, relax लगता है।

आप के मन की पाटी (slate) कोरी (blank) हो जाती है। वो बोलते है ना पानी एक ही जगह पर अटक पर रहने पर कैसे ख़राब होता है। ठीक वैसे ही आप के मन में ये नकारात्मक, दुखी दर्द का जाल तयार होता है। ये एक्टिविटी करने के बाद ये बुरे, नकारात्मक भावना निकल जाते है। और आपको शांत और रिलैक्स लगता है।

❖ अब देखते है की ये एक्टिविटी कैसे करते है?

• ||अ|| एक कागज (पेपर) पेन लीजिए और बचपन से अभी तक कोई भी व्यक्ति या घटना जिससे आपको बुरा लगा हो, हीनता की भावना नीर्मित हुई होगी, आप दुखी हुए होगे, गुस्सा आया हो, दर लगा हो, उस हर एक व्यक्ति का सिर्फ़ नाम आपको लिखना है।

  ✦ **टिप्पणी** : जिस व्यक्ति से आपको दुख हुआ, किसी भी प्रकार का दर्द हुआ, नकारात्मक या दुखी भावना निर्माण हुई, गुस्सा आया। उस व्यक्ति का सिर्फ़ और सिर्फ़ नाम लिखना है।

• ||आ|| हालाकि आप ख़ुद का नाम भी लिख सकते है। क्योंकि कई बार जाने अनजाने में हम ख़ुद को ही hurt करते है। ख़ुद को ही कम समझते है। कभी कभी कुछ लोग ख़ुद को ही माफ़ नहीं करते। फिर ऐसे समय पर ख़ुद का भी नाम लिखिए।

  ✦ **टिप्पणी** : कई बार क्या होता है, कुछ लोग ख़ुद को ही माफ़ नहीं करते। उन्हें लगते ही की, :मैं ऐसे कैसे कर सकता हूँ। मैंने ऐसे कैसे behave किया। मुझे ऐसा behave नहीं करना चाहिए था।" ख़ुद के ही बिहेवियर के लिए वो ख़ुद को माफ़ नहीं कर पाते। यदि ऐसा कुछ हुआ हो तो ख़ुद का नाम आप लिख सकते है।

- ॥इ॥ आप सिर्फ़ भावना भी लिख सकते है। जैसे की डर, गुस्सा, जल्दी की भावना

  - **टिप्पणी:** इस लिस्ट में आप कोई भी नकारात्मक या दुखी भावना लिख सकते है।

- ॥ई॥ सिर्फ़ नाम या फिर भावना लिखनी है। पूरा डिटेल में लिखना नहीं है।

  - **टिप्पणी:** यहा पे आपको पूरी घटना नहीं लिखनी है।

- ॥उ॥ लिख के होने के बाद एक एक कर के ये सब नाम पढ़ो। और बोलो की, "मैं तुम्हें दिल से माफ़ करता हूँ। जाने अनजाने में अगर मैंने आपको hurt किया हो, तो मुझे माफ़ करो। आज तक आप ने मेरे लिए जो कुछ भी किया हो वो मुझे याद भी ना हो वो सारी बातों के लिए दिल से धन्यवाद और I love you"

- **टिप्पणी:** इस के पहले स्टेप में जो जो लोगों का नाम लिखा है, उन सबका एक एक कर के नाम लीजिए और उनको माफ़ भी कीजिए और उनकी माफी भी माँगिये।

  और ये आप को पूरे दिल से करना है। दिल से माफ़ करना है। और दिल से माफी माँगनी है।

  (इसमें आप का ईगो मत लाइए। उसकी गलती। क्योंकि यही गुस्सा आप के सपनों के बीच में दीवार बन सकते है। क्योंकि ये सब आप के मन में कई सैलून से दबा हुआ है। इसलिए छोटासा कारण भी आपको ब्लास्ट होने में काफ़ी है। आप ब्लास्ट होते है फिर आप का ध्यान आप के सपनों से हट जाता है। इसी लिए ये सब बचपन से दबे हुए सारे नकारात्मक भावनाये आप के दिल से हम बाहर निकल रहे है। ताकि आप ख़ुशी के भावना के साथ अपने सपनों पर ध्यान दे सके।)

- ॥ऊ॥ उस लिस्ट में लिखे हुआ सारे व्यक्ति जैसे लिए आप को होनोपो प्रार्थना करनी है,

✦ होनोपो प्रार्थना:

माफ कर दीजिए

दिल से धन्यवाद

आप को बहुत सारा प्यार

(I am sorry.

please forgive me.

Thank you.

I love you.)

(पहले एक व्यक्ति का नाम लीजिए और फिर बोलो)

◆ उदाहरण के तौर पर: अगर उस व्यक्ति का नाम रीमा है। तो रीमा के लिए होनोपो प्रार्थना नीचे दी है, वैसे कीजिए:

"रीमा, ये प्रार्थना बोलने का उद्देश्य यही है की हम दोनों में जो कुछ भी घटित हुआ, उस घटना के वजह से मेरे मन में जो कुछ भी भावना निर्माण हुई, उस वजह से मुझे जो कुछ भी परेशानी हुई, वो घटना को, वो भावना को मुझे हील करना है। मेरे मन को शांत करना है और मेरा मन मुझे रिलैक्स करना है।

माफ कर दीजिए

दिल से धन्यवाद

आप को बहुत सारा प्यार

(I am sorry.

please forgive me.

Thank you.

I love you.)

ये ऐसा ५ से १० मिनट के लिए हनो होनोपो प्रार्थना इस उद्देश के लिए कीजिए की, आप दोनों में जो कुछ भी हुआ सो हुआ। अब मन की शांति चाहिए।

- यदि आप को कोई घटना के लिए होनोपो प्रार्थना करनी है तो ऐसा बोलिये की, "यूनिवर्स/भगवान मुझे इस घटना से घटित हुए दर्द से बाहर निकलना है। इस घटना के वजह से निर्मित हर एक परेशानी को मुझे मेरे मन से निकालना है, मन की पाटी (slate) कोरी करनी है। मेरा मन उस घटना के लिए शांत और relax करना है।

  माफ कर दीजिए

  दिल से धन्यवाद

  आप को बहुत सारा प्यार

  (I am sorry.

  please forgive me.

  Thank you.

  I love you.)

- होनोपो प्रार्थना का मेरा ख़ुद का अनुभव है। उसके वजह से मेरा एक रिश्ता बहुत ही अच्छा हुआ था। उसकी कहानी मैं आगे आने वाले किताब में ज़रूर दूँगी।

- ||ए||इसके आगे भी कुछ स्टेप्स:

  ✦ उसके बाद आँखें बंद कीजिए।

  ✦ वो कागज हात में पकड़ लीजिए । जिस में आप ने वो व्यक्ति और भावना की लिस्ट बनायी है।

  ✦ और उस कागज पर आप ने जो कुछ भी लिखा है।

  ✦ उसकी नकारात्मक भावना आप के शरीर में कल्पना कीजिए।

  ✦ वो नकारात्मक एनर्जी काले रंग की है। वो काले रंग की एनर्जी आप के सिर से लेकर पैर तक पूरे शरीर में है। ऐसा फील कीजिए।

  ✦ कल्पना कीजिए: वो नकारात्मक केल रंग की एनर्जी आप के हात से कागज में (पेपर में) जा रही है।

✦ फिर या तो वो कागज फाड़िए या फिर जला दीजिए। (जलाते समय अपना ध्यान रखिए।)

टिप्पणी: कागज जलाना या फाड़ना ये तो पर्याय आपको दिये है। दोनों में से एक आप कर सकते है। जो भी आपको सुविधाजनक होगा, वो आप कर सकते हो।

✦ कागज जलाते या फाड़ते समय ऐसी कल्पना कीजिए की, जो भी आप का व्यक्तित्व था जिसमें कागज पर लिखे हुए सारी भावनाए थी। जैसे की गुस्सा, जलन, हीनता की भावना, डर, फ्रस्ट्रेशन, चिड़चिड़ापन, दर्द, दुख जो भी था वो चला जा रहा है। कागज फाड़ते समय वो व्यक्तित्व के साथ वो सारी नकारात्मक भावनाये भी जा रही है। ऐसा आप को कल्पना करना है।

टिप्पणी: कागज जलाते या फाड़ते समय आप का व्यक्तित्व वो सारे नकारात्मक भावना के साथ चला जा रहा है, ये फील करना बहुत ज़रूरी है।

♦ ॥ऐ॥ जब वो कागज पूरी तरीक़े से जल जाये या फिर वो कागज आप का फाड़ के होने के बाद कल्पना कीजिए:

✦ आप के शरीर और मन में कई सैलून से दबे हुए नकारात्मक भावना पूरी तरीक़े से जा चुके है। इस वजह से आप को रूई जैसा हलका महसूस हो रहा है, बहुत ही रिलैक्स लग रहा है। मन के ऊपर का जो बोझ था वो पूरी तरीक़े से हलका हुआ है। मन की पाटी (स्लेट) कोरी हुई है, ऐसा फील कीजिए।

✦ उसके बाद आप एक नया व्यक्तित्व का जन्म हुआ है। जिस्म बहुत ही सकारात्मकता है, ख़ुशी है, चेहरे पर एक बड़ा स्माइल है, आत्मविश्वास है, ख़ुद के लिए बहुत सारा प्यार है।

❖ **टिप्पणी:**

- ।।अ।। से लेकर ।।ऐ।। तक सारे स्टेप्स आप को ४ या ५ दिन लगातार नियमित रूप से हर दिन करना है।

- पाचवे दिन आप को उस व्यक्ति के लिए neutral लगेगा। मतलब उस व्यक्ति का विचार आते ही आप को कुछ भी फ़रक नहीं पड़ेगा। उस व्यक्ति के बारे में उस घटना के बारे में आपको कुछ फील नहीं होगा। आप के दिल में उस व्यक्ति या घटना के लिए गुस्सा, दर या फिर कोई भी नकारात्मक भावना या फिर किसी भी प्रकार का मानसिक दर्द नहीं होगी।

- ५ दिन कर के भी आप को neutral नहीं लग रहा हो, तो आप और एक-दो दिन कर सकते हो।

- पर इसके बाद यदि आप के जीवन में कोई भी घटना घटित होती है, तब उस व्यक्ति के लिए फिर से आप को ये सारी एक्टिविटी नहीं करनी है। तब वो व्यक्ति या घटना के लिए आपका दृष्टिकोण बदलने की ज़रूरत है। और फिर ख़ुद को कहो की, "मुझे यक़ीन है की,मेरे जीवन में जो कुछ भी घट होता है, वो मेरे अच्छे के लिए ही है। शायद मैं अपने सपने पूरे होने के रास्ते तक पहुँचा हूँ। इसलिए यूनिवर्स जान बुझकर मेरी फ़्रीक्वेसी हिलाने की कोशिश कर रहे है। यूनिवर्स मेरी परीक्षा ले रहा है।" ऐसा ख़ुद को आत्मविश्वास से समझाओ।

❖ **Acknowledgement:** I am so thankful to Suja Mohan. As I have learned this activity from her.I have also used this activity in my life.It was an amazing experience for me.It worked amazingly for me.

❖ **ये एक्टिविटी शुरू करने के बाद:**

- कई लोगों ने जब ये एक्टिविटी करना शुरू किया। एक दिन ये एक्टिविटी की। पर उसके बाद उनका ब्रेन उनको ये एक्टिविटी करने के लिए रोकना शुरू किया।

- ब्रेन क्यों रोकने लगता है? क्योंकि ब्रेन को अब तक आदत हो चुकी है। दुखी जोन में रहने की। पर यदि हम ये एक्टिविटी करेंगे तो, ब्रेन को पता रहता है की,उसे दुखी रसायन मिलेगा नहीं। फिर ब्रेन आपको ये एक्टिविटी न करने के बहाने दे देता है।

- जैसे की:

  - "अब मत कर",
  - "बाद में कर",
  - "अब तू थक गया है।"
  - "आज का दिन बहुत ही बिजी था।"
  - "बस हुआ कल से शुरू करते है।"

- या फिर ब्रेन जानबूझकर भूतकाल का बुरा अनुभव याद दिलाता है।

- ब्रेन आपको एक नहीं बहुत बहाने दे देता है:

  - "अब bore हो रहा है, अब नहीं बाद में कर।"

- ऐसे समय ब्रेन को कठोरता से बोलिये की, "ब्रेन, तू चुप बैठ (shut up), मैं तुम्हारा बॉस हूँ। ब्रेन तू मेरा नौकर है। ब्रेन, तू ऐसा बर्ताव मत कर जैसे की तू ही मेरा बॉस है। मैं ये एक्टिविटी करूँगा ही।"

- ये एक्टिविटी लगातार ४ से ५ दिन करना ज़रूरी है। एक बार ये एक्टिविटी शुरू कर देने के बाद यदि बीच में एक दिन आप कर नहीं पाये। गैप हुआ। तब ये एक्टिविटी फिरसे पहले दिन से करनी होगी। पर लगातार बिना चुके ४-५ दिन आप को करना ज़रूरी है।

- ये एक्टिविटी का रिजल्ट अमेजिंग है। एंजाइटी, डिप्रेशन हुए लोगों ने तो ये एक्टिविटी करनी ही चाहिए। उन्हें तो पक्का इस एक्टिविटी का फ़ायदा ही होगा। डिप्रेस लोगों को कैसे फ़ायदा हुआ इसकी सक्सेस स्टोरी हमने शुरू

में ही देखी। तो आप किस बात की प्रतीक्षा कर रहे हैं? पूरे विश्वास से आप ये ये एक्टिविटी कर के देखिए। इसे विज्ञान भी साक्षी है।

❖ इस एक्टिविटी से बहुत लोगों को फ़ायदा हुआ:

ये एक्टिविटी का कई लोगों का अच्छा अनुभव है। बहुत ही शांत, हलका, रिलैक्स लगता है। मन में जो भी दुख, गुस्सा, चिड़चिड़ापन है वो सब ग़ायब हो जाता है।

मैंने भी ये एक्टिविटी कर के देखा है। मेरे भी ये अनुभव है। मैंने जब ये एक्टिविटी की थी, तब पहले दिन की थी। पर दूसरे दिन मैं जब ये एक्टिविटी करने गई, तब मुझे ऐसे विचार आने लगे की, "अब मत कर। कल कर।" मेरा ब्रेन मुझे कई बहाने देने लगा, ताकि मैं ये एक्टिविटी ना कर पाऊ।

पर तब मैंने मेरे ब्रेन की एक ना सुनी और लगातार ४ से ५ दिन ये एक्टिविटी की। तब मुझे बहुत ही रिलैक्स और शांत लगा। कर के तो देखिए। ये किताब पढ़ने के साथ ही इसमें दिये गये चीजें करना, अपने दिनचर्या में शामिल करना बहुत ज़रूरी है।

डिप्रेस लोगों के लिए और एक रामबान समाधान मैंने आगे के chapter में दिया है।

१०.८ आप को डिप्रेशन से छुटकारा पाने के लिए किसी और पर निर्भर रहने की कोई आवश्यकता नहीं है।

भाग १

१) एहसास

२) ऐक्सेप्टेंस

३) विश्वास

४) एक्टिविटी

५) ख़ुद ही ख़ुद पर इलाज करना

ऊपर दिये गये सभी स्टेप्स डिप्रेस लोगों ने एक के बाद एक करना चाहिए।

तो अब देखते है डिप्रेस व्यक्ति की आगे की सीढ़ी ।

सेल्फ हीलिंग के बारे में दो चीजें हम इस चैप्टर में देखेंगे।

किसी घटना के घटित होने के बाद, उस घटना के कारण उत्पन्न होने वाली कुछ भावनाएँ

हेम परेशान करती है। जैसे की गुस्सा, चिड़चिड़ापन, हीनता की भावना, जलन। कभी कभी लगता है की ये सारे भावनाओं से कब छुटकारा मिलेगा? तो इसके बारे में एक सत्य घटना है। जिस्म उस व्यक्ति ने ख़ुद उस घटना को ही heal किया और उस पीड़ित भावना से मुक्त हुई।

अब देखते है और एक सत्य घटना। एक लड़की थी। उसकी दूसरी शादी हुई थी। और वो दूसरी शादी में वो खुश थी। उसका जो पति था वो भी बहुत अच्छा था। शादीशुदा जीवन बहुत ही खुशहाल था।

पर कहानी ये थी की, उसके पहले पति ने उसको बहुत ही परेशान किया था। उसके पहले पति को इस बात का एहसास भी नहीं था की उसने उस लड़की को किस हद तक परेशान किया था। इस बात की गंभीरता इस का जरा भी एहसास उसके पहले पति को थोड़ा भी नहीं था।

उस लड़की को उस के भूतकाल के वो परिस्थिति और उसके पहले पति के बारे में बहुत चिड़चिड़ापन महसूस होता था। हालाकि वो अभी उसके दूसरे पति के साथ उसकी शादीशुदा जीवन खुशहाल और बहुत ही प्यारभारा रिश्ता था।

ऐसा भी नहीं था की, वो अपने पति से माफ़ी की उम्मीद कर रही थी। उसको ये सब नहीं चाहिए था की उसका पति आय और उससे माफ़ी माँगे। ऐसा कुछ नहीं था। पर उसके साथ जो कुछ भी हुआ, उस वजह से उसको बहुत ही चिड़चिड़ापन और गुस्सा महसूस होता था।

उसने फिर ये सब उसके दूसरे पति को बताया। तब उसके दूसरे पति ने उसे होनोपो प्रार्थना करनी की सलाह दी। उस परिस्थिति के लिए होनोपो प्रार्थना करने को कहा।

ये सलाह सुनकर उसने तुरंत होनोपो प्रार्थना उस परिस्थिति के लिए करने का तय किया।

उसने होनोपो प्रार्थना करने के पहले एक उद्देश्य रखा। उसका उद्देश ऐसा था की, "मुझे ये परिस्थिति से गुस्सा, चिड़चिड़ापन,

जो परेशानी हो रही है, उसमे से मुझे बाहर निकलना है। ये परिस्थिति से मेरे मन जो कुछ भी दब गया है, जो गुस्सा, दर्द भरे भावनाये ये सब निकाल के बाहर फेकना है। मेरे मन की पाटी (स्लेट) कोरी (ब्लेंक) करनी है। मन शांत और हलका महसूस होना चाहिए।"

ये उद्देश तय कर के मन में बो ने के बाद उसने प्रार्थना बोनी शुरू की:

"

माफ कर दीजिए

दिल से धन्यवाद

आप को बहुत सारा प्यार

(I am sorry.

please forgive me.

Thank you.

I love you.)

"

हर दिन ये प्रार्थना १० मिनट, ये उद्देश के साथ करती थी। ऐसा लगभग उसने १-२ महीने किया। उसके बाद वो अपने ऑफिस के कामों में, घर के कामों में व्यस्त हो गई। उसके बाद वो होनोपो प्रार्थना करना भी भूल गई। इसके बाद वो अपने दूसरे पति से प्रेगनेंट भी हुई।

उसके १, २ महीनों बाद उसके पहले पति ने उसके दूसरे पति से संपर्क किया और कहा की, "मैंने उसके साथ बहुत ही बुरा बर्ताव किया था। और इस बाद का मुझे अंदाज़ा भी नहीं हुआ की इससे उसको कितनी तकलीफ़ हुई होगी। में पूरे दिल से उससे माफ़ी मंगाना चाहता हूँ। आप मेरी तरफ़ से उसे मेरा माफ़ी का संदेश दे देना।"

ये कहानी से हेम ये समझमे आता है की, कोई भी परिस्थिति होने दो, वो बुरी घटना में हम भवनीक रूप से ज़्यादा जुड़े हुए रहते है।

कोई भी परिस्थिति होने दो या फिर कोई भी भावना होने दो। जिस्म से आपको बाहर निकलना है।

तो उसके लिए आप होनोपो प्रार्थना कर सकते हो। ऐसे आप कोई भी परिस्थिति से या फिर कोई भी भावना से आप ये प्रार्थना से बाहर निकल सकते हो। इस प्रकार से उस लड़की ने उसकी ख़ुद की मन की स्थिति ख़ुद ने ही heal कर दी।

अब हम दूसरी कहानी देखेंगे।

ये कहानी मेरे एक कलीग के साथ घटित हुई है। वो एक घटना में में अटक गया था। तब मैंने उसे होनोपो प्रष्ठ करने को बोला। वैसे तो बहोत सालों पहले उसी ने मुझे होनोपो प्रार्थना के बारे बताया था। तब मैंने पहली बार इस प्रार्थना के बारे में और इस प्रार्थना के power के बारे में सुना था। फिर आगे क्या हुआ? वो उस परिस्थिति से वो प्रार्थना कर के बाहर निकला? ऐसी कौन सी घटना उसके साथ घटित हुईये सब हम इस कहानी में देखेंगे।

वो बोलते है ना, "भगवान देते है, तो छप्पर फाड़ कर देते है।" ऐसा ही कुछ इसके साथ हुआ था, उसने दो अलग अलग जगह पर इंटरव्यू में दिया था। और वो दोनों कंपनी में सेलेक्ट भी हुआ था। उसे पैकेज भी बहुत अच्छा मिला था। एक कंपनी में १००% हाइक मिला था और दूसरी कंपनी में उसे २००% हाइक मिली थी।

दोनों कंपनी के ऑफर लेटर भी उसके हात में थे।

पर उसके लिए उसे अभी इस वक़्त कंपनी में कम कर रहा था, उस कंपनी से रिलीज़ मिलना बहुत ही ज़रूरी था।

उसने बोलते बोलते डायरेक्ट उसके मैनेजर को कह दिया की उसका २ कंपनी में सिलेक्शन हुआ है । पर उसके मैनेजर ने उसको वक़्त पर रिलीज़ करने की कोई बात उससे नही की। उसकी मैनेजर उसको कुछ भी जवाब नहीं दे रही थी।

फिर मेरे कलीग को बहुत ही ज़्यादा टेंशन आया। क्योंकि मैनेजर का उसे परमिशन मिलना बहुत ही ज़रूरी था। वो भी सही समय पर रिलीज़ मिलना ज़रूरी था। ताकि वो नयी कंपनी में पुरानी कंपनी छोड़ने का सर्टिफिकेट दे सके। और साथ में ही नयी कंपनी में जॉइन करनी की कन्फर्म तारीख़ बता सके।

पर उसकी मैनेजर तैयार नहीं थी। फिर अनिल मेरा कलीग और भी ज़्यादा टेंशन में आया। उसका चिड़चिड़ापन बढ़ गया। क्योंकि उसके हात में दो दो ऑफर लेटर थे वो भी दुगुनी, तिगुनी सैलरी के, और उसकी अभी की मैनेजर उसको छोड़ नहीं रही थी।

फिर मैंने उसको उसने मुझे बताई हुई होनोपो प्रेयर की याद दिलाई। और उसको होनोपो प्रार्थना करने बोला। उसे तो पहले से ही ये होनोपो प्रार्थना के बारे में पता था और उसे इस प्रार्थना के पीछे का विज्ञान भी पता था। पर उसके साथ अचानक ये सब हुआ तो उसको सुझा ही नहीं की ये प्रार्थना करे।

फिर उसने उसके मैनेजर के लिए ये प्रार्थना बोलने शुरू की। जभी भी उसके सामने उसकी मैनेजर अति थी तब वो भड़क जाता था। लेकिन अब जब कभी उसकी मैनेजर उसके सामने अति थी तब वो उसके लिए होनोपो प्रार्थना मन में बोलता था।

"

माफ कर दीजिए

दिल से धन्यवाद

आप को बहुत सारा प्यार

(I am sorry.

please forgive me.

Thank you.

I love you.)

"

जब जब उसके मैनेजर का ख़याल अता था तब वो ये प्रार्थना बोलना शुरू करता था।

फिर क्या एक हफ़्ते के बाद उसके मैनेजर ने उसको परमिशन दे दी। और फिर ख़ुशी से उसने नयी कंपनी जॉइन कर दी।

इस प्रार्थना के वजह से उसके जो उसके मैनेजर के प्रति बुरे वाइब्रेशंस थे, वो हील हो गये। यहा पर ये बात ध्यान में लीजिए:उसने जभी ये होनोपो प्रार्थना अपने मैनेजर के लिए करनी शुरू की, तब उसमे मैनेजर को गाली देना, मैनेजर को मन में बुरा बोलना, मैनेजर की मन में या किसी करीबी से कंप्लेन करना ये सब बंद किया। मतलब संक्षेप में उसने अपने मैनेजर को किसी भी प्रकार की बुरी भावना जताना या फिर बुरा बोना मन में या किसी और से ये सब बंद किया। ये बहुत ही महत्वपूर्ण चीज उसने की। और फिर वो पूरे दिल से ये होनोपो प्रार्थना करने लगा। इस प्रार्थना में दिये गये सारे शब्द पूरे दिल से बोलने लगा। अब वो ये नहीं सोचता था की, "उसकी मैनेजर उसको सही समय पर रिलीज़ करेगी या नहीं? उसकी मैनेजर उसको रिलीज़ देगी की न? मैनेजर ने रिलीज़ के लिए इंकार किया तो?" ये सब अब वो नहीं सोचता था। अब उसका गुस्सा, चिड़चिड़ापन बंद हुआ था। अभी गुस्सा महसूस हुआ तो वो तुरंत ये होनोपो प्रेयर शुरू कर देता था।

एक ही हफ़्ते में उसको सकारात्मक परिणाम दिखाई दिया।

ये है होनोपो प्रार्थना की ताकद। अनिल ने ये प्रार्थना उसके माँ को भी सिखाई थी। जब उसके माँ के पैर को तकलीफ़ हो रही थी। तब उसके माँ ने भी पैर पूरी तरीक़े से तंदुरुस्त होने लिए ये होनोपो प्रार्थना की थी। ये प्रार्थना लगातार करने के बाद उसके माँ के पैर में इम्प्रूवमेंट दिखाई दी।

ऐसी ये होनोपो प्रार्थना स्वास्थ हो,धन संपत्ति हो, रिश्ते हो, कोई भी परिस्थिति हो, ये प्रार्थना आप use कर सकते हो।

ये प्रार्थना आप डिप्रेशन से बाहर निकलने के लिए भी कर सकते हो।

उसके लिए आप ऐसा उद्देश दे सकते हो की, "मेरा शारीरिक, मानसिक, आत्मिक स्वास्थ्य सुदृढ़ है। मेरी मन की स्थिति हमेशा खुशहाल, सकारात्मक और सही होती है। मेरे विचार करने का तरीक़ा हमेशा सही और wise होता है।"

फिर आप होनोपो प्रार्थना बोल सकते हो।

"

माफ कर दीजिए

दिल से धन्यवाद

आप को बहुत सारा प्यार

(I am sorry.

please forgive me.

Thank you.

I love you.)

"

ये आप ५-१० मिनट हर दिन लगातार २१ दिन या फिर १ महीना बोल सकते हो।

||इस पाथ का सारांश||

होनोपो प्रार्थना पहले हम अब देखेंगे की नवस क्या होता है ये अब हम देखेंगे। ये अब हम संक्षेप में देखेंगे। प्रार्थना/नवास कैसे पूरे होते है? ये अब हम वैज्ञानिक दृष्टिकोण से संशेप में देखेंगे।

प्रार्थना ये कितनी महत्वपूर्ण होती है,ये हम बचपन से ही सुनते आये है। जब भी हम प्रार्थना करते है, तो हमारा ये विश्वास होता है की, प्रार्थना पूरी होगी। प्रार्थना को विज्ञान का भी साथ है। क्योंकि जब भी हम प्रार्थना करते है। हालाकि उसे आद्ध्यात्मिक स्वरूप आया हो, तो भी वैज्ञानिक दृष्टिकोण से देखा जाये तो जब भी हम किसी भी बात पर विश्वास करते है तब वो बात हमारे अंतर्मन में

चली जीती है, अंतर मन (सबकॉन्शियस mind) में गई हुई चीज वास्तव में घटित होती है। यही इआके पीछे कि विज्ञान है।

(हम बहुत विश्वास से भगवान पर विश्वास रखकर अपनी इच्छा बताते है, प्रार्थना करते है की, भगवान जी ये इच्छा पूरी कीजिए,उसके साथ हेम ये विश्वास भी होता है भगवान को इच्छा बोली है तो पूरी होगी।)

होनोपो प्रार्थना के पीछे का विज्ञान और ख़ासियत यही है। ये प्रार्थना आपकी कोई भी चीज,व्यक्ति, परिस्थिति heal करती है। इस प्रार्थना में कितनी तकड़ है ये डॉक्टर जो वीटाले इन्होंने सिद्ध की है। ख़ुद डॉक्टर ने भी ये प्रार्थना healing के लिए बतायी है।

भाग २

आप ख़ुद को कैसे डिप्रेशन से बाहर निकल सकते हो, ये हम अभी देखेंगे।

पिछले भाग १ के साथ ही आप ये फॉरगिव एक्टिविटी के साथ ही आप ये सेल्फ हीलिंग शुरू किजीये।

हा आप ख़ुद ही ख़ुद को हील कर सकते है। वो कैसे करते है? क्यों करते है? ये अब हम देखेंगे।

❖ **सेल्फ हीलिंग क्यों करनी चाहिए?**

लगातार डिप्रेशन में रहने के वजह से:

आप जाने अनजाने में ख़ुद दुखी हुए होगे,

ख़ुद को आप ने कम समझा होगा,

ख़ुद पर ही आप ने गुस्सा किया होगा,

शायद ख़ुद को माफ़ नहीं किया होगा,

बार बार भूतकाल में घटित हुए घटना याद करके ख़ुद के ही मन पीड़ा पहुचायी होगी।

इस लिए जीतने साल आप डिप्रेशन के परिस्थिति में रहे होगे, उतने साल आप को पीड़ा हुई होगी। इसमें से बाहर निकलने के लिए healing होनी चाहिए। और हा आप में इतनी शक्ति है की आप ख़ुद को ही heal कर सकते है। सेल्फ हीलिंग से आप ख़ुद ख़ुद को ही माफ़ कर सकते है। ये माफ़ करना ज़रूरी है। उसी के साथ ही सेल्फ हीलिंग से मन के पीड़ा का प्रभाव धीरे धीरे कम हो जाता है।

ये एक ख़ुद से प्यार करने का तरीक़ा है। क्योंकि यदि आप ख़ुद से प्यार करते होंगे, तो आप ख़ुद के हीलिंग को महत्व दोगे। यहा पर आप पूरे एहसास के साथ जागरूक होते हो। आपको ये एहसास होता है की, आप इतने साल डिप्रेशन में रहे हो। उस वजह से आपको किन किन परेशानियों का सामना करना पड़ा। आपको ख़ुद को ये एहसास होता है, ये सब आप समझते हैं। फिर आप ख़ुद की हीलिंग करते है।

❖ **तो अब हम देखेंगे हीलिंग कैसे करनी है?**

• ये प्रार्थना करने के पहले, इस प्रार्थना का उद्देश तय कीजिए। इसका उद्देश ये है की, "सेल्फ हीलिंग" करना। ख़ुद के मन की पाटी (slate) कोरी(blank) करना। मन हलका कर के शांत करना।

• फिर आगे आप बोलिये,

"जाने अनजाने में पैदा होने से लेके अब इस क्षण तक अगर मैंने ख़ुद को दुख पोहचया होगा,

ख़ुद को कम समझा होगा,

ख़ुद पर ही गुस्सा किया होगा,

लगातार डर, लगातार दबाव में रहा होगा,

लगातार ऐसा सोचा की कुछ बुरा हुआ तो,

लगातार भविष्य की चिंता में रहा होगा,

ख़ुद को ही सजा दी होगी,

या फिर कुछ अलग ही घटना घटित हुई हो उसके वजह
से दर्द में रहे हो,

ख़ुद के ऊपर भरोसा/आत्मविश्वास feel नहीं किया हो,

हर एक चीज से बुरा फील किया हो,

हर एक छोटी चीज दिल पर लगाई हो
"

उसके लिए यूनिवर्स/भगवान मुझे माफ़ कीजिए।

धन्यवाद यूनिवर्स/भगवान आज तक मुझे आप ने जो कुछ
भी दिया। भोजन,रिश्ते, पैसा, छोटी सी छोटी चीज के लिए
धन्यवाद।

आप मेरे पीछे आजतक खंबीरता से खड़े थे। मुझे विश्वास है
इसके बाद भी मेरे पीछे आप खंबीरता से खड़े रहोगे। इसके लिए
आई लव यू यूनिवर्स/भगवान जी।

I am sorry

pls forgive me

thank you

I love you

मैं हमेशा सही और स्वस्थ्य शरीर, मन, आत्मा में रहूँगी,

मैं हमेशा सही और ख़ुशहाल मन की स्थिति में रहूँगी।

मेरी विचार करने का तरीक़ा सही, सकारात्मक होगा ।

मैं हमेशा सही रास्ते पे, सही लोगों के साथ होऊँगा

मेरे सब आदते अच्छे है।

मेरे जीवन में समृद्धि के साथ सही रिश्ते, और स्वस्थ है।

मेरा मन शांत है। मुझे हलका, relax महसूस हो रहा है।

I am sorry

pls forgive me

thank you

I love you

मैं हर उस परिस्थिति और व्यक्ति से हील हो रहा हूँ।

I am sorry

pls forgive me

thank you

I love you

लगतार ५-१० मिनट आँखें बंद कर के, रीड की हड्डी सीधी कर के बैठकर आप ये शांति से होनोपो प्रार्थना कीजिए। यह पे हम होनोपो प्रार्थना ख़ुद के लिए कर रहे है।

होनोपो प्रार्थना एक हवायीन प्रार्थना है। बाहर के देश में अगर कोई बीमार हो, हॉस्पिटल में हो। तो वो बीमार इंसान के healing के लिए, उसे स्वस्थय करने के लिए ये होनोपो प्रार्थना करनेवाले लोग रहते है। जो लोग ये होनोपो प्रार्थना करते है, उनसे संपर्क किया जाता है। वो लोग होनोपो प्रार्थना उस बीमार व्यक्ति के लिए करते है। ये प्रार्थना में इतने तकड़ होती है की वो बीमार व्यक्ति बिलकुल स्वस्थ हो जाती है।

उदाहरण के तौर पर: बीमार व्यक्ति "आ" देश के हॉस्पिटल में एडमिट है। इस बीमार व्यक्ति का करीबी इंसान "ब" देश में है। और जो होनोपो करते है वो "क" देश में है।"ब" देश के करीबी रिश्तेदार ने "क" देश के होनोपो करने वाले लोगों से संपर्क किया और "आ" देश के बीमार व्यक्ति के लिए होनोपो प्रार्थना करने को कहा।

इसको विज्ञान साक्षी है। ये कोई अंधश्रद्धा नहीं है। यही प्रार्थना हम ख़ुद के हीलिंग के लिए की। ये प्रार्थना बहुत ही शानदार तरीक़े से हीलिंग करते है।

मैंने ख़ुद ने भी ये प्रार्थना कर के देखी है। ये प्रार्थना का मेरा ख़ुद का अनुभव भी काफ़ी अच्छा है। इस प्रार्थना से मैंने करीबी रिश्ता खुशहाल किया था। मेरी करीबी व्यक्ति जिसने मुझसे बात करना बंद किया था, वो ही रिश्ता इस प्रार्थना से इतना अच्छा हुआ की उसी व्यक्ति ने मेरी साइड लेकर किसी और से झगड़ रहे थे।

और ये प्रार्थना मैंने ख़ुद के हीलिंग के किए भी की है।

अब देखते है, ये प्रार्थना कैसे अलग अलग तरीक़े से use करते है। अपने जीवन के अलग अलग हिस्से में आसपास के वातावरण का हमारे ख़ुशी के भावना पर परिणाम होता है।

1) समझो शुरू में आसपास में ऑफिस में या घर में ऐसा कोई होगा जो बिना किसी वजह गुस्सा कर रहा हो, तो उसे देखकर आप क्या कर सकते हो?

अनदेखा (avoid) और उसी के साथ आप ये प्रार्थना आप के मन में बोल सकते हो। उससे वैज्ञानिक दृष्टि से क्या होगा? उसके गुस्से की तीव्रता धीरे धीरे कम होगी। और यदि वो व्यक्ति गुस्से में होगी तो भी आप को कुछ नहीं बोलेगी।

ये प्रार्थना बोलने के पहले अपना उद्देश बोलिये:

"यूनिवर्स, इस व्यक्ति को सही विचार करने का तरीक़ा, सही और खुशहाल मन की स्थिति में, खुशहाल भावना में रखो।"

उद्देश देने के बाद होनोपो प्रार्थना कीजिए

I am sorry

pls forgive me

thank you

I love you

2) यदि आप ऐसे किसी भी परिस्थिति में हो जहां पर आप को समझ नहीं आ रहा हो की इस परिस्तिथि से कैसे बाहर

निकले। ऐसे परिस्थिति के किए भी आप होनोपो प्रार्थना कर सकते हो। ऐसे परिस्थिति के वजह से आप दुखी या बुरा फील कर रहे हो, तो ऐसे समय पर ये होनोपो प्रार्थना आपको मदद ही करेगी। आप की परिस्थिति और मन की स्थिति सुधरने में मदद ही होगी। आपको उस परिस्थिति से बाहर निकलने के कई सारे मौक़े दिखने लगेंगे। इस वजह से हर एक ने ये कर के देखना चाहिए।

✦ अब देखते है की करना कैसे है? ये प्रार्थना कर ने के पहले आप का उद्देश तय कीजिए।

✦ उद्देश ऐसा होगा की, "मुझे इस परिस्थिति से साहिसलमत बाहर निकलना है। और इस परिस्थिति से बाहर निकलने के लिए मुझे सही रह दिखाईये और मुझे सही मौक़े दीजिए।"

✦ ऐसा उद्देश एक बार तय कर के फिर ये होनोपो प्रार्थना कीजिए।

I am sorry

pls forgive me

thank you

I love you

✦ ऐसी ये प्रार्थना आप ५-१० मिनट तक कर सकते है।

✦ इसी संबधित कहानी आप ने इसी chapter के भाग १ में देखी है।

3) आप की करीबी व्यक्ति यदि हमेशा चिड़चिड़ापन में हो और ऐसे व्यक्ति की अगर आपको हीलिंग करनी हो, ऐसे व्यक्ति का गुस्सा आपको कम करना हो तो, कैसे करना है ये हम अब देखते है:

✦ तो सामने वाले व्यक्ति को कभी भी बदलने को मत जाइए।

✦ ख़ुद में पहले बदलाव लाइए।

- ✦ आप ख़ुद पहले खुशहाल रहने लगिये।

- ✦ आप ख़ुद पहले गुस्से पर कंट्रोल कीजिए।

- ✦ आप पहले ख़ुद खुशहाल भावना में रहने लगो।

- ✦ (टीपनी: पर किसी भी प्रकार की हिंसा को मत सहे। जब ज़रूरत हो तब ख़ुद के लिए स्टैंड लीजिए।)

- ✦ उस नकारात्मक व्यक्ति के लिए ऐसे बोलना शुरू करो:

- ✦ "थैंक यू यूनिवर्स,टीना(उस व्यक्ति का नाम लेकर मन में बोलिये) की मन की स्थिति अब खुशहाल, सकारात्मक होती है। टीना हमेशा सही लोगों के साथ सही प्लेस और टाइम पर सही काम करती है। टीना मेंटली, इमोशनली,फ़ाइनेंशियली स्टेबल है। टीना हमेशा स्वस्थ शरीर और में होती है। टीना का विचार करने का तरीक़ा सही, wise होता है। टीना के जीवन में समृद्धि के साथ सही और प्यारे रिश्ते है।"

ऐसा बोलना चालू करो। शब्दों में कितनी ताकद होती है, ये आप ने मेरे इसके पहले के किताब में "पैसा और अमीरी", "प्रारंभ: ये अंत नहीं शुरुवात है,पिक्चर अभी बाक़ी है मेरे दोस्त" में देखा है।

शब्दों की इस ताक़द को विज्ञान भी साक्षी है। इस लिए पूरे दिल से और विश्वास से, पूरे फीलिंग से बोलिये।

उस व्यक्ति का गुस्सा मत कीजिए। भगवान या फिर यूनिवर्स प्रथना कीजिए की वो व्यक्ति २४ घंटे अलाइनमेंट में रहे।

Acknowledgement

ये तीसरा पॉइंट मैंने मेरे गुरु अंजना रीतोरिया से सीखा।

सेल्फ हीलिंग ये बहुत ही महत्वपूर्ण चीज है। ख़ुद में जो भी दबी परेशानीया हटाने में, मन की पाटी कोरी करने में ये मदद करती है। वो किए बिना आगे मत बढ़िए। नहीं तो आप का ब्रेन बार बार आप के मन में दबे हुए दुखी, नकारात्मक घटनाएँ आप

को याद दिलाएगा। फिर आप का ध्यान फिर से वही जाएगा। और आप जहां भी ध्यान देंगे वो चीजें आप के जीवन में बढ़ते जाएँगे।

इसलिए इसके पिछले chapter में दी गई एक्टिविटी और सेल्फ हीलिंग की एक्टिविटी ये दोनों चीजें डिप्रेस व्यक्ति ने करना ज़रूरी है। ये एक रामबाण इलाज है। इसके अनुभव और सक्सेस स्टोरी हमने पिछले chapter में देखे है।

जो डिप्रेशन में नहीं है वो लोग भी ये एक्टिविटी और सेल्फ हीलिंग की एक्टिविटी दोनों चीजें कर सकते है। इससे आप के मन में छुपी हुआ दर्द भी निकलने को मदद ही होगी।

।।चाप्टर का सारांश।।

यूनिवर्स ने हेम इतनी शक्ति, इतनी ताकद दी है की हम ख़ुद अपने आप को प्रार्थना के सहारे इलाज कर सकते है।

(**disclaimer:** इसका मतलब ये नहीं की चालू दवाई बंद करे। अभी आप की जो भी दवाई चालू है, वो चालू रखे।)

ख़ुद ही ख़ुद को कैसे heal कर सकते है, ये हमने इस chapter में देखा।

१०.९ यदि आप ये सब नियमित रूप से करेंगे तो तनाव मुक्त रहोगे

ठेहराव....

डिप्रेशन और anxiety के सावधानियों के लिए और इलाज के लिए एक ही चीज बहोत महत्वपूर्ण है। वो है " **ठेहराव...**" **तो ये एक घंटे का ठेहराव** बहोत महत्वपूर्ण है। और वो भी हर दिन एक घंटा नियमित रूप से।

आख़िरी बार आप कब शांति से एक जगह पर बैठे थे। हा पता है अभी का जीवन बहोत ही fast हुआ है। ऑफिस, घर, बच्चे, बच्चों का education, परिवार।

"एक घंटा थोड़ी देर रुकना बहुत ही ज़रूरी है।"

"Take a pause for 1 hour daily and regularly."

आज के भागदौड़ की दुनिया में यदि आप को मानसिक स्वास्थ्य ठीक रखना होगा, डिप्रेशन को आप के लाइफ से बाहर निकालना होगा, तो सिर्फ़ एक घंटा आपका फ़ोन, इंटरनेट, टीवी,

लैपटॉप बंद कीजिए। एक घंटे के लिए आपका ऑफिस, घर को side में रख दीजिए।

अभी किस किस के पास वक़्त नाही है? कई लोगों का जवाब होगा की, उनके पास वक़्त नही है। ऑफिस meetings, घर, परिवार, बच्चे, बच्चोंकी पढ़ाई, दोस्त।

ठीक है, मत निकालो वक़्त, यदि आप ने ये एक घंटे का समय नहीं निकाला तो आप डिप्रेशन के क़रीब जा सकते हो।

क्योंकि हमारे जीवन के कई पाड़ाव में जैसे की शरीर, मन, स्वास्थ्य, पैसा, करियर, परिवार हो । हर पाड़ाव में हेम कुछ ना कुछ चाहिए होता है। यदि हमे वो सब नहीं मिला तो या फिर आप के मन के मुताबिक़ नहीं हुआ तो हमे टेंशन आ जाता है। उसके बाद फिर लगातार टेंशन, फिर नकारात्मक विचार। फिर ये सब कब डिप्रेशन की और चला जाता है, ये आपको भी नहीं पता चलता। ऐसे समय पर यदि आप नियमित रूप से कुछ चीजें आप के जीवन में करते है, तो आप का डिप्रेशन की और जाना टल जाता है। और इस बात की विज्ञान भी गवाई देता है।

आख़िरकार आप सब ये पैसे के लिए करते है। और मान लो अगर आप के पास पैसा होगा और आप का स्वास्थ्य ठीक नहीं होगा मतलब आप के शरीर और मन की स्थिति ठीक नहीं होगी तो क्या फ़ायदा? मतलब धन है और धन का लाभ लेने के लिए शरीर ठीक नहीं तो क्या फ़ायदा? इस एक घंटे से आप का शरीर और मन स्वस्थ रहेगा। ये पक्का confirm है। (PS: आपको ये हर दिन consistently करना होगा) तो फिर और क्या चाहिए? तो Wait क्यों कर रहे हो?

जीवन की कोई भी परिस्थिति होने दो। अगर आप मानसिक रूप से सक्षम हो, तो ही आप उसका सामना कर सकते हो। मानसिक रूप से सक्षम रहने के लिए आपको ये एक घंटा नियमित रूप से देना ज़रूरी है। हर दिन नियमित रूप से करोगे तो मानसिक रूप से confirm सक्षम होंगे।

यदि ये एक घंटा नियमित रूप से निकालोगे, तो "depression" का "D" भी आप के जीवन में नहीं आयेगा, इसकी मैं आपको guarantee देती हूँ।

Stressful mind or peaceful mind choice is yours.

मेरे पापा हमेशा कहते है की, जब सवाल (problems/concerns) आते है, तब उसके जवाब भी पैदा होते है। फिर वो कोई भी प्रॉब्लम होने दो। मानसिक स्वास्थ का होने दो, या फिर मानसिक स्वास्थ के वजह से जो भी शरीर की बीमारी हुई है, वो होने दो। जहां पे सवाल है वहाँ पे जवाब होगा ही।

सिर्फ़ अभी के situation को accept कर के दिमाग़ शांत रखा तो, हमे वो जवाब/सलूशन वो सही रास्ता दिखने लगेगा।

आप ही मुझे बताइए की, कोई भी सिचुएशन हो वो आप,

१) शांत दिमाग़ से हैंडल करेंगे? या फिर

२) चिंता से हैंडल करेंगे?

कीस तरीक़े से हैंडल करेंगे? तो आप को सही जवाब मिलेगा?

शांत दिमाग़ से handle करोगे तो ही आप को सही जवाब मिलेगा। पर यदि आप चिंता कर के सवाल का जवाब ढूँढोगे, तो आप को आप के आँखों के सामने जो जवाब है वो भी दिखाई नहीं देगा।

दिमाग़ शांत रखके situation को हैंडल करना मतलब की ऐसे सिचुएशन में आप अपने आप ख़ुद को कहोगे की, "ठीक है, इसके पहले भी जीवन में प्रॉब्लम्स आये थे, अगर वो सोल्व हो सकते है तो ये भी सोल्व हो सकते है। इस सिचुएशन से भी बाहर निकल सकते है।"

सिर्फ़ वो सिचुएशन को accept कीजिए और फिर उस situation का सलूशन ढूँढने के लिए चार कदम पीछे आकर, शांत होकर सोचने की ज़रूरत होती है। ऐसा करने से आपको रास्ता और solution पक्का मिलेगा। और सिर्फ़ उतना ही नहीं, तो सही

सलूशन के दरवाज़े पक्का open होंगे। सिर्फ़ ख़ुद पे और ख़ुदा पे यक़ीन कीजिए की आप इस situation से सही सलामत बाहर निकल सकते है।

अब important point ये है की, करना क्या है? इस पर उपचार क्या है? बुखार आया तो हम डॉक्टर की दवाई लेते है। पर इस मानसिक तनाव का करे तो क्या करे? तो कुछ आदतों को आप को आपके दिनचर्या में शामिल करना होगा।

१०.९.१. मेडिशन

विज्ञान ने ये prove किया है की, ध्यान (meditation) आप के तणाव की intensity कम करती है। आप की energy high करती है।

मैडिटेशन आप के शरीर और मन को स्वस्थ रखता है।

Meditation can reduce your stress, increase your recovery level and energy and also cure the illness.

ध्यान (meditation) को आप के जीवन का हिस्सा बनाइए। आसान भाषा में, मैडिटेशन के वजह से खुशहाल भावना, खुशहाल रसायन तैयार होता है। तनाव की intensity कम होती है। प्राचीन काल से ही मैडिटेशन किया जाता है। इसे आप भारत की पुरानी संस्कृति भी केह सकते है। प्राचीन काल से ऋषिमुनी के जमाने से **ध्यान** (meditation) किया जाता है। वैज्ञानिक दृष्टि से **ध्यान**

(meditation) करना मन और शरीर के रूप से बहुत ही महत्वपूर्ण है।

Hello educated people, it's scientific.

❖ **ध्यान (meditation) वैज्ञानिक रूप से कैसे महत्वपूर्ण है, ये अब हम अभी देखते है:**

- जब हम मैडिटेशन करते है, तब हमारे आँखें बंद होती है। इस लिए बाहर के environment से मतलब आसपास के environment से आपका संपर्क टूट जाता है।

- मैडिटेशन में आप को पेट से लेकर ब्रेन तक गहरी सास लेते है। गहरी सास लेने से आप के विचारों की संख्या कम हो जाती है।

- मैडिटेशन में हमे सासों पर ध्यान देना होता है। जब हम सासों पर ध्यान देते है, तब हम तुरंत present moment में आ जाते है। फिर उस present moment में ना आप को past याद होता है ना future की कोई चिंता। उस समय ना आप सकारात्मक ना नकारात्मक। आप कम से कम १० सेकंद विचारहीन हो जाते है। इस समय आप अल्फा state में जाते हो।

  इस सब के वजह से आप के तनाव को एक पूर्णविराम लग जाता है। आसान भाषा में, जब भी आप मेडिएशन करते हो, तब आप खुशहाल भावना का रसायन निर्मित कर रहे होते हो और उसके साथ ही आप खुशहाल भावना में रहते हो।

❖ **मेडिएशन क्यों करना होता है?**

नियमित रूप से जब आप मैडिटेशन करते हो, तब वैज्ञानिक रूप से आप के तनाव की intensity कम हो जाती है।

आध्यात्मिक भाषा में बताऊ तो, ऐसा कहते है की, हमारे दिल में भगवान बस्ते है। मैडिटेशन करने पर हम अपने भगवान से जुड़ जाते है।

और वैज्ञानिक दृष्टि में बताऊ तो, मैडिटेशन करने से हम अपने अंदरूनी आवाज़ से जुड़ जाते है।

मेडिएशन करने से आप universe से जुड़ जाते हो।

ये अंदरूनी आवाज़ आपको मार्गदर्शन करती है। मतलब लगातार ये अंदरूनी आवाज़ आपको बताती है की, "ये कर, ये मत कर।" जब हम कोई सवाल करते है, तब उसका भी जवाब हमे हमारे अंदरूनी आवाज़ से मिलता है। (इसके बारे में आप अब्राहम हिक्स के "ask and it is given" ये किताब ज़रूर पढ़िए।) पर आप हमेशा चिंता में होते है, फ्रस्ट्रेशन में होते है इसलिए आपको ये अंदरूनी आवाज़ सुनाई नहीं देती है। क्योंकि गुस्सा, डर, नेगेटिव, दुखी भावना के वजह से आवाज़ दब गया है।

ये अंदर की आवाज़ आप को तब ही सुनाई देगी जब आप हर दिन १५ मिनट बैठोगे।

आप आँखें बंद कर के ध्यान के लिए बैठोगे। तब आप ना past में होते हो ना future में होते हो। तब आप ना सकारात्मक होते है ना नकारात्मक होते है।

शरीर थक जाने पर हम सो जाते है। मतलब दिन में एक बार हम शरीर को विश्राम देने के लिए सो जाते है। मन को विश्राम देने का काम मैडिटेशन करता है।

❖ **मैडिटेशन तनाव के लिए कैसे उपयुक्त है?**

नियमित रूप से जब आप **मैडिटेशन** करोगे तब वैज्ञानिक रूप से तनाव की intensity कम होती है।

क्योंकि ये पन्धारा मिनट में ना आप सकारात्मक होते हो ना नकारात्मक होते है, इसलिए आप के विचार को पूर्णविराम लगता है। इस वजह से तनाव की तीव्रता कम हो जाती है। मन शांत होने में हेल्प हो जाती है। आप को दिखने सिर्फ़ ये १५ मिनट लग रहे होंगे, पर ये १५ मिनिट बहुत ही महत्वपूर्ण काम कर जाती है।

यदि मैडिटेशन नियमित रूप से करते होंगे, और उसे आप के सही सोच की साथ होगी तो "Depression" का "D" भी आप के जीवन में न आयेगा।

मैडिटेशन मन के साथ ही शरीर के बीमारी की intensity कम कर के पूरी तरीक़े से स्वस्थ होने में हेल्प करता है।

मेरे एक student का १२ साल का diabetes सिर्फ़ एक हफ़्ता नियमित रूप से मेडेटेशन करने से normal range में आया।

मैडिटेशन करने के पहले का डायबेटीस:

ख़ाना खाने के पहले: १९३

ख़ाना खाने के बाद: २२१

मैडिटेशन करने के बाद का डायबेटीस:

ख़ाना खाने के पहले: ७६

ख़ाना खाने के बाद: १११

ideal डायबेटीस:

ख़ाना खाने के पहले: ७५ से १००

ख़ाना खाने के बाद: १०० से १४०

(Disclaimer: पक्का उस student ने दवाई भी चालू रखी थी। पर दवाई तो वो इतने सालों से ले रही थी। मैडिटेशन और कुछ आदते उनके जीवन में शामिल करने के बाद एक हफ़्ते में ही उसका डायबिटीज़ कम हो गया।)

इतनी ताक़द है मैडिटेशन में और हा इसको मैडिटेशन के इस असर को विज्ञान ने भी साबित किया है।

❖ **मैडिटेशन करना कैसे है?**

मैं आप को सबसे आसान मैडिटेशन बताती हूँ। मैडिटेशन करने के पहले आप के मन में कई सवाल आये होंगे। उस सारे सवालों के मैं आपको जवाब देती हूँ।

१) "मैडिटेशन करना" शुरू करने से पहले ही आप का का ब्रेन आप को रोकने का प्रयास कर सकता है। क्योंकि अब तक उसे दुखी, नकारात्मक भावना में रहने की आदत हुई होगी। जैसे की हमने पहले देखा। हर एक भावना का आप के शरीर में एक रसायन तैयार होता है। फिर वैसे ही दुखी और नकारात्मक भावना आप के शरीर में वैसे ही दुखी और नकारात्मक रसायन तैयार करते है। आप के शरीर और मन को अब तक दुखी और नकारात्मक भावना का addiction लगा है। फिर वो आप को मैडिटेशन न करने का हर एक बहाना दे देगा। क्योंकि यदि आप हर दिन मैडिटेशन करते हो तो आप के ब्रेन को पता होता है की, मैडिटेशन करने से खुशहाल भावना निर्मित होंगे और फिर ख़ुशहाल रसायन तैयार होंगे। फिर उसको दुखी और नकारात्मक रसायन मिला वह नहीं मिलेगा। फिर न मिलने के वजह से उसे अच्छा महसूस नहीं होता। (क्योंकि आप के शरीर को आज तक दुखी और नकारात्मक रसायन का मानो addiction ही हुआ है।) इसी लिए शुरू में आप मेडिटेयन करने जाओगे तो ब्रेन आपको क्यों रोकेगा? इसका ये scientific कारण है।

पर उस समय आपको strictly आप के ब्रेन को बोलना है की, "ब्रेन, मैं तुम्हारा बॉस हूँ। तू मेरा बॉस बनने की कोशिश मत करो। मुझे meditation करना है। और वो मैं करूँगा।"

२) मैडिटेशन करने के लिए बैठिए।

पहले तो अरामदायी कपड़े पहने होने चाहिए। भारतीय तरीक़े से नीचे ज़मीन पर बैठिए। (यदि किसी कारण के वजह से यदि आप ज़मीन पर नहीं बैठ सकते तो ठीक है तो आप chair पर बैठ सकते हो।) comfortable बैठने के लिए आप चाहिए तो आप के पीठ के पीछे pillow रख सकते हो।

३) रीड की हड्डी सीधी होनी चाहिए। पीठ की रीड की हड्डी सीधी रखने के पीछे वैज्ञानिक कारण है। आसान भाषा में बताना हो तो सुनिए, पीठ के हड्डी के नीचे से सिर तक ऊपर तक energy flow होती है। उससे हमारी electromagnetic फील्ड (औरा) चार्ज होता है। (acknowledgement: गुरु अंजना रिटोरिया और डॉ जो डेस्पेंज़ा)

४) अभी आप ४ मिनिट का अलार्म लगाइए। फिर आँखें बंद कीजिए।

५) फिर उस चार मिनिट में आपको गहरी सास लेना है।

[अ] मन में १ से ३ तक बोलिये पेट से सिर तक गहरी सास लीजिए : सास लेना

[आ] मन में १ से ६ तक बोलिये सास छोड़िये।

६) चार मिनिट होने के बाद फिर से २ मिनिट का अलार्म लगाइए।

७) गहरी सास लीजिए। सास छोड़ते समय "ओम" बोलिये। गहरी सास लीजिए। सास छोड़ते समय "ओम" बोलिये। ऐसा पूरे २ मिनट आपको करना है।

(टीपनी: ओम बोलते समय ज़ोर से बोलना ओममममम और बोलते समय ओम के वाइब्रेशंस फील करने है।)

८) अभी १५ मिनट का अलार्म लगाइए।

९) १५ मिनट का अलार्म लगाने के बाद अलार्म लगाने के बाद नीचे जैसा दिया है वैसा करिए:

आँखें बंद कीजिए, रेड की हड्डी सीधी, पेट से सिर तक **गहरी सास लीजिए।** और सास के ऊपर ध्यान दीजिए। पूरे १५ मिनट आपको गहरी सास लेना है।

टीपनी

अ] शुरू में ध्यान करते समय विचार आयेंगे। पर ठीक है। कोई बात नहीं। विचार आ रहे है इसलिए टेंशन मत लीजिए। धीरेधीरे जैसे जैसे नियमित रूप से आप ध्यान करोगे, वैसे वैसे विचार कम हो जाएँगे। शुरू में सिर्फ़ १० सेकंड thoughtless होने का ट्राय करिए। १० सेकंड भी आपने thoughtless होने का प्रयास किया तो भी आपने दुनिया जीत ली।

आ] जब मन में विचार आते है, तब फिर से सासों पर ध्यान दीजिए।

या फिर

इ] जब मन में विचार आते है तब आसपास में जो आवाज़ आते है उनपर ध्यान दे सकते हो। जैसे की फैन का आवाज़, एसी का आवाज़ पर ध्यान दीजिए।

ई] या फिर जब जब विचार आयेंगे तब तब आप आप के सिर से लेकर पैर तक एक एक बॉडी पार्ट पर ध्यान दे सकते हो। १५ सेकंड आप हर एक body part पर ध्यान दे सकते हो। उदाहरण के तौर पर १५ सेकंड आप ने अपने ब्रेन पे ध्यान दिया, फिर १५ सेकंड आप ने अपने आँखों पर ध्यान दिया, फिर १५ सेकंड आप ने अपने कणों पर ध्यान दिया। ऐसा सिर से लेकर पाव तक हर एक बॉडी part पर आप ध्यान दीजिए। इससे क्या होगा, ध्यान करते समय आप के विचार कम होंगे। और ये वैज्ञानिक है।

१०.९.२. Mindfulness जागरूकता

- ❖ Mindfulness जागरूकता का क्या मतलब है?
- ❖ Mindfulness क्यू करना है?
- ❖ Mindfulness कैसे करना है?
- ❖ तणाव के दृष्टिकोन से, जब हम mindfulness करते है, तब वैज्ञानिक दृष्टी से वो कैसे फ़ायदेमंद है?

  ऐसे सारे सवालों के जवाब मैं आप को दूँगी।

- ❖ **Mindfulness कैसे करते है?**

उदाहरण के तौर पर:

१) मान लो, अभी आप इस वक़्त आप आप से बच्चे पढ़ाई करवा के ले रहे हो। आप ने उसको सिखाया और उसको पढ़ाई करने बोला। जैसे ही बच्चा पढ़ाई करने बैठ गया

आप फ़ोन लेकर बैठ गये। तो ऐसा मत करिए। एक समय पर एक ही काम कीजिए।

२) मान लो, अभी आप इस वक़्त ऑफिस के मीटिंग में हो। और शाम को बच्चे के स्कूल में पैरेंट्स मीटिंग है। "ये मीटिंग ख़त्म कर के फिर और थोड़ा ऑफिस का काम कर के फिर जल्दी भागना है।" ऐसे सारे ख़याल आप के मन में मीटिंग में ही चालू हो गये। तो ऐसा मत कीजिए। अगर इस वक़्त आप मीटिंग में हो तो मीटिंग में ही पूरा ध्यान दो। मीटिंग में इस समय जो agenda पर डिस्कशन चालू है, उसपर ही पूरा फोकस रखिए।

३) मान लो, अभी आप इस वक़्त आप जिम में हो तो हेडफ़ोन्स डाल कर जिम मत कीजिए। आप के हात में जो भी डम्बल्स है, प्लेट्स है, अभी आप जो वर्कआउट कर रहे हो, उस मसल पर ध्यान दीजिए। एक समय पर एक काम कीजिए। जिम में जो मशीन पर आप को वर्कआउट करना है। अगर उस मशीन कोई और वर्कआउट कर रहा है। या फिर उस मशीन के लिए लाइन हो, तो "कब आएगा मेरा नंबर?" ऐसा सोच कर पैनिक मत होइए। आसपास में जिम का इंवायरन्मेंट देखिए। and just chill and enjoy.

४) **शरीर के बारे में जागरूकता:**

अगर अभी आप कुछ भी कर रहे हो तो उस वक़्त जागरूक कैसे रहे?

✦ मान लो, अभी आप इस वक़्त चल रहे हो, तो चलते समय आप के दोनों पैर आगे पीछे हो रहे है। तो उस दोनों पैरो के movement में जागरूकता रखिए।

✦ मान लो, अभी आप इस वक़्त ख़ाना खा रहे हो, तो आप को कैसे जागरूक होना है? ख़ाना खाते समय आप के हात की movement जिस हात से आप खाने का निवाला उठा रहे हो, ख़ाना खा खाते समय

आप के मुँह में होनी वाली मूवमेंट, पानी पीते समय पानी आप गले से जाते समय जागरूक रहना।

✦ मान लो, अभी आप इस वक़्त किसी से बात कर रहे हो, तो भी आप जागरूक रह कर बात कीजिए। कई बार क्या होता है ना, सिर के ऊपर का चश्मा हम बातें करते करते निकाल कर रखते है और पूरा घर ढूँढते रहते है। ऐसा क्यों होता है? क्योंकि हम जागरूक नहीं होते है, इस लिए ऐसा होता है।

✦ eye blink हुई तो भी भी हमे जागरूक होना चाहिए।

संक्षेप में शरीर के किसी एक पार्ट के movement में आप को जागरूक रहना होगा। वैज्ञानिक दृष्टि से आप जब ऐसे जागरूक रहने लगते हो, तब आप का पूरा ध्यान शरीर के मूवमेंट में होता है। तब ना आप past के चिंता में होते हो, ना आप भविष्यकाल में कुछ बुरा होगा इस चिंता में होते हो। तब आप ना सकारात्मक होते हो, ना आप नकारात्मक होते हो। जब आप जागरूक रहते हो तब आप अभी के क्षण में (present moment) में आ जाते हो।

present moment में रहने का सबसे आसान तरीक़ा है ये "mindfulness"

आप जो कुछ भी कर रहे हो, आप शरीर के मूवमेंट पर ध्यान दीजिए।

५) विचारों के बारे में जागरूकता mindfulness:

शुरू में कुछ दिन जब आप शरीर के बारे में जागरूक रहने की प्रैक्टिस करते हो। उसके बाद आगे की स्टेप है, आप के विचार के बारे में जागरूक रहना।

पूरे दिन में अगर आप ने विचार के और जागरूक रहे, तो आप के एक चीज ध्यान में आयेगी, आप के ज़्यादा से

ज़्यादा विचार किस और झुक गये है? आप के ज़्यादा से ज़्यादा विचार कौन से है, ये आप को समझ में आयेगा ।

- नीचे दिये गये में से, कौन से type के विचार आप के ज़्यादा होते है?

    + "आप को आप के जीवन में क्या क्या चाहिए?"

    + "आप को आप के ज़िंदगी में क्या नहीं चाहिए"

    + "मुझे जो चाहिए वो मिला तो कितना मज़ा आएगा ना"

    + "मुझे जो चाहिए, वो नहीं मिला तो क्या होगा"(फिर चिंता और डर के विचार)

अगर आप के ज़्यादा से ज़्यादा विचार आपको क्या नहीं चाहिए, उसके होंगे तो आप को जागरूक रहकर कौन सी चीजें चाहिए और वो मिलने पर आप को कैसा लगेगा इस दिशा में आप के विचार आप को turn करने चाहिए।

और एक मज़ेदार बात ये है, जब हम विचार के प्रति जागरूक रहते है, तब एक कर के देखिए। ख़ुद को पूछकर देखिए की, "अभी के क्षण में मैं क्या सोच रही हूँ?"ऐसा कहती ही आप observe कीजिए की, आप के सारे विचार भाग जाएँगे और विचारों का काउंट जीरो हो जाएगा।

६) भावनाओंके बारे जागरूकता

- सबसे आसान तरीक़ा है भावनाओं की जागरूकता। विचार की जागरूकता करने से ज़्यादा आसान है भावना की जागरूकता।

- शरीर के जागरूकता के बाद आप भावना की जागरूकता करने का प्रयास कीजिए।

- अभी आप जहां कहा भी है। आप जिस भी जीवन के पड़ाव में है। आप को सिर्फ़ चेक करना है की अभी के क्षण में मेरी भावना कैसी है? सकारात्मक है या नकारात्मक है?

- इसके बारे में बस आप को जागरूक रहना है। देखिए आपकी भावनाये कैसी है? सिर्फ़ जागरूक रह कर देखना है। यहाँ पे मैं आप को कुछ चेंज करने नहीं बोल रही हूँ। क्योंकि जब आप जागरूक रहते हो, तब आप को एहसास होता है। जब आप को एहसास होता है तब आप के आधे से ज़्यादा आप के concerns (problems) सोल्व होते है।

- दिन भर आप के भावनाये कैसी होती है? इसके बारे में जागरूक रहिए।

- उसके बाद अभी के क्षण में आप की भावनाये कैसी है? खुशहाल, दुखी, गुस्सा, घुटन, guilt, सकारात्मक, नकारात्मक, neutral इसके बारे में आप जागरूक रहिए।

❖ **जागरूक क्यों रहना है? Mindfulness कैसे करना है?**

- ऐसा जब हम जागरूक रहने लगते है, तब वैज्ञानिक दृष्टि से आप के जीवन के सारे समस्या से आप को छुटकारा मिलता है। आप की सारी परेशानी दूर हो जाती है। क्योंकि जागरूक रहने से कई बार हमे समझमे आता है की, जाने अनजाने में हम भेड़ चारे वाला जीवन जी रहे होते है। सुबह उठकर ऑफिस, फिर घर, फिर बच्चे, फिर फिरसे ऑफिस, फिर से घर बच्चे इतना ही कर रहे होते है। इस सब में हम जाने अनजाने में हमारे मानसिक स्वस्थ की आवर ध्यान नहीं देते। हमारे शरीर और मन में क्या हो रहा है? ये हमारा हमे ही पता नहीं होता।

- हमे जो चाहिए, उसके टोटल opposite हम फील और विचार कर रहे होते है। इस बात का एहसास हमे तब आता है जब हम consciously जागरूक (aware) रहना start करते है।

- important मुद्दा ये होता है की, मूल कारण क्या है? मूल कारण ही कई बर्र समझमे नहीं आता। जब आप जागरूक रहते है तब आप को ये मूल कारण समझ आता है। इसको विज्ञान भी साक्षी है।

- जब आप अभी के क्षण में होते है, तब past और future के और ध्यान मत दीजिए।

- आप के ब्रेन को हमेशा दुखी नकारात्मक रहने की आदत होती है। इसलिए आप के शरीर के हर एक पेशी को (cell को) दुखी, नकारात्मक, कमी की आवर देखने की आदत होती है।

जैसे की हमने ये सब पिछले चैप्टर में देखा की आप के ब्रेन शरीर को ब्रेन को नकारात्मक, दुखी रसायन चाहिए ही होता है। एक प्रकार का ये एडिक्शन होता है। ऐसा समय पर जब आप दुखी रहना, नकारात्मक रहना कम करने का प्रयास करते हो, तब आपका ब्रेन आप को past की गुस्सा दिलाने वाली, दुख याद दिलाने वाली घटना याद दिलाती है। ताकि आप दुखी हो जाओ, आप गुस्सा करो। इस तरीक़े से आप एक चक्रवुह में अटके हुए होते हो।

आप इस चक्रवुह में अटक चुके हो, इस बात का आप को एहसास भी नहीं होता है। इस चक्रवुह को तोड़ने का एक वैज्ञानिक उपाय है "अभी के क्षण में रहना, present moment में रहना"

आप जब अभी के क्षण में रहते हो और खुश रहकर ख़ुशहाल रसायन निर्मित करते हो, तब वैज्ञानिक दृष्टि से चक्रवुह से बाहर पड़ने का ये रामबाण solution है । इस वजह से आप के तनाव की intensity कम हो जाती है। मानो ये खुशहाल भावनाये, दुखी नकारात्मक भावनाओं पर विजय प्राप्त का के उस पर हावी हो कर ये चक्रवुह को तोड़कर आप को सही सलामत बाहर निकलता है।

१०.९.३ कृतज्ञता/धन्यवाद/आभारी

Part २. advance form of gratitude

२.१ in advance thank you

हमारा जो ब्रेन होता है ना, वो हमे कटपुतली जैसा handle कर रहा होता है। हमारे ब्रेन को दुखी भावना की आदत होती है। हर भावना का एक रसायन तैयार होता है। इस नकारात्मक और दुखी भावना का ब्रेन को एडिक्शन होता है। brain एक यादों की अलमारी होती है। ब्रेन जानबूझकर आप को बुरी यादे याद दिलाता है। ताकि नकारात्मक और दुखी भावना निर्मित होकर शरीर और ब्रेन को दुखी और नकारात्मक भावना निर्मित होकर दुखी और नकारात्मक भावना का रसायन मिले। ब्रेन जानबूझकर ऐसा कर रहा होता है। क्योंकि जैसे की हम ने देखा की ब्रेन नकारात्मक, दुखी भावना का addiction होता है।

फिर ब्रेन जैसे ही हमे Past की दुखी भावना याद दिलाता है और वो याद आने पर हम दुखी हो जाते है और दुखी भावना का

रसायन हमारे शरीर में निर्मित हो जाता है। और दुखी भावना का रसायन अपने शरीर में निर्मित होने पर हम फिर से दुखी हो जाते है। ये ऐसा चक्रवुह चलता रहता है।

ये चक्रवुह तोड़ना होगा तो उसका रामबाण उपाय है "in advance thank you बोलना"

generally हम thank you कब बोलते है? जब हमें कोई gift देता है, या फिर हमे कोई हमे help करता है या फिर किसी ने हमारा कोई काम किया, तो हम थैंक यू बोलते है।

पर यहाँ पर डॉ जो डेस्पेंज़ा कहते है की, आप ऐसे in advance thank you बोलिये, "थैंक यू यूनिवर्स, मेरी शरीर और मन की प्रकृति पूरी तरीक़े से स्वस्थ करने के लिए thank you"

मतलब शरीर और मन का स्वास्थ्य पूरी तरीक़े से ठीक होने के पहले ही आप को in advance thank you बोलते हो, तब आप के ब्रेन को लगता है की, ये व्यक्ति अपने स्वास्थ्य के लिए "thank you" बोल रहा है मतलब ये पूरी तरीक़े से स्वस्थ्य हो चुका है। फिर ब्रेन ख़ुद से आप का स्वास्थ्य check करता है, तो ब्रेन को एहसास होता है की, अरे स्वास्थ्य तो ठीक नहीं है। पर ये तो धन्यवाद दे रहा है। मतलब स्वास्थ्य ठीक होना चाहिए। फिर आप का ब्रेन काम पे लग जाता है। फिर ब्रेन आपको स्वस्थ करने के काम में लग जाता है। फिर ब्रेन आप को पूरी तरीक़े से स्वथ्य कर देता है। वैज्ञानिक दृष्टि से इतना महत्वपूर्ण होता है, "in advance में thank you" बोलना।

ये सिर्फ़ स्वास्थ्य के बारे में ही नहीं, तो आप ये आप के रिश्ते, करियर, पैसा, आप के सपने, बाक़ी concerns (problems) के बारे में कर सकते है। वहाँ पे भी आप यही "in advance thank you" आज़मा सकते हो।

क्योंकि आप के ब्रेन को नहीं समझता की, "आप ने in advance में thank you बोला है।"

रिश्ता: कोई भी रिश्ता अगर अच्छा नहीं हो। तो फिर भी आप in advance में thank you बोलते हो की, "thank you, भगवान जी आप ने मेरा रिश्ता understanding, खुशहाल, supporting, caring बनाया। रिश्ते में हसी के ठहाके लग रहे है। भगवान जी इतना खूबसूरत रिश्ता बनाने के लिए थैंक यू।"

आप के ब्रेन को ये नहीं समझता कि, आप in advance में thank you बोल रहे हो। ब्रेन को ऐसे लगता है की आप का रिश्ता खूबसूरत हुआ है, इस लिए आप thank you बोल रहे हो। मतलब इस व्यक्ति का रिश्ता अच्छा हुआ है इस लिए ये thank you बोल रहा है। फिर ब्रेन "रिश्ता अच्छा हुआ है", ऐसे सिगनल्स आप के subconscious mind को देता है। और विज्ञान के अनुसार एक बार आप के सबकाउंशियस माइंड में गया तो वो चीज वास्तव में आ जाती है। (PS: in advance में जब आप thank you बोलते हो, तब आपका इस पर यक़ीन होना चाहीये।"

डॉक्टर जो डेस्पेंज़ा के किताब में "in advance thank you" का विज्ञान दिया गया है।

in advance thank you के बारे में और गहराई में समझाते समय डॉक्टर जो डेस्पेंज़ा कहते है की, जब आप बीमार होते है, तब at the end स्वस्थ शरीर और मन चाहिए होता है। पर आप का पूरा ध्यान आप के शरीर के पीड़ा की और, बीमारी की और होता है। तो आप पहले से ही शरीर और मन से सुदृढ़ हुए है, ऐसे जीना शुरू कीजिए। इस वजह से आप स्वस्थ शरीर और मन के vibrations universe में दे रहे होते है। यूनिवर्स के सिद्धांत के अनुसार आप तिगुने स्वास्थ्य शरीर और मन के वाइब्रेशंस आप की और वापस आ जाती है।

इसलिए आप को कुछ भी चाहिए होगा, यदि शरीर में कुछ बीघाड़ हुआ होगा और वो आप को थी करना होगा तो स्वस्थ शरीर के बारे में in advance में थैंक यू बोलिये। फिर brain को लगेगा की आप का शरीर सुदृढ़ है और उससे यूनिवर्स में भी ऐसे

vibrations जाएँगे। और जो वाइब्रेशंस जाएँगे वो तीन गुना होकर आप के पास वापस आ जाएँगे।

ये इसके पीछे का विज्ञान है।

इस लिए हमेशा जब भी कभी आप बीमार पद जाओ तो ये बात याद रखिए। आप जिस किस भगवान को मानते हो उन्हें in advance में ही "आप का शरीर और मन पहले से ही स्वस्थ है", इस लिए आप को thank you बोलना है। क्योंकि विज्ञान ही कहता है, advance में thank you बोलने से ब्रेन आप की recovery शुरू कर देता है। और जल्द से जल्द आप को पूरी तरीक़े से स्वस्थ कर देता है।

क्योंकि in advance thank यू से आप पहले आप के दिमाग़ में स्वस्थ हो जाते हो। आप ये believe कर देते हो की, आप का शरीर और मन पूरी तरीक़े से स्वस्थ होगा।

❖ २.२ दिन में तीन बार: १०-१० मिंस thank you

जब एक तनावपूर्ण विचार आप के शरीर या फिर मन को बीमार कर सकता है। तो एक सही विचार आप को इससे बाहर भी निकल सकता है।

जब brain आप को कठपुतली के जैसा नचाता है। आप को हमेशा दुखी नकारात्मक विचार करने में मजबूर करता है। फिर आप इस दुखी नकारात्मक विचार के चक्रवुह में फ़स जाते हो।

इस सबसे बाहर निकालने का रामबाण उपाय है दिन में ३ बार १०-१० मिनट thankful हो जाना।

आप को पता है क्या? भावना २ प्रकार की होती है। एक खुशहाल और एक दुखी। खुशहाल भावना में कई भावनाये होती है। जैसे की मज़ा करना (fun), joy, excitement, love, thankful रहना। उसमे

सबसे ज़्यादा खुशहाल भावना कौन सी है? "thankful रहना"

जब हम १० मिनट सुबह १० मिनट दोपहर को १०मिनट रात को थैंक यू बोलते है, तब हम हमारे शरीर में खुशहाल भावना निर्मित कर रहे होते है। इस वक़्त जब हम हमारे पास जो चीजें है उसके लिए थैंक यू बोलते है तब आप ख़ुशहाल रसायन आप के बॉडी में निर्मित कर रहे होते है।

❖ **अब हम इसका वैज्ञानिक कारण देखेंगे**

- जब हम खुशहाल भावना में नहीं होते है, जब हम परेशान होते है, गुस्से में होते है, या फिर दुखी, नकारात्मक होते है। संक्षेप में जब हम किसी भी प्रकार की नकारतामक भावना में होते है। तब हमारी रोगप्रातिकार शक्ति immunity power कम हो जाती है।

- डॉक्टर जो डेस्पेंज़ा ने एक एक्सपेरिमेंट किया था। उन्होंने १५० लोगों को दिन में ३ बार १० मिनट "thank you" बोलने को कहा। और फिर उन लोगों का analysis किया। तो उस analysis में पता चला की उन लोगों की (immunity power) रोगप्रातिकार शक्ति बढ़ गई। इस experiment से ये पता चला की, दिन में तीन बार दिल से thank you बोलने से (immunity power) रोगप्रातिकार शक्ति बढ़ जाती है।

- उन्होंने और एक experiment कर के देखा। जिन्हें कैंसर था और जिन्हें दिल की बीमारी थी। उन्हें भी दिन में ३ बार १० मिनिट thank you बोलने कहा। एक हफ़्ते बाद उन सब के रिपोर्ट्स निकालने के बाद पता चला की, उनके cancer बनाने वाले कोशिका (celles) थोड़ी मात्रा में कम हुए और उनकी दिल की बीमारी थोड़ी मात्रा में कम होते हुई दिखाई दी। तात्पर्य: कैंसर, दिल की बड़ी बीमारी जैसे बड़ी बीमारी दिन में ३ बार १० मिनट थैंक यू बोलने से कम हो सकते है। तो कोई भी बीमारी की मात्रा थैंक यू बोलने से कम हो सकती है।

PS: इस chapter में मैंने आप को आगे बताया है की, ये १० मिनट दिन में ३ बार थैंक यू कैसे बोलना है। इसके पहली किताब "पैसा और अमीरी" में मैंने संक्षेप में इसके बारे में दिया है। इस किताब में और गहराई से जानकारी दी है। तो आप वो किताब भी पढ़ सकते है।

संक्षेप में: आप के पास जो जो चीजें है, उनके लिए पूरे दिल से आप को थैंक यू बोलना है। जब आप ऐसे करते हो तब आप के पास जो जो नहीं है, वो भी चीजें आप के पास आने लगती है। और उसके साथ ही वैज्ञानिक दृष्टि से आप का शरीर और मन भी स्वस्थ्य हो जाता है।

- पूरे दिल से आप के जीवन में जो भी चीजें है उसके लिए दिन में ३ बार १० मिनट आप के पास जो जो है उसके लिए "thank you" बोलके तो देखिए। आप के शरीर और मन के स्वस्थ में आप को सुधार दिखाई देगा। इसे विज्ञान ने भी proof किया है। तो सिर्फ़ ये किताब पढ़िए मत तो इसमें दिये गये चीजें आप के जीवन में शामिल कीजिए। आज से सिर्फ़ एक हफ़्ते का target लीजिए और कर के देखिए। दिन में तीन बार थैंक यू बोलने से आप के स्वास्थ में सुधार आ जाएगा। और जब ये करना शुरू करोगे, तब किसी भी प्रकार की complain करना आप को बंद करना होगा। किसी भी प्रकार की आप के जीवन में मत कीजिए। नहीं तो दिन में ३ बार थैंक यू वाक करोगे और दिन भर complain करोगे तो कैसे होगा। तो ये दोनों चीजें एक साथ कीजिए। कंप्लेन करना बंद और दिन में ३ बार १० मिनट थैंक यू वाक कीजिए।

Part 2.0.0
Be thankful in the present moment

जब हम thank you बोलते है, तब हमे संतुष्ट और खुशहाल महसूस होता है। तब हम ना तो past के tension में नहीं होते और ना ही भविष्य के चिंता में होते है।

मैंने इसके पहले के chapter में आप को mindfulness का महत्व बताया। संक्षेप में mindfulness मतलब एक समय पे एक काम। उसका अगला कदम है, एक समय पे जो भी हम एक काम कर रहे है उसमे thankful रहना। मतलब अब आप क्या कर रहे हो? जो भी कुछ आप कर रहे हो उसमे आप को thankful रहना है। उस cheej के लिए आप को थैंक्यू महसूस करना है।

उदाहरण की तौर पर:

* अब ये समय आप मेरी ये किताब पढ़ रहे हो। तो आप किस किस चीज को अभी थैंक यू बोल सकते हो? ये हम अभी देखते है।

  + तो इस किताब को "thank you" बोलिये। क्योंकि इस किताब से आप को मानसिक स्वास्थ्य के बारे में गहराई से information मिल रही है।

  + आप के आँखों के लिए थैंक यू बोलिये। क्योंकि आप के आँखों के वजह से ये किताब आप आसानी से पढ़ पा रहे हो।

  + पैसे के लिए थैंक यू बोलिये। क्योंकि जिस पैसे के वजह से आप ये किताब ख़रीद पाये।

  + इस किताब की लेखिका मतलब मुझे थैंक यू बोलिये। क्योंकि मेरे वजह से आप को गहराई से मानसिक स्वास्थ का विज्ञान के साथ ही गहराई से information मिल रही है। इस लिए मुझे थैंक यू बोलिये।

    (ऐसे हर वक़्त आप जो भी कुछ कर रहे हो उसको आप थैंक यू बोल सकते हो।)

❖ **फिर आप सुबह उठने से अभी के शान तक कैसे थैंक यू बोल सकते हो इस के उदाहरण देखते है:**

* सुबह उठते है बेड को,चद्दर को और pillow को thank you बोलिये।

- नहाते समय पानी को थैंक यू बोलिये। पानी साफ़ है इसलिए, नहाने के लिए बकेट है इसके लिए थैंक यू बोलिये।

- आप के शरीर को थैंक यू बोलिये। आप के शरीर के हर एक बॉडी पार्ट को पूरे दिल से थैंक यू बोलिये।

❖ present moment में दिल से कैसे thank you बोलना है? एक और उदाहरण देके बताती हूँ:

अगर अभी आप बाथरूम में नहा रहे हो (shower ले रहे हो) तो

- पहले तो आप घर में बाथरूम है इसलिए thank you बोलिये।

- बाथरूम में साफ़ (clean) पानी है, इसलिए थैंक यू बोलिये।

- बाथरूम में गीज़र है, जो पानी गरम करता है। इसलिए थैंक यू बोलिये।

- इलेक्ट्रिसिटी है, जिस वजह से गीज़र चल रहा है। उस इलेक्ट्रिसिटी केन लिए thank यू बोलिये।

- बाथरूम में जो बकेट है, साबुन है, शैम्पू, कंडीशनर के लिए थैंक यू बोलिये।

- बाथरूम में आप ख़ुद के पैरो पर खड़े हो इसलिए ख़ुद के पैरो को थैंक यू बोलिये, (कई लोग जो वील चेयर पर होते है। उनको नहाने के लिए घरवालों के उपर निर्भर होते है।)

- हात पैर एटेलेस्ट मोमेंट तो होती है।

❖ **Present moment रहने का वैज्ञानिक कारण:**

ऐसे Present moment में थैंकफुल रहोगे, तो आप रिसीविंग मोड में आ जाओगे।

So be thankful in the present moment that's the secret

इस लिए अभी के क्षण में थैंक यू बोलना यही रहस्य है।

receiving mode मतलब आप deliberate क्रिएटर बन जाते हो। मतलब आप की जो भी इच्छायें है, वो आप की और सकारात्मक दृष्टि में आने के लिए ready हो जाते है।

क्योंकि जब आप present moment में जागरूक रहते हो, तब आप आप के इच्छा पूरी होगी या नहीं इसके बारे में आप डाउट नहीं लेते। क्योंकि अभी के क्षण में आप का ध्यान आप का ध्यान आप की इच्छा पर है ही नहीं। अभी आप का ध्यान present मोमेंट पर आप के पास जो है, उसके बारे में थैंकफुल रहने में है।

मतलब आप खुशहाल भावना में होंगे तो आप का पूरा ध्यान जहां पर हो वहाँ थैंक यू खुशहाल रहने में है। ये present मोमेंट में thankful रहने की practice ऐसी ही चालू रखिए, ऐसा करोगे तो वो दिन दूर नहीं होंगे जब आप deliberate creator मतलब लगातार २४ घंटा खुशहाल भावना में (appreciation, thankful, खुशहाल, excitement) में होंगे। फिर शुरू होगा जो बोलोगे वो आपको मिलेगा । क्योंकि अभी के क्षण में जागृत और thankful रहने के वजह से आप की energy हाई है।

❖ इसका मतलब आप आपकी एनर्जी नीचे दिये गये चीजों में वेस्ट नहीं कर रहे हो:

- रोने में

- आप के साथ जो भी बुरा हुआ उसमे डिस्कस करने में

- यदि कुछ अच्छा हुआ तो भी उसमे कुछ बुरा ढूँढ के उस बात की चर्चा करना

- भूतकाल में घटित हुई घटनाएँ याद कर के दुखी होना।

- भविष्य में यू ही हचक बुरा होंगे ये सोच सोचकर अपनी एनर्जी वेस्ट मत कीजिए।

१०.९.४ जो बोओगे, वो ही पाओगे: subconscious mind की प्रोग्रामिंग, ब्लु प्रिंट
Reprogramming of subconscious mind

आज तक हमे किसी ने सिखाया ही नहीं की पूरा दिन २४ घंटा खुशहाल रहा जा सकता है।

"२४ घंटा खुश किसी भी कारण के बग़ैर हम खुश रह सकते है।"। ऐसा भी कुछ होता है। ये किसी ने सोचा भी नहीं।

क्योंकि सबसे हम बचपन से सुनते आ रहे है की,

* "Up downs तो होते ही है।"

* "कुछ ना कुछ life में चालू ही होता है।"

* "सुख के बाद दुख आता ही है।"

* "आज मैं ज़्यादा हाँसी, इसका मतलब अब रोना पड़ेगा, मेरा ना कई बार होता है जब में हस्ती हूँ मुझे रोना पड़ता है।" (this is just example)

- "ज़्यादा हास मत, नहीं तो रोयेगी।"
- "Life ना ECG जैसा होता है, up down तो आती ही है।"

ऐसा हम कई लोगों से सुनते है।

हम सब ये बचपन से सुनते आये है। इसलिए हमारी ख़ुशी के बारे में सबकंशियस माइंड की प्रोग्रामिंग/blueprint taiyar हुई है।

ब्लू प्रिंट मतलब बचपन से ही आसपास के लोगों से माता पिता, हमारे रिश्तेदार, हमारे दोस्त (friend circle) जिनके साथ हम ज़्यादा से ज़्यादा रहते है। उनके opinions (राय), उनका बर्ताव इस सब का हम पर असर होता है। हमारे अनुभव से हमारे opinions (राय) तैयार होते है। और ये सब आप के ब्रेन में store होता है। उसे blue print बोलते है।

संक्षेप में subconscious mind की प्रोग्रामिंग/ब्लू प्रिंट मतलब बीज। जो बोओगे वही आप पाओगे। जिस पेड़ का बीज आप लगाओगे वही पेड़ आएगा। पेरू के पेड़ का बीज लगाओगे तो पेरू का ही पेड़ आएगा। आम के पेड़ का बीज डालोगे तो आम का पेड़ ही आयेगा।

ठीक वैसे ही बचपन से आसपास के environment का मतलब अपने परिवार का, फ़्रेंड सर्कल का, स्कूल का, कॉलेज का, जिनके साथ हम ज़्यादा से ज़्यादा रहते है, उनके विचार का, भावना का, हमारे साथ घटित होने वाले घटनाओंका हमारे मन बीज बोए जाते है। और फिर हम वैसे बनते जाते है। हमारी पर्सनालिटी वैसी बनती जाती है।

इसलिए अब मैं आप को सबसे आसान चीज बताती हूँ।

अब इस क्षण में आप जो कुछ कर रहे हो, वो ख़ुशी से करो।

(टीपनी: "कोई भी कारण के बिना हम खुश रह सकते है।" ये sentence दिमाग़ में पक्का फिक्स कर लो। और आप के चेहरे पर एक बड़ी सी smile मुस्कुराहट आने दो। रोज़ सुबह उठने पर ये तय कीजिए की, आज पूरे दिन भर मेरे चेहरे पर एक बड़ी सी smile रखूँगी और मैं दिन भर कल से ज़्यादा आज ख़ुशहाल रहूँगी।

ऐसा हर दिन जागरूकता से करिए। ऐसा हर दिन करने से ये खुश रहना आप का स्वभाव ही बन जाएगा।)

ये होगा तो मैं खुश होऊँगा।

प्रमोशन हुआ तो मैं खुश होऊँगा।

बच्चों ने पढ़ाई की तो हम खुश होंगे।

आप की ख़ुशी किसी व्यक्ति, घटना पर निर्भर मत कीजिए। ये मैंने मेरे इसके पहले की किताब "पैसा और अमीरी" में गहराई से दिया है। alignment का मतलब है खुश रहना।

तो "अभी के क्षण में खुश रहना यही रहस्य है।"

अब इस बारे में वैज्ञानिक दृष्टि से देखते है।

हम हमारे दिनचर्या में कई चीजें बार बार हमेशा वही कर रहे होते है। मतलब हमारा daily routine लगभग तय होता है।

हमारे दिनचर्या के हर दिन की चीजें almost तय होती है। जैसे की सुबह उठकर ब्रश करना, नहाना, ब्रेकफास्ट करना, ऑफिस जाना, ऑफिस से आने के बाद थोड़ी rest लेके बच्चों की पढ़ाई लेना, फिर ख़ाना ख़ाना, फिर बाद में walk करने जाना, फिर सो जाना, फिर दूसरे दिन सब वही।

ये सब ऐसा जब हम एक ही pattern में जीते है। मतलब ये दिनचर्या में हम कुछ भी बदलाव नहीं लाते।

तब वैज्ञानिक दृष्टि से बहुत बड़ी चीज हमारे शरीर में हो रही होती है। हमारा ब्रेन जो होता है वो हम पर राज्य कर रहा होता है। हमारा ब्रेन हमारा बॉस बन जाता है। हम एक ही प्रकार का जीवन जी रहे होते है। जरा भी बदलाव नहीं करते, तब ऐसा होता है और ब्रेन हमे कटपुतली की तरह नाचता है। हम literally ब्रेन का नौकर बन जाते है। ब्रेन अपना बॉस होता है। अब ये ब्रेन का पैटर्न हेम ब्रेक करना बहुत ज़्यादा ज़रूरी है। क्यों ये मैं आप को आगे बताती हूँ।

पर जब हम present moment में जागृत रहकर खुश रहते है तब आप ये ब्रेन का पैटर्न ब्रेक करते है। ये वैज्ञानिक दृष्टि से प्रूफ हुआ है।

❖ जब ब्रेन हमारा बॉस बन जाता है और हम ब्रेन का नौकर बनते है, तब होता क्या है?

ये अब हम वैज्ञानिक दृष्टि से देखते है। जब हम एक ही दिनचर्या में लगातार रहते है। कुछ भी बदलाव नहीं करते है। ऐसे समय जब आप, आप के daily routine की आदते बदलना चाहते है या फिर कोई नहीं आदत आप के daily routine में लाना चाहते हो, तब आपका ब्रेन आपको बदलने नहीं देता। क्योंकि ब्रेन को एक ही जीवन पद्धत जीने की आदत लग चुकी है। जब आप नयी आदत अपने जीवन में लाना चाहते हो या फिर जो रोज़ कर रहे हो वो बदलना चाहते हो, तब ब्रेन सीधे सीधे इस बात को इंकार कर देता है। क्योंकि एकं ही प्रकार का जीवन जी के आप का ब्रेन बॉडी पे हावी हो चुका है। तो कुछ भी बदलाव लेन के बाद ब्रेन अस्वस्थ हो जाता है। क्योंकि एक ही प्रकार का जीवन जीने के वजह से ब्रेन अब ऑटोमैटिक मोड पर चला जाता है। और इस वक़्त आप कुछ बदलनेका प्रयास करते हो, तब आप के शरीर को सेहन नहीं होता।

हम अपने दिनचर्या में (daily routine) में वही कर रहे होते है। हमे ये एहसास भी नहीं होता की, हम एक चक्रवुह में अटक गये है। और ब्रेन आप का बॉस बना है। और आप ब्रेन के नौकर बन गये हो। आप लिटरली इस चक्रवुह में फ़स चुके हो। और को इस बात का आप को एहसास भी नहीं है।

ऐसे समय ये पैटर्न ब्रेक करने का रामबाण उपाय है अभी के क्षण में खुश रहना।

हम एक ही चक्रवुह में अटक गये होते है। हम एक ही चक्रव्यूह में गोल गोल घूम रहे होते है। इस बात की जागरूकता भी आपको नहीं होती। इस लिए present moment में जागरूक (aware) रहकर खुश रहना। अभी के क्षण में खुश रहने पर ध्यान दिया तो

भविष्य में हम ख़ुशी निर्मित कर रहे होते है। क्योंकि डॉक्टर जो डेस्पेंज़ा कहते है, जहां भी ध्यान दोगे वो आप के जीवन में बढ़ती ही जाएगी। इस सिद्धांत के अनुसार ख़ुशी के ऊपर ध्यान दोगे तो खुशहाल घटना, खुश व्यक्ति, सही opportunity आप के जीवन में आयेगी।

❖ **अभी के क्षण में खुश रहने के कई फ़ायदे है:**

- खुशहाल रहना+ प्रेजेंट में जागृत रहना दोनों मिलकर आपका चक्रवुह ब्रेक होने में मदद होती है।

- तो वैज्ञानिक दृष्टि से हमने देखा की, खुशहाल + अभी के क्षण में रहोगे तो आप के तनाव का पैटर्न ब्रेक हो जाता है। लगातार तनाव में रहने का pattern, तनाव में रहने की इंटेंसिटी कम हो जाती है।

लगातार इसकी प्रैक्टिस करोगे तो डिप्रेशन से आप को छुटकारा मिलेगा। इस बात को विज्ञान ने भी प्रूफ किया है।

(Acknowledgement: मेरी गुरु अनजाना रिटोरिया से २४ घंटा खुश रहना पहली बार सुना और सीखा है।)

१०.९.५ सावधानी और उपचार
Precautions & Cure

कुछ आदते आप को आप के दिनचर्या में शामिल करनी होगी।

ये कुछ ऐसी आदते है, जो आप को डिप्रेशन, anxiety, के सावधानी के लिए या फिर उससे छुटकारा पाने के लिए useful है।

❖ **सावधानी Precautions:**

"उपचार से ज़्यादा सावधानगिरी कभी भी बेहतर ही होती है।"

"Precautions are always better than cure"

क्योंकि कैसा होता है ना,

ये सारी आदते यदि आप डिप्रेशन में नहीं होंगे तो भी आप के जीवन में शामिल करोगे। तो इससे और बेहतरीन कुछ नहीं। क्योंकि इससे अभी भी आप के जीवन में तनाव, एंजाइटी, डिप्रेशन नहीं आयेगा।

ये आदते अगर आप ने लगायी और हर दिन किया तो depresion का "d" भी आप के जीवन में नहीं आयेगा।

इसका वैज्ञानिक कारण ये है की, ये सारी आदतों के वजह से आप खुशहाल भावनाये निर्मित करते हो।

डॉक्टर जो डेस्पेंज़ा हमेशा एलिवेटेड emotions में मतलब ख़ुशल भावना में रहने की practice करने बोलते है। क्योंकि यदि आप ऐसा करते है तो आप का ध्यान और एनर्जी दोनों भी खुशहाल चीजों पर होगा। और जहां पे आप का ध्यान attention जाएगा वहाँ पे आप की एनर्जी use होगी। और वो ही चीजें बढ़ेगी। ख़ुशी की और ध्यान देंगे तो ख़ुशी बढ़ेगी। पर दुख के और ध्यान दोगे तो दुख बढ़ेगा। कभी भी solution की और ध्यान देना।

- इसलिए आप आप की एनर्जी किसी भी व्यक्ति को जज करने में waste मत कीजिए।

- आप आप की एनर्जी past की किसी दुखद घटना पर waste मत कीजिए।

- फ्यूचर में क्या बुरा होगा, ऐसे चिंतादायक विचार करने में आप की energy वेस्ट मत कीजिए।

१०.९.६ मानसिक स्वास्थ्य के विभिन्न प्रकार

जब नीचे दिये गये प्रैक्टिस आप नियमित रूप से करते हो और जागरूक रहके आप ख़ुशी के भावनाओमे रहते हो। तब आप मन ब्रेन से कहता है की,

"सब कुछ ठीक है। तू अब निर्मित कर सकता है।"

"Everything is all right.You can create now."

और फिर वो आप के सपने पूरे करता है। अब इस समय आप का ब्रेन और मन दोनों भी एक ही पन्ने पर है। मतलब दोनों की राय एक ही है।

जब आप डर, डिप्रेशन, चिंता, jealousy, समय या पैसों की कमी के पास देखते हो, तब आप survival mode में होते हो।

लगातार खुशहाल भावना में रह के आप creative मोड में जाते हो।

❖ Survival mode मतलब क्या?

survival mode मतलब "मैं बेचारी मीकुमारी" मोड। ये लोग ख़ुद को "बलि का बकरा" समझते है । ये लोग victim zone में जीते है। वो ख़ुद को victim समझते है।

एक उदाहरण देकर आप को समझाती हूँ।

कई लोगों का ऐसा होता है की, "मेरे साथ ही हमेशा ऐसा क्यों होता है। मेरे साथ ही हमेशा बुरा क्यों होता है। मैं तो हमेशा सब से अच्छे से ही बर्ताव करता हूँ। पर फिर भी मेरे साथ ही हमेशा बुरा क्यों होता है?"

उनके जीवन में कोई भी बुरी घटना घटित होती है तब वो घटना बार बार अपने करीबी लोगों के साथ बोलते रहते है और उसके साथ ही दुखी हो के भावुकता से ये भी बार बार बोलते है की, "हमारे साथ ही हमेशा बुरा होता है।" ऐसा बार बार दुखी भावना के साथ बोलने के वजह से, फिर से दुखी घटनाएँ उनके जीवन में घटित होती है। और फिर उनको यक़ीन होता है की बुरी घटना हमेशा उनके जीवन में ही घटित होती है। और फिर वो फिर से बोलते है की, "देखा, मैंने बोला था ना, मेरे साथ हमेशा बुरा होता है"

वो कहते है ना, संकट आना एक बार आना शुरू हुआ ना तो एक के बाद एक ऐसे संकट की लाइन ही लग जाती है। ऐसा इस वजह से होता है। क्योंकि पहली बार जब संकट आता है तो लोग इतनी बार बोलते है ना और इतने दृढ़ दुखी भावना से बोलते है ना की उसके बाद एक के बाद एक लाइन ही लग जाती है। क्योंकि उनका पूरा ध्यान संकट और उस वजह से जो उनको दुख परेशानी हुई उस पर रहता है तो फिर संकट के साथ दुख परेशानी भी बढ़ती जाती है। क्योंकि डॉ जो डेस्पेंज़ा ने बोला है की जहां ध्यान दोगे वो चीज आप के जीवन में बढ़ती जाएगी।

- जब आप बोलते हो की, "पैसा नहीं है।"
- जब आप बोलते हो की, "समय नहीं है।"

- जब आप बोलते हो की, "रिश्ता ख़राब है।"
- जब आप बोलते हो की, "मानसिक स्वास्थ्य ठीक होने में समय लगेगा।"
- जब आप किसी और को बुरा judge करते हो।
- जब आप past याद कर के past के बुरे अनुभव याद करते हो।
- जब आप भविष्य में बुरा घटित होगा ये सोचकर चिंतित होते हो।

तब आप survival mode में जी रहे होते हो। ऐसा समय पर आप का ब्रेन और दिल अलग अलग पन्ने पर होते है। मतलब और गहराई से देखते है:

- आप के दिल को चाहोये होती है अमीरी पर ब्रेन ग़रीबी के बारे में बातें करता है।
- आप के दिल को चाहिए होता है पतला शरीर पर ब्रेन मोटापे की बातें करता है।
- आप के दिल को चाहिए होता है खुशहाल प्यारासा रिश्ता, पर आप का ब्रेन आपको आप के रिश्ते की बुरी यादे, घटनाएँ याद दिलाता है।
- आप के दिल को चाहिए होता है प्रॉब्लम सोल्व होना पर ब्रेन प्रॉब्लम और कैसे worst हो सकता है ये बार बार बताता है।

survival mode में दिल और ब्रेन एक ही पन्ने पर नहीं होते है। मतलब दोनों की राय अलग अलग होती है।

❖ creative mode:

जब दिल और ब्रेन एक है पन्ने पर होता है, तब according to डॉक्टर जो डेस्पेंज़ा manifestations होते है। क्योंकि जब आप २४ घंटे खुश होते है। ऐसे खुश रहने की लगातार हम प्रैक्टिस करते है।

तब दिल ब्रेन को बोलता है की, "अब सब सुरक्षित safe है। आप निर्माण (create) कर सकते हो।"

आपको उदाहरण देकर समझाती हूँ। क्रिसमस में जब संतक्लोज़ उसके बड़े से लाल कलर के बैग से गिफ्ट देता है।

ठीक वैसे ही आप की सारी इच्छायें, आप के सारे प्रॉब्लम के सोल्यूशंस ये एक बैग में जाते है। उस बैग को "vortex" कहते है। जब आप खुश होते है और आप को यक़ीन होता है की आप की इच्छायें पूरी होंगी। तब उस वक़्त उस (vortex) बैग में से एक एक कर के आप की इच्छा बाहर आती है। आप की इच्छा पूरी होती है।

जब आप का intention clear होता है। intention मतलब आप को ये क्यों चाहिए इसका कारण अगर आपको क्लियर हो तो ही आप की इच्छा पूरी हो जाती है। फिर वो इच्छा हो या फिर प्रॉब्लम हो। जब आपका intention क्लियर होता है तब आप के प्रॉब्लम का सलूशन दिखने लगता है।

जब आप लगातार ख़ुशहाल भावना में रहने की प्रैक्टिस करते हो, तब आप की अंदर की आवाज़ आपके सपने पूरे करने के लिए मार्गदर्शन करनी लगती है। तब आप को आप के सपनों के बारे में नये नये ideas आने लगते है। जब आप लगातार खुशहाल रहते हो तब आप creative mode में चले जाते हो। आप के सपनों के दिशा में आपको सही राह दिखने लगती है।

१०.९ Chapter Summary

सिर्फ़ एक घंटा

अब हम देखेंगे की कौन सी आदते जीवन में शामिल करनी चाहिए।

जो आदते depression और anxiety के लिए precautions और cure जैसे काम करेगी।

१) comedy shows देखना

२) Dance करना

३) मैडिटेशन

४) Thank you walk

५) ख़ुद से प्यार

६) Mindfulness

१) comedy shows देखना

एक experiment किया गया था। उसमे उन्होंने २ ग्रुप्स किए गये थे। दोनों ग्रुप्स के लोगों को डायबिटीज हुआ था।

a. पहले ग्रुप के लोगों का डायबिटीज चेक किया था। फिर उनको ख़ाना खाने दिया। फिर उस ग्रुप के लोगों को उन्होंने टीवी पर दुखी, रोने वाले सीरियल्स लगा के दिये। और फिर से उनका डायबिटीज़ चेक किया।

b. दूसरे ग्रुप के लोगों का डायबिटीज़ चेक किया। फिर उनको ख़ाना खाने दिया। फिर ये ग्रुप के लोगो को उन्होंने कॉमेडी शोज़ लगा के दिये। और फिर से इनका डायबिटीज चेक किया।

पहले ग्रुप के लोगो का डायबिटीज़ बड़ा हुआ दिखाई दिया। दूसरे ग्रुप का डायबिटीज़ बड़ा नहीं पर थोड़ासा कम हुआ था।

।।तात्पर्य।।

जब आप ऐसे दुखी,रोने वाले सीरियल देखते हो। उसका आप के शरीर पर परिणाम होता है।

इस experiment से आपको clearly पता चलता है की, जब आप दुखी, रोने वाले सीरियल देखते हो, तब मानो आप ख़ाली फोकट का दुख को ख़रिद रहे होते हो। क्योंकि वो सीरियल देखते देखते हम उस सीरियल के दुख से जुड़ जाते है। और फिर आप में भी वो नकारात्मक दुखी भावना निर्मित होते है। ये ऐसी भावनाये आप की मानसिक और शरीर की बीमारी और बढ़ती है।

उल्टा जब हम comedy शोज़ देखते है तब हम खिलखिला के हसते है, पूरे दिल से हसते है और फिर ख़ुशहाल भावना हमारे अंदर निर्मित होते है। जिसका हमारे शरीर और मन पर बहुत ही अच्छा असर होता है। बीमारी ठीक होते हुए दिखाई देती है। आसान भाषा में बताऊ तो, हँसने से ख़ुशहाल हार्मोन्स निर्मित होते है। जिससे आप को स्वस्थ रहने में मदद होती है। शरीर और मन की प्रकृति में सुधार आने लगता है।

अभी आप ही मुझे बताइए, आख़िरी बार आप कब खिलखिलाके हास है? याद आ रहा है? फिर at least ऑफिस जाते समय १० से १५ मिनट train में आप कॉमेडी शोज़ देख सकते हो। या फिर दिन में जभी कभी आप का समय निकालकर सही comedy shows देखिए। मैं यह पे आप को कॉमेडी शोज़ पर depend नहीं कर रही हूँ, at least इस वजह से आप खिल खिलने हँसोगे और खुशहाल भावना निर्मित करोगे। इसका ये आसान तरीक़ा है।

२) Dance करना

Dance करना सबसे पहले मुझे पता चला मेरी गुरु अंजना रितोरियासे। Dance करने से १४०० खुशहाल भावनाओंका का खुशहाल रसायन तैयार होता है। इससे और आसान रास्ता क्या चाहिए?

चलो एब मुझे बताओ की, generally हम dance कब करते है? जब हम कुछ celebrate कर रहे होते है, जब हम खुश होते है। तब तब हम डांस करते है।

पर जब हम हर दिन dance करते है, तब ब्रेन को लगता है की, आप खुश होंगे, इसलिए आप dance कर रहे होते है या फिर जीवन में ऐसा कुछ अच्छा अवसर आया है,जिस के लिए आप dance कर रहे हो। उस समय ब्रेन और हार्ट दोनों भी एक ही page पर आते है। यदि आप नियमित रूप से Dance करोगे तो ब्रेन और हार्ट एक ही पेज पर आने के लिए हेल्प होगी। तब ब्रेन हार्ट को कहता है की, "सबकुछ ठीक है आप create कर सकते हो।"

३) मैडिटेशन

मैंने इसके पहले जैसे कहा है, वैसे १५ मिनट मन को शांत रखना है। मैंने इसके पहले के चैप्टर में इसके बारे में अधिक जानकारी दी है।

शांत और सही मन के स्थिति के लिए ध्यान (मैडिटेशन) Best है।

मैडिटेशन के वजह से शरीर और मन स्वस्थ्य हो जाता है।

आप आप के अंदरूनी आवाज़ के साथ जुड़ जाते है। आप आप के भगवान के साथ और गहराई से इससे जुड़ जाते हो। फिर ये आप की अंदरूनी आवाज़ आपको गाइड करती है।

४) Thank you walk

❖ Nature में जाकर १५ मिनट थैंक यू फील कीजिए।

❖ आप के पास जो जो है, उस सब के लिए पूरे दिल से thank you बोलिये, १५ मिनिट specially अलग से निकालिए।

❖ वैज्ञानिक दृष्टि से इससे क्या होता है? आप आप के पास जो जो चीजें है उसके लिए appreciate करते है। उससे क्या

होता है? हमारा ध्यान कमतरता से हट जाता है। Past के बुरे experience से हट जाता है, आप भविष्य की बुरी चिंता भी कल्पना नहीं करते है। तब आप ऐसे समय खुशहाल भावना में रहते है;

❖ तब आप receiving mode में आ जाते है।

• थैंक यू वाक कैसे करना है, इसकी जानकारी इसके पहले की किताब "पैसा और अमीरी" में पढ़ सकते है। संक्षेप में बताती हूँ:

✦ **आप का शरीर:** शरीर के हर किसी body पार्ट को दिल से थैंक यू बोलिये। क्योंकि आप का शरीर आप के साथ पैदा होने से लेके आख़री सास तक होता है। "थैंक यू यूनिवर्स, मेरे शरीर मन आत्माअब स्वस्थ है। आख़री सास तक ऐसे ही तंदुरुस्त, खुशहाल होगा तो और भी ज़्यादा मज़ा आ जाएगा।

✦ **पैसा:** पैदा होने से लेकर अब तक जो पैसा आया है। उसके लिए पूरे दिल से थैंक यू पर ऐसा ही पैसा multiple sources से आ जाये तो और भी ज़्यादा मजा आएगा।

✦ अब तक जो भी पैसे से सुविधाये use की है। उसके लिए thank you बोलिये और ऐसे ही luxurious और comfortable life हमेशा रहने दो, ऐसे यूनिवर्स को या फिर जिस भी भगवान को मानते हो उसे बोलिये।

✦ **रिश्ते:** मेरे जीवन के सारे रिश्तों के लिए थैंक यू। मेरे जीवन का हर रिश्ता खुशहाल, understanding, प्यारा, हो। हर रिश्ते से मुझे respect, प्यार, care मिले तो और भी ज़्यादा मज़ा आयेगा।

✦ **नेचर:** पैदा होने से लेके अब तक nature ने हमे बहुत कुछ दिया है। जिस वजह से हम ज़िंदा है।

जैसे की ख़ाना, हवा, बरसात, पानी ऐसे कई चीजें हमें nature देता है। इस लिए पूरे दिल से नेचर को थैंक यू बोलिये।

✦ **General:** ख़ाना, कपड़े, घर, लाइट, फैन, गीज़र, एसी, वाशिंग मशीन ऐसे हर चीज के लिए पूरे दिल से थैंक यू बोलिये। अब तक जो opportunity से पैसा आया, उसके लिए थैंक यू बोलिये। ऐसे सुबह की टूथ पेस्ट से लेकर रात के बेड तक सब चीजों के लिए थैंक यू बोलिये।

टीपनी

जितना आप दिन भर थैंक यू फील करोगे उतना आप panic, anxiety, स्ट्रेस, depression के चक्रवुह से बाहर निकलोगे।

"So Always be thankful in your present moment that's the secret"

Acknowledgement: Thank you वाक के बारे में मुझे अंजना रिटोरिया से पता चला। gratitude के बारे में मुझे बहुत पहले पता चला था किससे वो याद नहीं।

५) ख़ुद से प्यार : सेल्फ लव

आप में से कई लोगो को सेल्फ लव पता होगा तो उन्होंने self love की शुरुवात कहा से करनी चाहिए? तो अब ढूँढ के निकालते है।

अ) आयने के सामने खड़े रह कर .आप अब तक जो भी success आप ने हासिल किया है। स्कूल से लेके अब ऑफिस तक हर success के लिए आप को तारीफ़ करनी है।

"वाँ, deepa मुझे आप पर proud है। बचपन में आप ने ४थी कक्षा में नाटक किया था। क्या कमाल का नाटक किया था।"

"वाँ दीपा, मुझे आप पर प्राउड है।"

"वाँ दीपा, आप ने आज तक जीस जीस को मदद कर के उनको मानसिक रूप से strong बनाया है। उस लिए मुझे आप पे proud फील हो रहा है।"

"वाउ, दीपा, आप ने क्या कमाल बुक लिखी। आप के सब बुक से लोगों का भला हो रहा है। लोग किताब में दिये गये अपने ज़िंदगी में अपना रहे है। और उनके जीवन में ख़ुशी और सफलता आ रही है।"

"वाउ दीपा, तू कमाल mental health awareness कर रही है। आप के सही शब्द, वीडियोस, किताब, ऑडियो, सेशंस इस दुनिया में काफ़ी अच्छा बदलाव ला रही है। इस वजह से मैं proud feel कर रही है।"

"wow Deepa your Videos, Books are making a good change into the world."

"वाउ दीपा, आप हमेशा luxurious and कम्फर्टेबल लाइफ जी रहे हो।"

ऐसा ख़ुद का नाम लेकर ख़ुद की तारीफ़ कीजिए।

ऐसे हर दिन १०-१२ मिनट ख़ुद की तारीफ़ आयने के सामने कीजिए।

अगर आप को ख़ुद को प्यार करोगे तो, शरीर और मन के बीमारी से बाहर पड़ने की इच्छा होगी। आप को इस बात की जागरूकता होगी।

६) जागरूकता

१) एक समय पे एक एक्शन (at one time one time)

२) अभी के क्षण में थैंकफुल रहिए।

३) अभी के क्षण में खुशहाल रहिए।

४) अभी के क्षण में satisfied रहिए।

तनाव से छुटकारा पाने के लिए mindfulness बहुत महत्वपूर्ण काम करता है।

आप जिस तनाव में रहते हो या फिर जिस तनाव के चक्रवुह में अटक गये हो, तो उस चक्रवुह में अटक गये हो, तो उस चक्रवुह से बाहर निकलने का और एक आसान तरीक़ा है "mindfulness"। और इसे विज्ञान साक्षी है।

वो कैसे करते है ये मैंने इसके पहले के चैप्टर में बताया है। तो वो आप के जीवन में शामिल कीजिए।

।।इस चैप्टर का सारांश।।

ये सारी आदते आप को डिप्रेशन के precautions और cure के लिए useful है।

इसलिए हर व्यक्ति ने फिर वो विद्यार्थी हो, कॉलेज, ऑफिस जाने वाला हो, हाउसवाइफ हो, उमर से बड़े हो तो भी तनाव मुक्त होने के लिए या फिर precaution के लिए आप को ये सारी आदते आप की जीवन में शामिल करनी होगी।

चेतावनी (Strict warning)

सिर्फ़ एक घंटा ख़ुद के मानसिक स्वास्थ्य के लिए हर इंसान ने दिया तो, मानसिक बीमारी के साथ ही शरीर की बीमारी भी आप के जीवन से चले जाएँगे। और इस बात को विज्ञान भी साक्षी है।

नीचे दिये गये चीजें आप के जीवन के दिनचर्या में शामिल कीजिए:

१) कॉमेडी शोज़ देखना

२) नाचना (डांस करना)(dance करना)

३) ध्यान

४) thankful walk

५) ख़ुद से प्यार (self love)

६) Mindfulness

७) अच्छी सही किताबें पढ़ना

८) शिकायत करना, दूसरों की और ख़ुद की बुराई करना, जो नहीं चाहिए इसकी बाते करना, गुस्सा, रोना, चिल्लाना ये सब पूरी तरीक़े से बंद करना होगा।

ये सब आप को हर दिन consistency से करना ज़रूरी है। उसके साथ ही किसी भी प्रकार की शिकायत करना, रोना आप के जीवन से निकाल के फ़ेंक दीजिए।

इसके पीछे का विज्ञान

ये सारी आदतों के वजह से खुशहाल भावनाये आप के शरीर में निर्मित होंगे। डॉक्टर जो डेस्पेंज़ा कहते है, डांस करने से १४०० खुशहाल भावनाये आप के शरीर में निर्मित होंगे।

खुशहाल भावना के वजह से आप के शरीर के रोगप्रतिकार शक्ति बढ़ने लगती है। इस वजह से आप का शरीर और मन स्वस्थ होने के दिशा में आगे बढ़ने लगता है।

आप के शरीर में बचपन से दबे हुए नकारात्मक भावना गुस्सा, डर, ख़ुद कोकम समझने की भावना, तनाव, एंजाइटी, पछतावा ये सब आप के शरीर से निकल जाएगा।

ये सब नकारात्मक, दुखी भावनाये आप के मानसिक बीमारी का मूल कारण है।

मैं आप को एक उदाहरण देकर समझाती हूँ। अगर आप के पास एक काँच के ग्लास में पानी है और उस पानी में आप ने काला रंग डाल दिया। तो पूरे पानी का रंग काला हो जाएगा। ये काल अड़ंग मतलब आप के शरीर के नकारात्मक, दुखी भावनाये है। जो आप के शरीर और मन के बीमारी के लिए responsible है। काँच का ग्लास मतलब आप का शरीर। इस ग्लास का पानी मतलब आप का मन।

अब ये काला रंग इस पानी में पूरी तरीक़े से घुलमिल गया।

ये काला रंग (सारी नेगेटिव दुखी भावनाये) शरीर और मन की बीमारी को आमंत्रित करती है।

तो अब ये काला रंग आप के शरीर से बाहर निकलने के लिए आप को क्या करना पड़ेगा?

तो इसका इलाज ये है की: आपको नियमित रूप से हर दिन साफ़ पानी उस ग्लास में डालना होगा।

ये साफ़ पानी मतलब ऊपर दिये गये ८ आदते है। जो आप के जीवन में सकारात्मक, ख़ुशहाल विचार निर्मित करेंगे। जो आप का मानसिक स्वास्थ स्वस्थ रखता है। और जैसे ही आप का मानसिक स्वास्थ्य स्वस्थ होने लगता है, तब आप के शरीर का स्वास्थ्य भी स्वस्थ होने लगता है।

जैसे हम इस काले पानी वाले ग्लास में साफ़ पानी डालने लगते है, वैसे धीरे धीरे ये काला रंग धीरे धीरे फीका पड़ने लगता है।

मतलब जब हम साफ़ पानी डालने लगते है तब ग्लास का पानी overflow होकर पानी बाहर गिरने लगता है। ये साफ़ पानी लगातार पड़ने के वाजा से काला रंग धीरे धीरे धुंडलसा होने लगता है।

अगर यदि हर दिन साफ़ पानी ग्लास में डालते रहोगे, तो एक दिन ऐसा ज़रूर आयेगा जब पूरा काला रंग इस ग्लास से निकल जाएगा। और पानी साफ़ हो जाएगा। साफ़ पानी मतलब सकारात्मक और खुशहाल विचार और भावनाये।

इसलिए जैसे की डॉक्टर जो डेस्पेंज़ा और विज्ञान ये दोनों ने भी ये प्रूफ किया है की, खुशहाल भावना के वजह से आपकी रोगप्रतिकार शक्ति (immunity power) बढ़ेगी। आप शरीर और मानसिक रूप से स्वस्थ होंगे।

पर उसके लिए नियमित रूप से हर दिन ये ८ चीजें आप कि करनी ही होंगी। उसी के साथ शिकायत करना बंद करना ज़रूरी है। २४ घंटा खुश रहना ज़रूरी है।

पर होता क्या है, कई लोग ये सारी चीजें करने तो लगते है। पर १ दो महीने बाद करना जब उनके सपने पूरे होते है तब ये सब करना बंद कर देते है।

जैसे वो लोग ये सब करना बंद करते है, वैसे काँच के ग्लास में फिर से काला रंग नकारात्मक विचार आप के भीतर पैदा होने लगते है। और फिर से ये पानी मतलब की आप का शरीर दुखी नकारात्मक विचार और भावना से भर जाते है। और फिर से नकारात्मक विचार के बीज आपंके शरीर और मन में बीमारी पैदा करते है। फिर आपको शरीर या फिर मानसिक बीमारी होने लगते है।

याद रखिए,जब आप मानसिक रूप से स्वस्थ होंगे तब जीवन के किसी भी परिस्थिति को सक्षमता से, आत्मविश्वास से सामना कर सकते है। अगर आप मानसिक रूप से स्वस्थ होंगे तो आप

शरीर के रूप में भी स्वस्थ होंगे। यदि आप मानसिक रूप से स्वस्थ होंगे सिर्फ़ तो ही आप अपने परिवार का ख़याल रख पाओगे।

क्योंकि उदाहरण की तौर पर यदि आप बीमार होंगे, हॉस्पिटल में बेड पर होंगे तो,

१) तो आप आप के परिवार का ख़याल नहीं रख सकते,

२) तो आप अपने सपने नहीं पूरे कर सकते,

३) तो आप आप के प्रॉब्लम सुलझा नहीं सकते।

मुझे अब आप बताइए की, जब जब आप बीमार होते है तब दवाई कौन लेता है? उस वक़्त दवाई किसे लेनी पड़ती है? आप बीमार होते हो तब दवाई आप खाते हो या आप के बदले आप का करीबी व्यक्ति दवाई लेता है?

आप बीमार होंगे तो दवाई आप को ही लेनी पड़ेगी ना?

फिर ये वक़्त ही क्यों लाते हो? यदि ये ८ चीजें लगातार नियमित रूप से हर दिन १ घंटा करोगे तो शरीर और मन दोनों भी स्वस्थ रहेगा। और इसे विज्ञान साक्षी है।

इसलिए readers, आप को ये warning है, "आप का मानसिक स्वास्थ्य स्वस्थ रखना।", ये आप की ज़िम्मेदारी है। इसलिए ये ८ आदते आप के जीवन में शामिल कीजिए। उसके लिए हर दिन १ घंटा दीजिए। ख़ुद के लिए और ख़ुद के मानसिक स्वास्थ्य के लिए। मानसिक स्वास्थ्य स्वस्थ होगा तो शरीर भी स्वस्थ होता है।

इसलिए मेरा ऑफिस था, मेरे बच्चे है, हमारे पास जिम्मेदारिया है। ऑफिस, परिवार, घर, बच्चे ये सब संभलते संभलते ये सब हम कैसे करेंगे? ये सारे बहाने नहीं चाहिए।

क्योंकि मैं ख़ुद ९ घंटा ऑफिस, फिर जिम, उसमे मैंने किताब लिखी, उसमे मेरा यूट्यूब चैनल है। उसमे मैं केक भी बनती थी। केक मैं कभी कभी बनती थी। पर बाक़ी सब चीजें मैं हमेशा करती थी। ये सारी चीजें अगर मैं एक दिन में मैनेज कर सकती थी, और उसके साथ ही ये ऊपर दिये गये ८ आदते मेरे जीवन में शामिल

कर के लगातार हर दिन १ घंटा ख़ुद के मानसिक स्वास्थ के लिए देती थी। अभी भी मैं ये सब ८ चीजें मैं हर दिन करती हूँ। अगर इतने काम होने के बावजूद अगर मैं ये १ घंटा निकाल सकती हूँ। तो आप भी ख़ुद के डेली रूटीन में से १ घंटा ख़ुद के मानसिक स्वास्थ्य के लिए भी निकाल सकते है।

"प्रारंभ" ये किताब मैंने लिखी। मैंने ये किताब क्यों लिखी? क्योंकि मैंने मेरे जीवन में डिप्रेशन बहुत ही क़रीब से देखा। मानसिक स्वास्थ का ख़याल न रखने का बुरा असर मैंने बहुत ही क़रीब से देखा है। उससे मानसिक बीमारी तो होती ही है साथ में शरीर की बीमारिया भी शुरू होती है। इसकी सच्ची कहानी आप को मेरी अगली किताब "प्रारब्ध" में मिलेगी। वो कहानी आप पढ़ोगे, तो डिप्रेशन को और अपने ख़ुद के मानसिक स्वास्थ को कभी भी हल्के में नहीं लोगे।

उसके पीछे का विज्ञान भी मैंने समझा है। ये सब आप के साथ ना हो और सिर्फ़ ये एक घंटा आप अपने मानसिक स्वास्थ्य के लिए दे सके। ख़ुद के लिए आप इतना तो कर ही सकते हो ना? क्योंकि मानसिक स्वास्थ्य ठीक तो सब ठीक।

ये सब एक घंटा नियमित रूप से अगर आप नहीं करते हो तो, आप अपने जीवन में डिप्रेशन को और शरीर, मन की बीमारी को नियोता देते हो।

आप के भीतर के शांति के लिए और मानसिक स्वास्थ्य के लिए: ख़ुशी, thankful होना,appericiation इस तरीक़े के हर खुशहाल भावना की आप के शरीर को हर दिन ज़रूरत होती है।

This is the only thing which is working out

for you. If you skip this, then it's just like you're

skipping most important things in your life.

ये एक ही चीज (हर दिन एक घंटा) जो आप के लिए काम कार्तिव है। आप की सारी चीजें आसान कर देती है। और वही चीज अगर आप नहीं करोगे, तो कैसा चलेगा?

हर रीडर्स ने मुझे आज इस वक़्त वादा कीजिए की, ये ६ चीजें आप आप के जीवन में आप के आख़री सास तक शामिल करोगे।

क्योंकि अगर आप का मानसिक स्वास्थ्य ठीक होगा, तो आप का दिमाग़ सही जगह पर होगा। दिमाग़ सही जगह पर होगा तो कोई भी सिचुएशन को आप आत्मविश्वास के साथ आसानी से सामने जा सकोगे।

ये आदते अगर आप के जीवन में होंगे तो आप का स्वास्थ्य पूरी तरीक़े से स्वस्थ होगा।

स्वस्थ शरीर या फिर तनाव के साथ जीवन, चॉइस आप को करना है ......

A peaceful healthy mind or stressful life, choice is yours....

१०.१० हमेशा तनाव मुक्त रहने के लिए, ब्रेन के बारे में ये विज्ञान हर एक इंसान को पता होना ही चाहिए

जब डिप्रेस व्यक्ति chapter १०.९ में दिये गयी आदते अपनाना चालू करती है। तो कुछ लोगों के मामलों में क्या हो सकता है, ये अब हम देखेंगे। तो होता क्या है....

अब तक आप के ब्रेन को, आप के शरीर के हर एक पेशिका को (cells को) स्ट्रेस के रसायन की आदत हुई रहती है। और जब आप १०.९ में दिये गयी आदते अपनाना चालू करते है, तब आप का ब्रेन आप को बहाने देने लगता है।

"अरे आज मत कर कल कर"

या फिर

"आज का दिन बहुत ही busy था। कल से प्लान कर के शुरू करेंगे।"

या फिर

"आज मैं बहुत थक गया, कल से शुरू करता हूँ।"

आप का ब्रेन आपको और गुस्सा आने वाले घटनाएँ याद दिलाएगा। फिर क्या होता है आप फिर से गुस्सा करते है। और फिर आप १०.९ में दिये गयी आदते नियमित रूप से नहीं करते हो।

(टिप्पणी: मैं ये आप को एक संभावना बता रही हूँ। कई लोगों के साथ ऐसे हुआ। जब मैं लोगों को डिप्रेशन से बाहर निकलने को कुछ करने बोलती थी, तो कई लोग नियमित रूप से नहीं कर पाये। क्योंकि उनके मन में ये सब न करने के कई बहाने उनके ब्रेन देता है। और वो ब्रेन का सुनते है।)

कुछ लोग कुछ दिन या फिर कुछ महीने करते है । यदि उनके प्रोफेशनल या पर्सनल लाइफ में कुछ अचानक से काम आया। कोई फंक्शन या काम के वजह से बाहर जाना पड़ा तो, उनको १०.९ में दिये गयी आदते नियमित रूप से नहीं कर पाते। और फिर gap आ जाता है। फिर से जब घर लौट आते है तब फिरसे ये १०.९ में दिये गयी आदते उनके जीवन में वापस लाना वो भूल जाते है।

❖ तो ये procrastination क्यों होता है?

तो इसका वैज्ञानिक कारण मैं अब आप को बताती हूँ। लगातार डिप्रेशन, डर में रहने के वजह से शरीर और शरीर के हर एक पेशिका को डिप्रेशन के रसायन की आदत हो जाती है। ये एक एडिक्शन की तरह होता है। जैसे की दारू, सिग्रेट, ड्रग्स' का एडिक्शन होता है। ठीक वैसे ही, हर भावना का हमारे शरीर में एक रसायन तैयार होता है। डिपरेशन वाले लोग लगातार एक ही तरह के नकारात्मक, दुखी भावना में रहते है। उसी के वजह से शरीर में ज़्यादा से ज़्यादा इसी प्रकार का नकारात्मक,दुखी भावना का रसायन तैयार होता है। ये रसायन इतना तैयार होता है की, आप की शरीर के हर एक पेशिका को और ब्रेन को ये रसायन की आदत होती है।

और जब आप १०.९ में दिये गयी आदते आप के जीवन में लेट हो। तब ख़ुशहाल भावनाये तैयार होती है। तो खुशहाल भावना का

ख़ुशहाल रसायन तैयार होने लगता है। पर इस वक़्त आप के शरीर में किसी भी प्रकार की नकारात्मक, दुखी भावना न मिलने से, दुखी और नकारात्मक भावना रसायन नहीं तैयार होता। पर आप का ब्रेन और पूरे शरीर के हर एक पेशिका तो ये दुखी रसायन से addicted हो गई है। तो आप के शरीर के हर एक पेशिका और ब्रेन को अस्वस्थ फील होने लगता है। उन्हें दुखी और नकारतामक रसायन किसी भी हाल चाहिए होता है, इस लिए ब्रेन दो चीजें करता है:

- १) एक तो ब्रेन आप को बहाने देता है, ताकि आप १०.९ में दिये गयी आदते ना कर पाये। जैसे की "आज पूरा दिन तू बहुत बिजी था, तू थक गया होगा आज मत कर कल कर।", ऐसे एक ना हज़ार बहाने आप को देता है ताकि आप १०.९ में दिये गयी आदते कर ना सके।

- २) ब्रेन आप को भूतकाल की बुरी यादे याद दिलाता है, ताकि आप गुस्सा हो, दुखी हो। और दुखी भावना तैयार हो, जिससे दुखी या फिर नकारात्मक भावना का रसायन बने। और वो आप के शरीर के पेशिका को और ब्रेन को मिले।

ब्रेन को पता होता है की १०.९ में दिये गयी आदते अगर आप रोज़ करते हो तो ब्रेन खुशहाल भावना का रसायन मिलेगा, दुखी भावना का रसायन नहीं मिलेगा।

तो ऐसा समय पर ब्रेन आप को एक कटपुतली के तरह आप को हैंडल करता है। आप १०.९ में दिये गयी आदते आप के जीवन में शामिल ना कर सके, इस लिए हर कोशिश करता है।

यदि आप procrastination करने लगे तो समझ जाओ की, आप का ब्रेन नहीं चाहता आप वो करे। ब्रेन आपको कटपुतली की तरह नचा रहा है।

।।इस chapter का सारांश।।

इस chapter में वैज्ञानिक तरीक़े से आप ने देखा की, आप के ब्रेन को नकारात्मक भावना का addiction होता है। ये addiction

छूटने के लिए आप १०.९ में दिये गयी आदते करना शुरू करते हो तो ब्रेन आप को रोकता है। procrastination क्यों होता है, ये हमने इस chapter में देखा।

१०.११ ऐसी मानसिकता होगी, तो आप कोई भी परिस्थिति से डिप्रेशन फ्री हो सकते हो

उन्होंने अपने जीवन में हर तरफ से आए संकट पर विजय प्राप्त की और दुनिया को जीत लिया।

जो लोग बोलते है की उनके आसपास के लोग (परिवार के, ऑफिस के) नकारात्मक है, बार बार नकारात्मक बोलते है, बर्ताव करते है। ऐसे वातावरण में (environment में) ख़ुद को कैसे सकारात्मक रखे? उसका शानदार उदाहरण अब हम देखते है।

एक कहानी सुनाती हूँ। ये कहानी है एक लड़की की। ये सत्यघटना पर आधारित कहानी है।

उसके जीवन में एक ही समय पर दो अलग अलग घटनाएँ घटित होती है। दोनों घटनाएँ उसे हिला देने वाले होते है।

वो तीन सगी बहने थी। उसकी बड़ी दीदी अचानक भगवान के पास चली जाती है। कोविड के वजह से उसके बड़े बहन का मृत्यु होता है।

उसकी बड़ी दीदी उसकी सबसे करीबी लोगों में से एक थी। लेकिन उसके माँ पापा को

बड़ा सदमा लगा था। ऐसे समय पर वो लड़की को अपने मृत बहन का शौक़ भी नहीं मना पायी। क्योंकि उसे अपने माँ पापा को इस सदमे से संभालना था।

छोटी बहन के लिए सबसे बड़ी बहन सबसे करीब थी। तो उसे बड़ा झटका लगा। इतना की उसके मानसिकता पर भी परिणाम हुआ। उसने ये एक्सेप्ट ही नहीं किया था की उसकी बड़ी बहन भगवान के पास चली गई। जैसे की वो बड़ी बहन से बात कर रही है वैसे वो अकेले ही बाते करती थी। बड़ी बहन ऑफिस से आने के समय उस समय पर वो दोनों पहले जो जो करते थे वो सब वो अकेले ही करती थी। वो ख़ाना खाते समय भी बड़े बहन का प्लेट भी लेती थी।

इस एक और सदमे से माँ पापा और भी ज़्यादा टूट चुके थे। वो लगातार रोते थे। ऐसे समय पर ये अकेली लड़की पूरे परिवार को संभल रही थी। इतना सब कुछ होने के बावजूद धीरज से ले रही थी।

परिवार की इस घटना ने उसे एक ही क्षण में बड़ा बना दिया था। उसके बड़ी दीदी के बाद वो परिवार में अब बड़ी थी।

ऐसे समय पर कई आध्यात्मिक मार्ग उसके जीवन में आये। उसने मैडिटेशन शुरू किया और उसके छोटी बहन, माँ -पापा को भी करने को बोला। thankful रहने का महत्व उसे पता चला। वो भी उसने अपने माँ पापा और बहन को सिखाया।

बो हर दिन अपने माँ पापा को सकारात्मक विचार और उसके महत्व समझाती थी। इस वजह थोड़ा सा ही सही उसके माँ पापा थोड़े से सकारात्मक दिशा की और जाने लगे थे। ये सदमा सहन करने के लिए उन्मे थोड़ी थोड़ी शक्ति आ रही थी।

छोटी बहन मैडिटेशन करती थी। पर एक-दो दिन करती थी। पर बाद में करना बंद कर देती थी। वो नियमित रूप से हर दिन नहीं करती थी। उसिके साथ सबसे बड़ी बहन ज़िंदा है समजकर बारे भी कार्ट थी।

छोटी बहन ठीक हो जाये इस लिए इस लड़की ने बहुत कोशिश की। अलग अलग सही तरीक़ों से छोटी बहन को बाहर निकालने का भी प्रयास किया। पर दलदल में जो व्यक्ति होता है, वो जब बाहर निकालने के लिए हात पैर मारता है, और वो दलदल में और ज़्यादा फसाता जाता है। जैसे वो अपने बहन को बाहर निकालने की कोशिश करती थी वैसे ही उसके छोटे बहन का बर्ताव और ज़्यादा बिगड़ता जाता था। उसिके साथ ही उसकी छोटी बहन किसी भी प्रकार का इलाज करने के लिए इंकार देती थी। जैसे की मैडिटेशन करने बोला तो वो भी १,२ दिन किया फिर बंद कर दिया। thankful का महत्त्व सिखाया वो भी १,२ दिन किया फिर बंद कर दिया।

पर अपने छोटे बहन का मानसिक स्वास्थ ठीक हो इसलिए उसने हर तरीक़े से प्रयास किया। उसने हार नहीं मानी।

वो आध्यात्मिकता में और गहराई में जाती गई। इसी वजह से वो अपने माँ पापा को भी संभल पायी।

उसे भी अपने अचानक भगवान के पास गई बड़ी दीदी की बहोत याद आती थी। उसे भी बहोत बुरा लगता था। आज अगर बड़ी दीदी होती तो उसने ये किया होता, उसने वो किया होता, ये सब उसे याद आता था। पर वो ये सब किसे शेयर करेगी? एक साइड उसे माँ पापा को इस सदमे से बाहर निकालना था और दूसरी तरफ़ अपने छोटे बहन के मानसिक स्वास्थ्य को ठीक करना था। ऐसे परिस्थिति में ख़ुद मन की स्थिति का भी ध्यान रखना था। ताकि वो इन सब लोगों को संभल सके।

ऐसे परिस्थिति में एक नया मोड उसके जीवन में आया। उसे एक किताब लिखने का सुझा। लिखना उसके रगो में बचपन से ही था। शाब्दोंकी उसकी बचपन से ही दोस्ती थी। कभी लेख, कभी कविता, कभी कहानी वो लिखती थी।

फिर धीरे धीरे ऐसे पारिवारिक स्थिति में उसने लिखना शुरू किया। देखते देखते २ महीनों में उसकी किताब लिख कर हुई भी। और एक महीने में वो पब्लिश भी हुई।

ये सत्य घटना पर आधारित कथा है।

।।तात्पर्य १।।

यदि घर में ऐसी परिस्थिति होते हुए भी, परिवार की करीबी व्यक्ति भगवान के पास गई हो,माँ पापा की मानसिक ज़िम्मेदारी उसके ऊपर हो, उसीमे उसके सगी छोटी बहन का मानसिक स्वास्थ बिगड़ गया हो, ऐसे परिस्थिति में अगर वो किताब लिख सकती है।

तो इस दुनिया में कुछ भी करना किसी भी परिस्थिति में संभव है। उतनी ज़िद और लगाव उस कम के प्रति होना चाहिए। वो कहते ना "जहां चाह, वहा राह।"

यहाँ पे उसे ख़ुद की मन की स्थिति को सम्भाल कर परिवार वालों का संभालना था। दो महत्वपूर्ण घटनाएँ उसके जीवन में शुरू होते हुए भी उसने किताब लिख सकती है। तो इस दुनिया में कुछ भी संभव है। अब कोई भी परिस्थिति आप के जीवन में आने दो, आप कोई भी परिस्थिति में जो चाहिए वो हासिल कर सकते हो। आप कोई भी परिस्थिति में अपने बड़े से बड़े सपने पूरे कर सकते हो। यह एक जीता जागता उदाहरण है

और ये एक सच्ची घटना पर आधारित कहानी है।

।।तात्पर्य २।।

मैंने जो आप को सत्य घटना पे आधारित कहानी सुनाई, जिस्म उसकी परिवार की करीबी व्यक्ति भगवान के पास गई थी और परिवार की दूसरी करीबी व्यक्ति मानसिक रूप से ठीक नहीं थी, ऐसे समय पर यदि वो किताब लिख सकती है, तो इससे हेम ये सिख मिलती है की, तो कोई भी कठिन से कठिन परिस्थिति हो उसमे से आप ख़ुद को सही सलामत बाहर निकाल सकते हो।

अब आप लोग मुझे बहाने मत दीजिए की, ऐसा था इस वजह से आप की मानसिक प्रगति न हुई। (या फिर आसपास के लोग नकारात्मक थे, इस वजह से आप भी नकारात्मक हुए।) वो व्यक्ति या फिर उस घटना के वजह से आप की प्रगति growth नहीं हो सकी।

अगर ये लड़की दो महत्वपूर्ण परिस्थिति में ख़ुद का मानसिक स्वास्थ्य बढ़िया रख के किताब लिख सकती है। तब तो उसका work from home ऑफिस भी चालू था। उसकी जिम भी चालू थी। ससुराल मायका वो भी उसे देखना था। यूट्यूब पर उसका चैनल भी था। इतना सब वो ऐसे परिस्थिति में कर सकती है। तो सफलता किसी भी परिस्थिति में पा सकते है। उसी के साथ मानसिक स्वास्थ्य भी किसी भी परिस्थिति में हम पूरी तरीक़े से ठीक कर सकते है। आप भी ये कर सकते हो। आप कोई भी परिस्थिति में अपना मानसिक स्वास्थ्य पूरी तरीक़े से ठीक कर सकते हो।

ऐसे वातावरण में लगातार रहते हुए भी इसका परिणाम उसने ख़ुद के मन पर होने नहीं दिया। अगर उसे ये संभव हुआ तो आप को भी ये संभव है।

आसपास के वातावरण का ख़ुद पर उसने परिणाम होने नहीं दिया। ठीक वैसे ही आप भी आसपास के वातावरण का खप पर परिणाम हाईन मत देना।

❖ इस सब का मानसिक स्वास्थ्य से क्या संबंध है?

सेल्फ ग्रोथ आप के जीवन के हर एरिया में शारीरिक, मानसिक,आर्थिक,आपके सपने, आप के जीवन का कोई भी concern (प्रॉब्लम) हो। आप के जीवन में अभी जो भी प्रॉब्लम चालू है, वो । इस सब में आप को आप की प्रगति (growth) करनी है। इस सब में अपनी प्रगति करते समय इस सब के प्रति आप के विचार और भावना महत्वपूर्ण है। आप के विचार और भावना का डायरेक्ट संबंध आप के मानसिक स्वास्थ्य से होता है।

तो आप को आप के भावना पर ध्यान देना है। ध्यान मतलब आप के मन में कैसे भावनाये है, ये आप को चेक करना है। जैसे की चिंता, डर है या फिर आत्मविश्वास है, ख़ुद पर भरोसा है की, आप ये कर सकते हो।

ये सब भावनाये आप को check करनी है। संक्षेप में आप को आप के भावना के प्रति जागरूक रहना होगा।

इस भावना यदि खुशहाल होंगे, मतलब आप ने "feel good" कीज़। मतलब संक्षेप में

आप अपना भावनाओं में धीरे धीरे सुधर के "feel good" के पास लाया, तो इसका अर्थ ये होता है की मानसिक दृष्टिकोण से आप आप के जीवन हर विभाग में सुधार कर रहे हो। संक्षेप में आपको आपके जीवन के हर विभाग में "feel good"करना है और खुशहाल भावना में रहना है।

आप को मानसिक action लेना है। मानसिक एक्शन मतलब की आप का विश्वास (believe) होना चाहिए की आप को जो चाहिए वो घटित हो सकता है। आप ये कर सकते हो इस बात पर आप का विश्वास होना चाहिए। संक्षेप में आप के भावना खुशहाल, थैंकफुल, जिज्ञासा, प्रशंसा ऐसे होनी चाहिए।

हम इसे कह सकते है की, आप के जीवन के हर विभाग में आप भावनिक (इमोशनल) दृष्टिकोण से कैसे हो, ये आपको लगातार check करते रहना होगा। यदि आप जागरूक रहके लगातार अपने भावनाओं पर ध्यान दिया, तो बेशक आप के भावनाओं में सकारात्मक बदलाव हो सकता है और हा इसमें वैज्ञानिक साथ है।

जब हम किसी चीज को जागरूकता से देखते है, तब वो नकारात्मक, दुखी भावना दूर होने में मदद होती है। वो नकारात्मक, दुखी भावना की तीव्रता धीरे धीरे कम हो जाती है। इसे वैज्ञानिक पूर्तता है।

||Chapter का सारांश||

परिस्थिति कोई भी होने दो आप आप के मानसिक स्वास्थ्य का ज़रूर ख़याल रखेंगे, इसका जीता जागता उदाहरण सत्य घटना आधारित कहानी के माध्यम से हमने ये समझा है।

Section क

❧

Side Effects of Depression

१०.१२ Inferiority complex (ख़ुद को कम समझने की भावना) डिप्रेशन के वजह से हुआ?

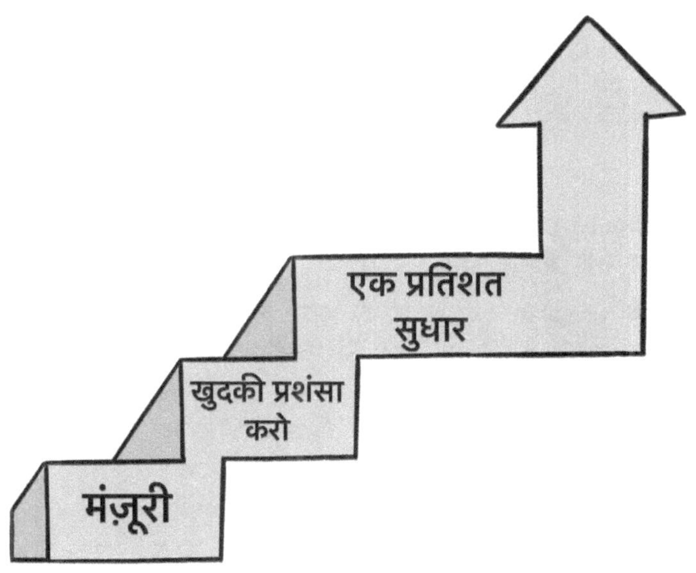

Inferiority complex से कैसे बाहर निकलना है? ये आप को समझ नहीं आ रहा है?

ये chapter शुरू करने के पहले मैं अपने readers को ये कहना चाहती हूँ की, डिप्रेशन की वजह से inferiority complex होना ये एक संभावना है। लोग अपना आत्मविश्वास गमा सकते है। ये एक संभावना है। ये सभी डिप्रेस व्यक्ति के साथ होगा ऐसा नहीं है। पर ऐसा हुआ तो क्या करना चाहिए? उससे बाहर कैसे निकालना चाहिए? उसके लिए ये chapter।

कई बार क्या होता है ना, जो लोग डिप्रेस होते है। उनको शुरू में ये महसूस नहीं होता की वो डिप्रेशन में है। पर जभीकाभी ये महसूस होता है, की वो डिप्रेशन में है। तो लगातार डिप्रेशन में रहने के वजह से उनको inferiority complex होता है।

डिप्रेसों होने के पहले जो कम वो सहजता से करते थे, वो काम डिप्रेशन होने के बाद करने में उनको कठिनाइयाँ महसूस होती है।

वो काम पहले जैसे मतलब डिप्रेशियो होने के पहले अभी क्यों सहजता से (easily) नहीं हो रहे है? क्यों कठिनता महसूस हो रही है? इस बात का उन्हें टेंशन आने लगता है। उस वजह से उनका जो ख़ुद पर भरोसा था वो आत्मविश्वास वो गामा बैठते है। ऐसे समय पर उनका आत्मविश्वास वापस लाना ज़रूरी है।

क्योंकि अब उनका दिनचर्या में (daily routine में) भी छोटे छोटे कम करते समय आत्मविश्वास कम पड़ने लगता है। उदाहरन के तौर पर: डिप्रेशन के पहले जो व्यक्ति कार सहजता से (easily) चला सकता था। लेकिन डिप्रेशन के बाद उसका आत्मविश्वास कार चलाने में भी हील जाता है। कार चलते समय एक्सीडेंट तो नहीं होगा ना ये डर उन्हें लगने लगता है।

या फिर

डिप्रेशन में जाने के पहले ऑफिस के काम वो सहजता से कर पाते थे। पर डिप्रेशन होने के बाद वही ऑफिस कम करते समय ज़्यादा वक्त लगने लगता है। और ऑफिस के हर दिन के काम करते समय आत्मविश्वास हील जाता है।

मैं आप को ये सब क्यों बता रही हूँ? ये सब बताने का कारण ये है की, डिप्रेशन में जो व्यक्ति होता है, उसकी ये हालत का उसके करीबी व्यक्ति को एहसास हो जाये, इस लिए इतना डिटेल में आप को ये सब बता रही हूँ।

"ये बस स्वभाव (nature) है, अब ये व्यक्ति over react कर रही है। अब ये व्यक्ति हद पार कर रही है" ये सब करीबी व्यक्ति को डिप्रेस व्यक्ति के बारे में ना लगे, इसलिए ये सब बता रही हूँ।

तो ऐसा समय पर डिप्रेस व्यक्ति पर गुस्सा ना कर के, उनका आत्मविश्वास बढ़ाने की ज़िम्मेदारी आपकी (डिप्रेस व्यक्ति के करीबी व्यक्ति की)।

"आप ये inferiority complex से बाहर निकल सकते हो। इस inferiority complex मूल कारण डिप्रेशन है। इसके पहले भी आप ने बड़े बड़े जहाग पर सफलता पायी है। तब किया था, तो

अब भी कर सकते हो। सिर्फ़ ख़ुद पर और आप जो भी करोगे उस पर भरोसा रखो।" ये बात का एहसास डिप्रेस व्यक्तों को लगातार दिलाइये।

❖ अब हम देखेंगे डिप्रेस लोग जिनको inferiority complex भी है। वो लोग inferiority complex से कैसे बाहर निकल सकते है। या फिर उनका आत्मविश्वास हम कैसे बड़ा सकते है?

◆ मान्यता acceptance

मान्यता ही वो पहली सीढ़ी है।

Acceptance is the first step to cure

आप को इस inferiority complex बाहर निकलना हो तो मान्यता acceptance ही वो पहली सीढ़ी है।

आप को ये एक्सेप्ट करना होगा की, "ठीक है, ऐसा कुछ हो रहा है की, डिप्रेशन में होने के वजह से थोड़ासा आत्मविश्वास कम हुआ है। ठीक है और इसका मूल कारण डिप्रेशन है। ये मैं एक्सेप्ट करता हूँ।"

जब भी आप ये एक्सेप्ट करते हो तो आप आधि लढ़ाई जीत जाते हो। और अपने कदम आत्मविशास मिलने के दिशा में बढ़ जाते है। इतना कुछ बड़ा नहीं हुआ है। इसके पहले भी यदि मैं सब चीजें सहजता से कर पाता था, तो अब भी कर पाऊँगा। सिर्फ़ आत्मविश्वास की देर है।"

ऐसे ख़ुद ही एक्सेप्ट कर के ख़ुद ही से बात कर लीजिए।

◆ ख़ुद की तारीफ़ करो

At least आप को डिप्रेशन के वजह से inferiority complex हुआ है, इसका एहसास तो हुआ है। कई लोगों को इसका एहसास भी नहीं होता। और एहसास न होने के वजह से वो लोग एक्सेप्ट नहीं कर सकते। एक्सेप्ट न करने के वजह से उनको मूल कारण ही पता नहीं होता। मूल कारण पता ना हो तो हम इस सब में से कैसे बाहर पड़ेंगे?

आप का तो ऐसा नहीं है। आप ने तो इस बात पर जीत हासिल की है। क्योंकि आप को इस बात का एहसास भी है और आपको ये ऐक्सेप्टेंस भी है की, आप डिप्रेशन में भी हो और उस वजह से आपको inferiority complex भी हुई है। तो ये दोनों चीजों (एहसास, ऐक्सेप्टेंस) के लिए ख़ुद कि तारीफ़ कीजिए। क्योंकि ये दोनों चीजों के बग़ैर आप ठीक नहीं हो सकते। इस लिए ये दोनों चीजें बहुत ही महत्वपूर्ण है।

उसकी तारीफ़ ये भी बहोत ज़रूरी है। तारीफ़ ये एक खुशहाल भावना है।

विज्ञान ये कहता है की "तारीफ़" ये खुशहाल भावना से आप आप की inferiority complex की तीव्रता (intensity) कम कर सकते हो।

- हर दिन १% इम्प्रूवमेंट कीजिए:

हर दिन आप ये तय कीजिए की, आप ख़ुद में १% इम्प्रूवमेंट करोगे। उदाहरण के तौर पर: हम जब ईस साल हिमाचल गये थे। तब ना हम सब ने सुबह ४ बजे उठाने का तय किया था। फिर हमने तय किया की हर दिन १% इम्प्रूवमेंट करेंगे:

- ✦ मतलब पहले दिन हम चार बजे उठ गये और मैडिटेशन किया। मैडिटेशन किया ये हमारी आज के दिन की १% इम्प्रूवमेंट।

- ✦ दूसरे दिन चार बजे उठ के मैडिटेशन कर के हम ने किताब पढ़ी। दूसरे दिन किताब पढ़ना ये आज के दिन की १% इम्प्रूवमेंट।

- ✦ तीसरे दिन ४ बजे उठ के किताब पढ़ के मैं किताब लिखने के लिए बैठी। तीसरे दिन किताब लिखना आज के दिन की १% इम्प्रूवमेंट थी।

ऐसा मैं हर दिन १% इम्प्रूवमेंट करते गये।

अब ये कहानी, ये उदाहरण आप अपने जीवन में use कर सकते है। यदि ऑफिस में या फिर किसी और जगह पर आप अपनी काम ठीक से कर नहीं पा रहे हो तो हर दिन ऐसा तय कीजिए की, " मैं मेरे काम में हर दिन १% इम्प्रूवमेंट करूँगी।"

- तारीफ़ कीजिए:

अभी आप हर दिन १% इम्प्रूवमेंट कर रहे हो। फिर आप ने जो भी १% इम्प्रूवमेंट की, उस के लिए ख़ुद की तारीफ़ कीजिए। जैसे हम पहले दिन सुबह ४ बजे उठ के मैडिटेशन किया इसलिए ख़ुद की तारीफ़ की, "वाँ, मैं इतनी सुबह ४ बजे उठी और मैडिटेशन भी किया। मैंने आज हर दिन से १% इम्प्रूवमेंट की। उसके लिए मुझे ख़ुद पर ही नाज है। I am proud of myself.wonderful.I am amazing."

दूसरे दिन हमेशा से १% ज़्यादा इम्प्रूवमेंट की। किताब पढ़ी। तो उसके लिए ख़ुद की तारीफ़ कीजिए।

तीसरे दिन किताब लिखना शुरू किया। और १% इम्प्रूवमेंट की। तो उसके लिए ख़ुद की तारीफ़ कीजिए।

मतलब जब जब १% इम्प्रूवमेंट तब तब ख़ुद की तारीफ़ करो। ऐसा करते करते यदि आप हर दिन १% इम्प्रूवमेंट करते जाओगे, तो एक दिन ऐसा ज़रूर आयेगा की आप पहले से भी बेहतर कम करोगे। क्योंकि यह पे जब भी आप १% इम्प्रूवमेंट कर रहे हो, तब वो इम्प्रूवमेंट करते वक़्त पूरी ईमानदारीसे आपका १००% देकर किया होगा। तो फिर यक़ीन कीजिए, सफलता ज़रूर मिलेगी। जो कम आप पहले easily कर पाते थे वो और ज़्यादा बेहतर करोगे।

- और इसके बाद कभी काम में गल्टू भी हुई या फिर गलती से कुछ करना रह गया हो, तो "ठीक है, Its okay."

(*Again accept it and solution* क्या हो सकता है इसकी और आप का ध्यान होना चाहिए।)

तो वो गलती एक्सेप्ट कीजिए और अब आप का पूरा ध्यान "solution क्या हो सकता है? उस पर होना चाहिए।

सुनो और आप को आज का दिन ख़ुशी से बोतना है। इस लिए शांति से और relax होकर solution की तरफ़ पूरा ध्यान दीजिए।

||Chapter का सारांश||

डिप्रेशन में जब लोग होते है तो कई बार उनमे inferiority complex होता है। तो उसमे से कैसे बाहर निकल सकते है, ये आसान तरीक़े से हमने इस chapter में देखा।

Section 5

Root Cause

१०.१३ ९९% मानसिक बीमारी का मूल कारण (root cause)

मैं आप को सत्य घटना के आधार पर अब कई कहानी सुनाती हूँ।

||कहानी १||

ये कहानी है पाँच साल के बच्चे की। उसका नाम था "आरंभ"। ये बचपन से ही बहुत ही होशियार था। उसे खेलना बहुत पसंद था। उसमे से क्रिकेट उसका मन पसंदीदा खेल था। टीवी पर भी कभी भी मैच होती तो, पूरे मन से मैच देखता था। उसी के साथ खूब मस्ती भी करता था।

एक बार ऐसे ही हमेशा की तरह वो उसके दोस्तों के साथ वो क्रिकेट खेल रहा था। एक दूसरा चोटसा बच्चा बैटिंग कर रहा था। आरंभ बोलिंग कर रहा था। और कई बच्चे फ़ील्डिंग कर रहे थे।

आरंभ ने बॉल हात में बॉल था। और जैसे की वो टीवी पर देखता है, बोलिंग करते समय हात कैसे गोल गोल घुमाते है, और फिर बॉल बात की और छोड़ते है ठीक वैसे ही उसने बॉलिंग

की। आरंभ ने जैसे बॉल बैट के तरफ़ छोड़ा फिर बॉल ठीक बैट पर लगा।

वैसे बॉल थोड़ासा दूर गया। आरंभ भी बॉल लेने बॉल की तरफ़ दौड़ा। और बाक़ी भी फ़ील्डर्स थे वो भी बॉल की तरफ़ दौड़े। सब का पूरा ध्यान सिर्फ़ बॉल के तरफ़ था।

दौड़ते समय आरंभ और एक फ़ील्डर करने वाला बच्चा एक दूसरे को टकरा गये। फ़ील्डर करने वाला बच्चा हात के कोनी के ऊपर ज़ोर से गिर गया। गिरते ही उसके हात से थोड़ासा खून भी निकला । और फिर वह बच्चा रोने लगा।

यहाँ पर आरंभ भी गिरा पर उसको ज़्यादा लगी नहीं। दोनों गिरने के बाद सभी बच्चे खेल छोड़ के भाग के इन दोनों के पास आ गये।

रोने की आवाज़ सुनके उस बच्चे की माँ भी भाग के आ गई।

"अरे क्या हुआ, कैसे लगा?"माँ ने उस बच्चे से पूछा।

उसकी माँ ने बच्चे को गले लगाया और फिर से घर भाग के first aid kit और पानी ले के आयी। उसकी माँ ने जैसे ही उसे पानी दिया, वैसे उसने रोते रोते ही पानी पिया।

"बेटा रोते नहीं, आप स्ट्रॉंग बॉय हो ना।"

उसकी माँ ने धीरे से ज़ख़्म पर फुँकर मारी। धीरे से कपड़े से जहां पे लगा था वहाँ डेटोल लगा के क्लीन किया। और फिर bandage पट्टी लगायी।

फिर उसके माँ ने उसे पूछा, "बताओ क्या हुआ?"

जैसे ही उसके माँ ने पूछा वैसे ही उसने रोते रोते उस बच्चे ने आरंभ के तरफ़ उँगली दिखायी।

वैसे उसकी माँ गुस्से से पूरी बात ना सुन के आरंभ को आरंभ के माँ पापा से आरंभ की कंप्लेन करने लेके गई।

शाम का वक़्त था। आरंभ के माँ पापा just ऑफिस से घर आये थे। उसके माँ को ऑफिस में काम का बहुत ही प्रेशर था। उस वजह से वो पहले से ही डिस्टर्ब थी।

उसी दरवाज़े की बेल बजी। उस बच्चे की माँ ने दरवाज़े खोलती ही तुरंत कहा, "आरंभ की मम्मी जी, आरंभ की मस्ती कितनी बढ़ गई है। आरंभ ने आज तो हद ही पार की। आरंभ ने मेरे बच्चे को गिराया। कितना लगा है मेरे बच्चे को। अभी उसको बैंडेज लगा के आयी हूँ।"

ये सब सुनती ही आरंभ की माँ ने पहले तो आरंभ की पीठ पर ज़ोर से सब के सामने मारा। वहाँ पर सब बच्चे भी थे। वैसे आरंभ रोने लगा। एक तो माँ ने सब के सामने मारा ऊपर से पूरी बात तो सुनी ही नहीं। उसे एक बार भी पूछा नहीं की हुआ क्या था। इस वजह से आरंभ को बहुत ही बुरा लगा।

आरंभ की माँ ने पहले तो आरंभ का हात पकड़ के उसे बेड रूम की और लेकर गई। बेडरूम की लाइट बंद कर दी और आरंभ को बेड रूम में रखा और बेड रूम का दरवाज़ा बंद कर दिया। बेडरूम का द्रवाजा बाहर से लॉक कर दिया।

आरंभ अंधेरे से बहुत ही डर गया। पूरे बेडरूम में अंधेरा देख कर दर से पेट में मानो डर से कुछ महसूस हुआ। "मम्मी, दरवाज़ा खोलिए, दरवाज़ा खोलिए ना"

ऐसा बोलकर राइन लगा।

पूरा १घंटा उसे अंधेरे में रखा गया। डर से उसे चक्कर भी आ गई।

१ घंटे के बाद जब उसके पापा ने दरवाज़ा खोला। तब उनको लगा की आरंभ सो गया।

इस दिन के बाद जब भी आरंभ मस्ती करता था या फिर उसकी कोई भी कंप्लेन लेकर आता था, तब उस की पनिशमेंट यही रहती थी। उसे अंधेरे बेडरूम में बंद कर देते थे। ये पनिशमेंट आरंभ को उसके आयु के १०-१२ साल दी गई।

अब आरंभ २२ सक का हो चुका है। उसे आज अंधेरा का, बंद जगह का फोबिया है। लिफ्ट में वो कभी भी अकेला जा नहीं सकता था। लिफ्ट में कोई साथ हुआ तो ही वो जाता था,वरना नहीं जाता था। आरंभ अब उसकी कोई भी बात अपने ख़ुद के मम्मी पापा को बताने से डरता है। एक प्रकार का दर उसके मन में अपने ही माता पिता के प्रति डर बैठ चुका था।

।।कहानी २।।

ये कहानी है ५ साल के ओवी की। ओवी पढ़ाई में बहुत ही होशियार थी। वो सबकी लाडली थी। वो बहुत बोलती थी। स्कूल में ज़्यादा बोलने की वजह से उसको punishment मिलती थी।

एक बार तो टीचर सिखाते समय वो गॉसिप कर रही थी। फिर टीचर ने उसे ब्लैक बोर्ड के पास बुलाया और पूरे क्लास के सामने जो पहले poem सिखायी थी, वो बोलने को कहा।

सबके सामने उसको वो पोएम नहीं बोल पायी। उसका सब के सामने बोलने का पहला अनुभव था.

तब टीचर ने उसे डाटा की, "चालू क्लास में गप्पे लढ़ाना तुम्हें आता है। अभी सब के सामने बोलके दिखा। अब क्यों नहीं ज़बान से एक भी शब्द नहीं निकल रहा है? अब जब जब तू गॉसिप करेगी तब तब यहा पर ब्लैकबोर्ड के सामने आने का और सबके सामने कविता बोलके दिखानी की।"

तब क्लास के सारे बच्चे हँसने लगे। और टीचर ने भी उसे एसबी के सामने डाटा था।

इतनीसी पाँच साल की बच्ची। उसका सब के सामने बोलने का ये पहला ही अनुभव था। उसमे उसको टीचर ने डेटा और ऊपर से सब बच्चे हास पड़े।

उसका स्टेज पर बोलने का आत्मविश्वास जा चुका था।

इस वजह से वो कभी भी स्टेज पर जा के बोल नहीं पायी। आज उसकी आयु २५ है। पर आज भी जब जब वो स्टेज पर जाती

है, तब तब उसे ये घटना याद अति थी। और वो दर जाती थी। उसके एमयू से एक भी शब्द नहीं निकलता था।

||कहानी ३||

अनुष्का इसका आयु २७ था। वो शादी करने के लिए तैयार नहीं थी। शादी के बारे उसके मन नफ़रत भारी पड़ी थी।

क्योंकि बचपन से ही अनुष्काने उसके माँ पापा की लगातार झगड़े देखे थे। माँ पापा जब जब झगड़ने लगते थे तब तब वो डर जाती थी। क्योंकि तब वो बच्ची थी। जैसे जैसे वो बड़ी होती गई, शादी ये संकल्पना उसे झूठी लगनी लगी। क्योंकि बचपन से माँ पापा के झगड़े देखते देखते ही वो बड़ी हुई थी। वही झगड़े उसके मन में गहराई में दब गये थे। शादी मतलब झगड़े ये उसके दिमाग़ में बैठ गया था।

इसलिए शादी नाम का रिश्ता ये खूबसूरत भी हो सकता है, इसपर उसका विश्वास उठ चुका था।

||कहानी ४||

पूर्वी की आयु २५ साल है। पूर्वी आज ख़ुद का एक भी डिसीजन नहीं ले पाती। डिसीजन लेने के लिए उसको ख़ुद पर और ख़ुद के क़ाबिलियत पर भरोसा ही नहीं है।

जब वो बच्ची थी। तब उसके सारे डिसीजन उसके माँ पापा लेते थे। छोटे छोटे चीजों के लिए भी उसके माँ पापा ही उसके लिए डिसीजन लेते थे। इसलिए बचपन से ही किसी के ऊपर निर्भर रहने की उसकी आदत ही हो चुकी थी।

इतन की अब चोटेकोट चेजोंके लिए भी वो डिसीजननहीं ले पाती थी।

||Chapter का सारांश||

ये सब कहानियाँ सुनाने का कारण ये है की, ९९% लोगों का हर प्रॉब्लम का मूल कारण ये बचपन में ही मिलता है।

माँ पापा ने, टीचर्स ने ये महत्वपूर्ण बात ध्यान में रखनी चाहिए की, आप जैसे बच्चों से और बैचों के सामने बर्ताव कर रहे हो उसका परिणाम उनके मन पर गहरा असर होता है। और फिर बड़े हो जाने पर किसी फोबिया के रूप में या फिर किसी शारीरिक या फिर मानसिक बीमारी के रूप में दिखने लगता है।

इसलिए कभी भी आप के बच्चे आप की सुन नहीं रहे हो,

या फिर बच्चे जब मस्ती कर रहे हो,

या फिर ख़ाना नहीं खा रहे हो,

पढ़ाई नहीं कर रहे हो,

तो गलतीसे भी उनके मन में डर मत डालो। कई माँ पापा ऐसे करते है। जब बच्चे उनकी सुनती नहीं। तो फिर वो उनके बच्चों को किसी भी प्रकार का डर डालते है। जैसे की उदाहरण की तौर पर:

- अगर बच्चा ख़ाना नहीं खा रहा हो। तो माँ डर दिखाती है की, "ख़ाना खाओ नहीं तो चम्मच गैस पर गरम कर के चटका दूँगी।"

- अगर बच्चा मस्ती कर रहा हो, कई बार माँ या फिर पापा उसे अंधेरे खोली में अकेले को बंद कर के रखते है।

- अगर बच्चा ज़्यादा मीठा खा रहा हो तो, मीठा खाओगे तो पेट में बड़ा सा कीड़ा हो जाएगा।

- अगर बच्चा ख़ाना नहीं खा रहा है तो, ख़ाना खाओ नहीं तो बड़ा सा राक्षस आयेगा हा। और आप को खा जाएगा।

वो बच्चा छोटा होता है, तो आप के बातों पर तुरंत विश्वास रखता था। डर की भावनाये उस के मन में घर कर के रहती है। और ये भावना सिर्फ़ उसी वक्त के लिए नहीं होती, तो हमेशा के लिए उसके ब्रेन में store हो जाती है। वो हर याद भावना के साथ उसके ब्रेन में स्टोर होता है। ये बात हर माँ पापा और टीचर को पता होना चाहिए।

ऐसे प्रकार का डर उनके मन में गहराई से बच्चों के और भीतर चला जाता है। और ये डर किसी ना किसी रूप में बीमारी के रूप में बाहर आ सकता है। और इस बात को विज्ञान ने सिद्ध किया है।

पर इस का अर्थ ऐसा नहीं है की, बच्चों को हम चार अच्छी बाते नहीं समझायेंगे। समझाने का भी एक सही तरीक़ा होता है।

इसका मतलब ये भी नहीं की, मैं आपको ऐसा बोल रही हूँ की हर बार अपने बच्चे को बाबू, शोना कहना है।

तो बचपन से ही उन्हें सक्रात्मकता, सही सोचने का तरीक़ा, मैडिटेशन करने की आदत लगानी होगी। chapter १०.९ में दिये गये आदते आप अपने बच्चों को बचपन से ही लगा सकते है।

छोटे बच्चों पर उनके माँ पापा का,उनके आसपास के दोस्त, टीचर्स का परिणाम होता है। उसी के अनुसार उन बच्चों की राय बन रही होती है। बच्चों के मानसिक स्वास्थ्य पर इसका गहराई से परिणाम होता है।

इस लिए बच्चों के सामने कृपा कर के माँ पापा झगडा मत कीजिए।

आप (जो माँ पापा है) आप के ऑफिस के टेंशन फ़्रस्ट्रेशंस अपने बच्चों पर मत निकले। टीचर ने भी अपने काम के प्रेशर का फ़्रस्ट्रेशन बच्चों पीरी ना निकाले।

आप ने की होई कोई एक शिक्षा, बच्चों को आगे जाके फोबिया के स्वरूप में आ सकती है। ये ध्यान में रख के बच्चों से सही बर्ताव करना चाहिए।

बच्चों के सभी डिसिजन आप मत लीजिए। नहीं आटो आगे जाके बच्चे आप पर निर्भर हो सकते है। और वो ख़ुद का डिसिजन ख़ुद नहीं ले सकते।

आप या फिर ऐसा कर सकते हो की आप आप के बच्चों को २, ३ पर्याय दे सकते हो और उनमें से कोई एक पर्याय उनको सीलेक्ट करने को बोलिये। इससे क्या होगा की वो ख़ुद के बुद्धिमत्ता से जब एक पर्याय सीलेक्ट करेंगे तो उनकी डिसीजन लेने की आदत

लगेगी। बार बार आप ये मत बोलिये की, "आप छोटे हो। आप को कुछ नहीं समझेगा।" उलटा वो छोटे है इसलिए उनकी आप राय पूछ लीजिए। ताकि उनको बचपन से ही ख़ुद की राय अच्छी तरीक़े से आत्मविश्वास से बताने की आदत बचपना से ही लगे। उतना उनमें आत्मविश्वास भी निर्मित होगा।

छोटे बच्चे ये एक बड़ी ज़िम्मेदारी है। यदि आप ये ज़िम्मेदारी लेने के लिए तैयार है तो ही बच्चा कीजिए।

सिर्फ़ बच्चा पैदा किया मतलब हो गया ऐसा नही है। उनके पूरे जीवन का सवाल होता है। क्योंकि हर मानसिक बीमारी का मूल कारण बचपन में ही मिलता है। बचपन के संस्कार बच्चों का बड़े होने पर सफल भवितव्य बनती है और बच्चों से अनजाने में हुए ग़लत संस्कार बच्चों को मानसिक बीमारी,डिप्रेशन की और ले जा सकती है।

(टिप्पणी : ग़लत संस्कार का उदाहरण: बच्चों को बार बार नालायक बोलना, बच्चों के सामने पैसों वालों की बुराई करना, बच्चों के क़ाबिलियत पर शक करना।)

एक बार बच्चा पैदा हो जाने के बाद उनपर अच्छे संस्कार करना ये हर माता पिता की ज़िम्मेदारी है। क्योंकि माता पिता बच्चों के आख़िरी सास तक शिस्क्षक होते है। सही विचारों से समृद्ध करने वाले शिक्षक होते है।

बच्चा रो रहा है, ख़ाना नहीं खा रहा है, बच्चा मस्ती कर रहा है, सुन नहीं रहा है। इस लिए बच्चों के हाट में यूट्यूब देकर चुप कराने वाले कई माँ पिता होते है। आप के बच्चों के मानसिक स्वास्थ्य की ज़िम्मेदारी आप को लेनी ही होगी। इस लिए आप को बच्चों के बचपन से ही सही संस्कार करने ही होंगे। और वैसे ही आप को बच्चों से बर्ताव करना होगा।

Section इ

तणावात असलेल्या व्यक्तीच्या चुकीचं पाऊल

१०.१४ कृपा कर के ऐसी मूर्खाता मत किजिय, यादी ऐसा करोज तो आप की मानसिक बिमारी और ज्यादा बढेगी

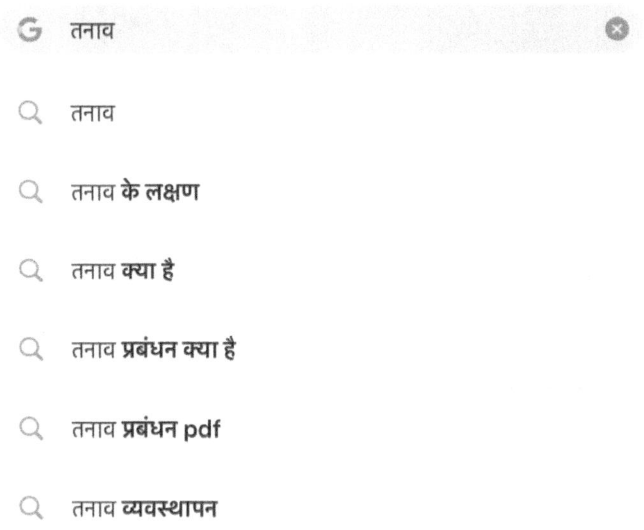

G तनाव ⊗

Q तनाव

Q तनाव **के लक्षण**

Q तनाव **क्या है**

Q तनाव **प्रबंधन क्या है**

Q तनाव **प्रबंधन** pdf

Q तनाव **व्यवस्थापन**

भाग १

❖ अब हम देखेंगे, "शरीर को जो भी बीमारी हुई है की, उसका मूल कारण "मानसिक तनाव" है", ये बात शिक्षित लोग मानते है की नहीं?

तो इस सबके कई जवाब है। वो क्या क्या है, ये हम एक एक कर के देखेंगे:

1) कई बार शरीर के बीमारी का मूल कारण "मानसिक तनाव" होता है। कुछ शिक्षित लोग इस बात को पूरी तरह से इंकार कर देते है। फिर शुरू होता है, इनका ख़ुद डॉक्टर होने का सफ़र। फिर ये लोग इंटरनेट पर धुंडते है की:

a. ये बीमारी उनको क्यों हुई?

b. ये बीमारी उनको किस वजह से हुई?

c. फिर वो पूरे शरीर के रिपोर्ट्स निकलते है।

d. फिर उनको ऐसे भी लगने लगता है की, उनको कुछ बड़ी गंभीर बीमारी हुई है जैसे की ब्रेन ट्यूमर।

e. फिर उनको डर लगने लगता है।

f. फिर उनका डर फ्रस्ट्रेशन में रूपांतरित (convert) होता है।

g. फिर जब उनके रिपोर्ट में उनको समझता है कि, उनके शरीर के बीमारी का मूल कारण डिप्रेशन है।

h. अब तो उनको डॉक्टर से भी कन्फर्म पता चलता है की,उनके बीमारी का मूल कारण ये डिप्रेशन है, तो वो फिर से सब research करते है।

i. फिर उनको इंटरनेट पर मिलता है की, उनको जो शरीर बीमारी हुई है वो कौन से प्रकार के मानसिक डिप्रेशन के वजह से हुई है। डॉक्टर ने तो पहले से ही बताया है। तो फिर finally उनका विश्वास हो जाता है की, उनके शरीर के बीमारी का मूल कारण ये डिप्रेशन है।

2) अब दूसरा scenario देखते है। ये लोगों का विश्वास नहीं होता है की, शरीर में बीमारी हुई है उसका मूल कारण -डिप्रेशन है। उदाहरण के तौर पर यदि किसी को त्वचा पर (skin पर) काले काले spots आना शुरू हुआ हो।

डिप्रेस व्यक्ति के बर्ताव के बदलाव उनके करीबी व्यक्ति को महसूस होने लगता है। उसी बदले हुए बर्ताव को पहचानकर जब करीबी व्यक्ति डिप्रेस व्यक्ति को ये समझाता है की, डिप्रेशन के वजह से ऐसे ही स्किन ख़राब हो जाती है।

पर इनको कितना भी समझाने का प्रयास किया की ये शरीर की बीमारी डिप्रेशन की वजह से हुई है। तो भी इनका विश्वास नहीं होता है की ये सब डिप्रेशन के वजह से हो रहा है। कई बार तो डिप्रेस व्यक्ति के परिवार को भी

इस बात पर विश्वास नहीं होता है। इस वजह से इनकी मानसिक और शरीर दोनों की बीमारी बढ़ती जाती है।

सच में ये सब डिप्रेशन के वजह से हो रहा है क्या? कम से कम ये सुनिश्चित (confirm) करने के लिए तो डॉक्टर के पास जाना चाहिए, ऐसा एक ख़याल भी इनके दिमाग़ में नहीं आता।

ये लोग इस बारे में ना तो इंटरनेट पर search करते है ना ही कोई research करते है और ना ही ये कन्फर्म करने डॉक्टर के पास जाते है। तो ये लोग वैसे ही उसी परिस्थिति में रहते है। क्योंकि इनका विश्वास ही नहीं होता है की ये सब डिप्रेशन के वजह से हो रहा है। इनको मूल कारण पर ही यक़ीन नहीं तो ये लोग उपचार कैसे करेंगे?

3) तीसरा scenario: हा ये लोग शिक्षित होते है और ये लोग ये बात को मानते है की, इनके शरीर के बीमारी का मूल कारण "डिप्रेशन" है। इनका इस पर भी यक़ीन होता है की मानसिक बीमारी का शरीर पर असर होता है। फिर ये लोग इस सब से साहिसलमत बाहर कैसे बाहर निकल सकते है, कैसे हील कर सकते है, इस पर वो पूरा ध्यान देते है।

❖ अब हम देखते है की, जो सुशिक्षित लोग जिनको पहले इस बात पर यक़ीन ही नहीं था की, उनके शरीर के बीमारी का मूल कारण "डिप्रेशन" है। पर जब डॉक्टर के रिपोर्ट निकालने के बाद डॉक्टर ख़ुद बताते है की, आप के शरीर के बीमारी का मूल कारण "डिप्रेशन" है। फिर वो इंटरनेट पर ढूँढते है, फिर वहाँ भी उनको यही समझता है की ये सब डिप्रेशन की वजह से हुआ है। ऐसे समय पर शिक्षित लोग कैसे बर्ताव करते है:

• इन लोगों के सभी रिपोर्ट्स MIR से ले के सब पूरे शरीर के रिपोर्ट नार्मल आते है। पर उनको ये भी कन्फर्म होता है की ये शरीर की बीमारी डिप्रेशन के वजह से हुई है।

- सब से पहले तो ये लोग चिढ़ते है की, "मुझे ही ये सब कैसे हो सकता है?" या फिर "मेरे साथ ही ऐसे क्यों होता है?"

- फिर इनको डर लगने लगता है। क्योंकि इनके बीमारी का मूल कारण "डिप्रेशन" है।

- "फिर मैं ईसा सब से बाहर कब पड़ूँगा?", "कितना वक़्त लगेगा इस सब से बाहर पड़ने के लिए?", "कैसे बाहर पड़ सकते है?", इस सब सवाल उनके मन में उभरने लगते है। इन सारे सवालों के वजह से उनका डर और भी ज़्यादा बढ़ जाता है।

- फिर शुरू होता है.... इन लोगों का ख़ुद डॉक्टर बनने का सफ़र। मतलब अब इनके शरीर में जो भी बीमारी के लक्षण होते है। इन लक्षणों से ये कौन से प्रकार का डिप्रेशन है? कौन से प्रकार की anxiety है? ये सब वो लगातार इंटरनेट पर ढूँढते और पढ़ते रहते है।

- फिर ये लोग जिन लोगों को अलग अलग प्रकार के डिप्रेशन हुए है, उन लोगो की सच्ची कहनिया सुनने या फिर पढ़ने लगते है। ये कहानियाँ भी ये लोग लगातार सुनते, ढूँढ़ते रहते हैइस वजह से इन लोगों का डर और भी ज़्यादा बढ़ जाता है।

आप सब को वो कहावत पता है? "जिस गाँव जाना नहीं है, उस गाँव का पता क्यों ढूँढना है?"

क्यूँकि ऐसा सब बर्ताव कर के, ये डिप्रेस लोग जिस गाँव जाना नहीं है, उस गाँव का पता ढूँढ रहे है।

अरे आप लोगों को पूरी तरीक़े से स्वस्थ होना है ना? फिर आप के शरीर में जो भी बीमारी के लक्षण दिख रहे है, वो लक्षण किस प्रकार के डिप्रेशन के वजह से हुए है, ये जानकार आप को क्या मिलेगा? इतना ही नहीं वो और भी गहराई में जाते है, इस प्रकार के डिप्रेशन के वजह से और कौन कौन से शरीर की बीमारी होना संभव है? पहले से ही जिन लोगो में ऐसे शरीर की बीमारी

हो चुकी है, उनके इस बीमारी का मूल कारण कौन से प्रकार का डिप्रेशन है? डिप्रेशन के और कौन कौन से प्रकार होते है? कौन से प्रकार के डिप्रेशन के वजह से कौन से प्रकार की शरीर और मन कि बीमारी होती है? anxiety के कौन कौन से प्रकार होते है? कौन से प्रकार के anxiety के वजह से कौन से प्रकार की बीमारी होती है?

ये सारे चीजें आप इंटरनेट पर क्यों ढूँढ रहे हो? जितना आप बीमार के बारे में, बीमारी के लक्षणों के बारे में, डिप्रेशन के प्रकार के बारे में, जिनको पहले से ही ये सब हुआ है उन सब की दर्द भारी कहानिया लगातार सुनोगे, उतनी आप की बीमारी बढ़ती जाएगी।

उदाहरण के तौर पर ये मतलब ऐसा हुआ...आप को ग़रीबी नहीं चाहिए और आप सब जगह पर ग़रीबी के बारे में ढूँढ रहे हो। ग़रीबी के बारे में और भी गहराई से ढूँढ रहे हो। आप को आमिर होना है ना? तो ग़रीबी के बारे में information ढूँढ के कैसा चलेगा?

क्योंकि डॉ जो डेस्पेंज़ा के अनुसार जहां भी आप ध्यान दोगे, वहाँ आप अपनी शक्ति use कर रहे हो। जहां आप का ध्यान जाएगा, वहाँ आप अपनी एनर्जी use कर रहे होते हो, वो चीजें आप के जीवन में बढ़ते जाते है। जिसे विज्ञान ने भी सिद्ध किया है।

उदाहरण की तौर पर: अगर आप को पैसा चाहिए, पर यदि आप का पूरा ध्यान:

- पैसा पूरे महीने भर जितना चाहिए उतना नहीं होता हो, और तुरंत ख़त्म होता हो

- या फिर आप के पास पैसों की कमी लगातार रहती हो।

ये दोनों चीज पर हो तो, आप की पैसों की कमी ही बढ़ती जाएगी।

where your attention goes

there your energy flows

and

where your energy flows

that things grows

अभी आप ही मुझे बताइए की, आप का ध्यान बीमारी से ठीक होना है इस बात पर है या फिर और कौन कौन सी बीमारी डिप्रेसोइन के वजह से हो सकती है, इस बात पर है?

अभी आप ही मुझे बताइए, यदि आप लगातार इंटरनेट पर डिप्रेशन के बारे में ढूँढते रहोगे तो क्या बढ़ेगा? डिप्रेशन ही बढ़ेगा ना? ऐसा सब आप इंटरनेट पर बार बार ढूँढोगे तो, आप को हुई बीमारी के बारे में डर ही बढ़ेगा ना?

इस लिए मैं आप को बोल रही हूँ कि, कृपा कर के (for god sake) आप ये सारे चीजें लगातार ढूँढ के ख़ुद डॉक्टर मत बनिये। इससे अच्छा आप जो लोग डिप्रेशन से सही सलामत बाहर निकले उनकी कहानी ढूँढे। पर उसमे भी उन लोगों की शुरू की दर्द भरी कहानी skip करो, बाद में जब ठीक हो गये वो कहानी सुनो। क्योंकि जिधर ध्यान दोगे वो चीज बढ़ती जाएगी। इसी लिए यदि आप बीमार हो तो, बीमारी की information मत collect कीजिए।

इस chapter में हम ने क्या क्या नहीं करना चाहिए ये तो देख लिया। पर आप को क्या करना चाहिए? ये हम देखेंगे आगे के chapter में देखेंगे।

||इस chapter का सारांश||

जब हम बीमार होते है तो हम डॉक्टर के पास जाकर दवाई लेते है। पर आप ने कभी सोचा है क्या? शरीर के बीमारी का मूल कारण क्या है? तो कई बार इसका मूल कारण डिप्रेशन होता है। इस मूल कारण पर कुछ लोग विश्वास करते है। कुछ लोग विश्वास नहीं करते। आप यक़ीन करे या ना करे पर विज्ञान इस बात की गवाई देता है। फिर भी कई शिक्षित लोग इस बात पर विश्वास नहीं करता है और ढेर सारी ग़लतिया कर बैठता है।

कई लोग ग़लत imformation अपनी बीमारी के बारे में ढूँढ के ख़ुद ही डॉक्टर बनने जाते है। इस बारे में अलग अलग पैलू हमने इस chapter में देखे है।

भाग २

१) यू ही बिना कारण.....

मै मानसिक स्वास्थ्य के बेयर मी लॉगन को मार्गदर्शन करती हूँ। बचपन से बड़े होने तक जीवन अलग अलग पड़ाव में कई घटनाओं का मन और शरीर के स्वास्थ्य पर असर होता है। कई लोगों का उनके जीवन के इस समय जो भी प्रॉब्लम चालू है, उसका असर उनके मानसिक स्थिति पर हो के वो शरीर के बीमारी की और बढ़ने लगते है। इन सबमें से बाहर पड़ने के लिए और उनका मानसिक स्वास्थ्य और स्वस्थ रहे इसलिए मुझसे मार्गदर्शन (guidance) लेते है।

ऐसे मेरे कई स्टूडेंट्स है। उनमें से एक जो स्टूडेंट है वो recently मेरे पास आयी थी।

उसकी पूरी कहानी सुनने पर मुझे महसूस हुआ की, उसका overall सब तो ठीक चालू था। वो यूही छोटी छोटी बातों पर शिकायत करा के खुद का दिमाग खराब कर के लेती है। और लगातार ऐसे ही negative सोचने के वजह से वो डिप्रेशंकी और आगे बढ़ रही थी।

कुछ लोगों का सबकुछ बढीया होता है। बढ़िया जीवनसाथी, प्यारासा बच्चा, घर में कम करने के लिए नौकर। फिर भी उनमें चिड़चिड़ापन होता है। सबकुछ अच्छा होते हुए भी बोलते है ना, वो यूही छोटे छोटे बात पर शिकायत करते रहते है, कमियाँ निकालते रहते है। जैसे की, आज कामवाली बाई देर से आयी,बच्चे ने पढ़ाई ही नई की। जब जब बच्चे को टीचर डाँटती थी। तब तब बच्चा खाना ही नहीं खाता था। पहले कक्षा में था उसका बच्चा। पर बच्चा बहुत ही होशियार था।

कभी भी पति के साथ बाहर घूमने जाना होता था, तब हमेशा उसका पति देर कर देता था। उसको late करने वाले और देरी से आने वाले लोगों पर चिड़चिड़ापन होता था।

वो ऑफिस में भी बड़ी अफ़सर (officer) थी। ऑफिस में उसके under काम करने वाले लोग भी एक थे। पर काम में minor मिस्टेक जो कम priority वाली हो। तो भी इसे सहन नहीं होता था। ऑफिस में भी देरी से आने वाले कई लोग थे। तब तो इसका चिड़चिड़ापन और बढ़ता था। क्योंकि उसे सब चीज परफ़ेक्ट ही लगती थी।

उसके जीवन में छोटी छोटी चीजें थी। जो वो हैंडल कर सकती थी। यही छोटी छोटी चेज़ वो हैंडल नहीं कर पायी इसलिए वो डिप्रेशन की और गई।

बच्चा पढ़ाई नहीं करता था। इसलिए वो बच्चे को डाटती थी। तब उसका गुस्सा बढ़ जाता था। क्योंकि बच्चे ने पढ़ाई नहीं की तो बच्चे को टीचर भी डाँटती थी। और टीचर डाटने पर बच्चा

ख़ाना नहीं खाता था। बच्चा ख़ाना नहीं खाने से उसका चिड़चिड़ापन बढ़ता था।

उसके बाद मैंने उसे solution दिया। वो solution लगातार करने से उसकी जीवन सरलता से और अच्छे से चलने लगा। वो solution क्या है, ये हम आजिये तात्पर्य में देखेंगे।

<h2 style="text-align:center">।।तात्पर्य।।</h2>

1) सबसे पहली बात तो ये थी की उसमे कृतज़ता (thankful) रहने की कमी थी।

उसके पास अच्छा परिवार, अच्छा पति, प्यारासा बच्चा था। वो ऑफिस में बड़ी अफ़सर थी। पर इन सब में उसका ध्यान कहा ओर था? छोटी छोटी शिकायतों पर और इन्ही लगातार किए जाने वाले शिकायतों के वजह से वो ख़ुद परेशान रहती थी।

मैंने उसे हर दिन १५ मिनट पूरे दिल से उसके पास पास जो जो चीजें है उसके लिए थैंकफुल रहने के लिए कहा।

2) जब जब उसे उसके ऑफिस में काम करने वाले लोगो से छोटी से मिस्टेक होने पर या फिर देर से आने पर, या फिर उसके बच्चे ने पढ़ाई न करने पर या फिर बच्चे ने ख़ाना ना खाने पर, पति के देरी से आने पर या फिर देर करने पर तब तब डाँटने की या समझाने की आवश्यकता होती थी, तब मैंने उसे एक सही और आसान तरीक़ा बताया। मैंने उसे बताया की, जब जब आप को दूसरो को समझाने या डाँटने का समय आय तब आप स्ट्रिक्टली समझाइए। पर वो समझते समय आप ख़ुद के मन को तकलीफ़ नहीं पहुँचायेंगे। ये पहले आप तय कीजिए। इस बात का ख़ुद को वादा कीजिए। यूही दुसरोंकों समझते वक़्त ख़ुद को क्यों परेशान कर रहे हो? ऑफिस में काम करने वालों को आप गंभीरतासे स्ट्रिक्टली बोल सकते हो। पर ऐसा करते समय ख़ुद को परेशान करने के बजाय ख़ुद की तारीफ़ कीजिए की, atleast आप को एहसास तो हुआ

की आप ख़ुद को छोटी बातों से तकलीफ़ देते थे। ये बात का आपको realisation भी हुआ। और आप ने इस बार ख़ुद को तकलीफ़ पहुँचाये बिना परिस्थिति बड़ी आसानी से सरलता से हैंडल की। आप ने बड़ी अच्छी तरीक़े से आप के पर्सनल और प्रोफेशनल लाइफ में पति बच्चे और स्टाफ को समझाया।

संक्षेप में दूसरो को समझते समय आप ने ख़ुद के दिमाग़ और मन को तकलीफ़ नहीं पहुँचायी। मन में चिड़चिड़ापन या फिर ग़ुस्से को जगह नहीं दी। पर उसी समय सामने वाले इंसान को गंभीरतासे समझाया भी। इन दोनों चीजों का बैलेंस आप को करने आया। इस बात के लिए ख़ुद की तारीफ़ कीजिए।

3) स्वयंसूचना: (affirmation)

"मेरे बच्चे को सब अच्छी आदते है। वो हमेशा हर दिन दिल से पढ़ाई करता है। मेरा पति हमेशा वक्त पर आते है। मेरे ऑफिस के सभी लोग समय पर काम करते है और उनके काम में क्वालिटी होती है। मैं हमेशा खुशहाल और सही मन के स्थिति में होती हूँ।"

अपने परिवार के बारे में या फिर अपने ऑफिस में काम करने वाले लोगों के बारे में शिकायत करने के बजाय ऐसा बोलना चालू कीजिए।

PS: अपने शब्दों में इतनी ताक़द होती है की हम अपने शब्दों से दूसरों को भी बदल सकते है। यहीं कीजिए और ये कर के देखिए। अपने शब्दों से दूसरों को बदलने के बारे में मैंने मेरे गुरू अंजना रिटोरिया जी से सीखा। कई लोगों को ये सवाल होगा की दूसरों को कैसे बदल सकते है। तो आप को दूसरे लोग जैसे चाहिए, उनका कैसा सकारात्मक बर्ताव चाहिए, वैसे sentence बना कर बोलने लगिये। उदाहरण के तौर पर जैसे मैंने अभी उसे अपने पति, बच्चे और ऑफिस स्टाफ के लिए बना के दिया। ठीक वैसे ही। शब्दों में वैज्ञानिक दृष्टि से इतनी ताक़द है की, आप उस शब्दों से सामने वाले इंसान को बदल सकते है।

इसके पीछे विज्ञान है। डॉक्टर जो डिस्पेंज़ा ऐसा कहते है की, आप को जो चाहिए वो आप को मिल चुका है और वो मिल जाने पर आपको कैसे पूर्णता महसूस होगी, वैसी पूर्णता महसूस करने शुरू कीजिए। वैसे फ्रीक्वेंसी आप यूनिवर्स में देना शुरू कीजिए।

Back to story

मैडिटेशन को मैंने उसके जीवन में शामिल करने बोला।

दो महीने के बाद उसका मुझे फ़ोन आया। वो बहुत ही खुश थी। इतनी की मानो उसका डिप्रेशन से दूर दूर तक कोई संबंध अभी नहीं था।

अब उसकी शिकायत की जगह कृतज्ञता ने ली थी। शिकायत उसकी जीवन से जा चुकी थी।"गर्मी कितनी बढ़ गई है।" ऐसे छोटी से छोटी शिकायत करना उसने बंद किया था। अब किसी को भी समझते समय वो ख़ुद मन को या दिमाग़ को पीड़ा नहीं पहुँचाती थी। उल्टा समझाने के बाद वो मन ही मन में मुस्कुराती थी। इतना समझाने के बाद भी उसको रत्ती भर भी परेशानी नहीं हुई, इस बात का उसको ख़ुद पर ही फ़क्र महसूस होता था।

धीरे धीरे उसके बच्चे के पढ़ाई में उसे सुधार दिखाने लगा। उसके पति का भी देरी से आना धीरे धीरे कम होने लगा। ऑफिस के लोगों में जो छोटी सी मिस्टेक होती थी वो भी काफ़ी हद तक कम हुई थी। ऑफिस के लोग भी वक़्त पे आने लगे थे।

ये सब मैंने आप सबको इसलिए बताया की, जो चीजें हो नहीं रही उसको आप इस तरीक़े से बदल सकते है। आपको सिर्फ़ आप को जो चाहिए वो सेंटेंस बना के बोलना होगा। डॉक्टर जो डेस्पेंज़ा हमेशा कहते है की यदि आप को आमिर होना है, तो आप आमिर हो चुके हो ये महसूस करना शुरू करो। रिश्ता अच्छा करना हो, तो रिश्ता अच्छा हो चुका ये महसूस करना शुरू करो।

२) आप को ख़ुशी चुभ रही है क्या?

अभी मैं आप को और एक कहानी सुनाती हूँ। ये मेरे फ़ैमिली फ़्रेंड में से ही सच्ची कहानी है। मेरे फ़ैमिली फ़्रेंड में एक चाचा थे। वो सबको मदद करते थे। उन्होंने जीन जीन लोगों को मदद की थी, उन सबको मैं भी पहचानती हूँ। उन चाचा की भतीजी और सगी बहन को भी मैं पहचानती हूँ।

चाचाजी की एक भतीजी थी। उस भतीजी के माता पिता बहुत ग़रीब थे। संक्षेप में उस भतीजी के घर वातावरण ठीक नहीं था। इस लिए उस चाचाजी ने उस भतीजी को बचपन से ही सम्भाला था। जब भी ज़रूरत होती थी तब वो उस भतीजी और उसके परिवार को मदद करते थे। इतना ही नहीं चाचाजी ने सही लड़का देख कर उस भतीजी की शादी भी करवाई थी।

पिछले महीने में ही उस चाचाजी का ६० बर्थडे था। उस बर्थडे में उस चाचाजी के कई करीबी लोग रिश्तेदार, दोस्त आये थे। जीन जीन लोगों को उस चाचा जी ने मदद की थी वो सभी लोग आये थे। वो सारे लोग एक एक कर के अपनी कहानी बता रहे थे की उनको चाचा जी ने कैसे मदद की और ये सब बताते वक़्त सब रो रहे थे। और ये ख़ुशी के आंसू नहीं थे। बुरा लग कर भावुक होकर वो अपनी अपनी कहानी सुना रहे थे।

तो, ये सब बताने का कारण ये था की,उन सब को चाचा जी ने मदद कि थी, ये तो बहुत ही बढ़िया बात है। तो फिर आप को बुरा क्यों महसूस हो रहा है? हा माना की, चाचा जी ने आप सब लोगों को मदद की। बचपन से पालपोसकर बड़ा किया फिर शादी भी करा के दी। पर यही कहानी ख़ुशी से बता के उस चाचा जी के स्वास्थ्य के लिए प्रार्थना कर सकते है। आप यही कहानी ख़ुशी से और चाचा जी के के लिए अभिमान आदर के साथ भी बता सकते है।

क्योंकि वैज्ञानिक दृष्टिकोण से देखा जाये तो, बुरा लगना ये नकारात्मक भावना है। तो उस भावना का रसायन आप के शरीर में

तैयार हो जाता है। किसी भी नकारात्मक भावना का हद से ज़्यादा रसायन आप के शरीर में बीमारी पैदा कर देता है।

कई लोगों का मैंने देखा है की, उनको किसने मदद की वो भावुक हो जाते है। उनका कहना होता है की, इतना कैसे कोई अच्छा बर्ताव कर सकता है। ये सोचकर ही वो रो देते है। उनको लगता है की करीबी रिश्तेदार ही ठीक से बर्ताव नहीं करते है, ऐसे समय में कोई पराया अच्छा बर्ताव करता है, तो वो रो देते है। यदि वो ख़ुशी से रोते तो अच्छी बात होती। पर वो दुखी होके रोते है।

उससे अच्छा किसी ने हम से अच्छे से बर्ताव किया, मदद की खुश होकर उस व्यक्ति के जिसने आप की मदद की उसके लिए, उसके स्वस्थ शरीर, मन, आत्मा, सुख शांति समृद्धि के लिए भगवान के पास दुवा कीजिए।

- हर किसी को मानसिक स्वास्थ्य के लिए मार्गदर्शन करनी की ज़रूरत क्यों है?
  - जैसे की हम जिम जाते है, वहाँ पे ट्रेनर होता है।
  - actor लोग क्या सही ख़ाना चाहिए इसलिए डायटीशियन लगाते है।
  - यदि आप को योगा सिखाना हो, तो हमे योगा टीचर के पास सीखनी ज़रूरत होती है।

ठीक वैसे ही हर व्यक्ति जीवन के अलग अलग पाड़व में जो भी घटनाएँ होती है, उसमे अलग अलग तरीक़े से रियेक्ट करते है। तब उस वक़्त अलग अलग भावनाये निर्मित हो रहे होते है। इसमें सकरात्मक भावना निर्णीत तो ठीक है पर यदि बार बार नकारात्मक भावनाये निर्मित हो, तो इस भावनाओं का अपने मन पर असर हो रहा होता है। फिर उसका असर शरीर पर भी होता है। ऐसे समय पर फिर से यदि जीवन में कोई घटना घटित होती है। तब फिर से भावनाये उस घटना के अनुसार निर्मित होते है। उस समय भी खुशहाल भावनाये हो तो ठीक है पर फिर से नकारात्मक भावनाये हो तो, फिर से नकारात्मक रसायन अपने मन और फिर मन के

बाद में शरीर पे असर होता है। ये ऐसा चक्र चालू हो जाता है। और लगातार निर्मित होने वाले नकारतामक भावनाये फिर डिप्रेशन के और ले कर जाते है।

ये सब हमारे साथ हो रहा होता है। इसका हमे जरा भी अंदाज़ा नहीं होता है, की इसका असर इतनी हद तक अपने मन और शरीर पर हो के फिर डिप्रेशन के और चले जाते है। इसका अंदाज़ा नहीं होता है इस लिए वो चक्रवुह बन जाता है। तो इस लिए मानसीक स्वास्थ्य के संबंधित एक मार्गदर्शक (guide) की ज़रूरत होती है।

क्योंकि हर किसी ने ख़ुद के मानसिक स्वास्थ्य स्वस्थ (healthy) रखा, तो जीवन के किसी भी परिस्थिति में शांत दिमाग़ से सामना कर सकते है। तो ये सब कैसे करना है? उसका मार्गदर्शन(guidance) हर एक को ज़रूरी है। ये बात मुझे मेरे गुरु अंजना रितोरिया से realise हुई।

हर एक को मानसिक स्वास्थ्य के लिए मार्गदर्शक (guide) होना ही चाहिए। शरीर बीमार होने पर हम डॉक्टर के पास जाते है। तो फिर मन बीमार पड़ने पर हम क्या करते है?

इसके लिए हर एक व्यक्ति ने खरदारी लेनी चाहिए।

वक़्त निकल जाने के बाद जब आप इलाज करने जाते हो, तो बात अलग होती है और जब ऐसा कुछ होने के पहले ही जब अब ख़बरदारी लेती है तब बात अलग होती है। दोनों में ज़मीन आसमान का फ़रक है।

इसलिए समय समय पर मानसिक स्वास्थ्य के लिए मार्गदर्शक की राय लेना ज़रूरी है।

PS: मानसिक स्वास्थ्य के लिए मार्गदर्शक आप को दवाई नहीं देते, तो आप को आप के स्वास्थ्य मानसिकता के लिए मार्गदर्शन करते है।

||Chapter का सारांश||

यू ही, यू ही, यू ही??

1) आप भी अपने लाइफ में यू जी चिड़चिड़ापन, गुस्सा कर रहे हो क्या? आप छोटी छोटी बातों पर शिकायत कर रहे हो क्या? आप के जीवन में सब कुछ है और फिर भी यू ही शिकायत कर रहे हो क्या?

यदि आप ऐसा कर रहे हो तो, आप के लिए strictly warning है। क्योंकि आप का गुस्सा, चिड़चिड़ापन डिप्रेशन की और लेकर जाएगा ये आप को भी नहीं समझेगा।

क्योंकि शिकायत मतलब नकारात्मक भावना और हम ने तो देखा ही है की, वो भावना का रसायन तैयार होता है। और ये रसायन आप के शरीर का addiction (लत) और ये addiction, आप के शरीर में बीमारी को आमंत्रण देती है। ये गणित अगर आप को समझ आया, तो आप शिकायत करने के पहले १० बार सोचेंगे।

उससे अच्छा आप के जीवन के कृतज्ञता गिनिये। मतलब के जीवन में क्या क्या है, वो सब गिनिये। जैसे की आप के पास परिवार है, माता पिता है, बच्चे है, पति/पत्नी है, पैसा आने के सही साधन है,नौकर है, गाड़ी है। कई लोगों के पास ये सारी चीजें नहीं है। आपका ये जीवन उनके लिए एक सपने की तरह हो। तो आप के पास जो जो चीजें है उसके लिए हर दिन भगवान को थैंक यू बोलिये। यदि आप आप के पास जो चीजें नहीं है उसके लिए शिकायत करते बैठेंगे, तो जो चीजें है वो भी आप के जीवन से चले जाएँगे।

तो एक बार आपने ख़ुद के जीवन में झांक के देखिए की, आप यू ही छोटी सी बात पर शिकायत कर रहे हो? यू ही छोटी सी बात पर गुस्सा कर रहे हो? यू ही बिना वजह छोटी छोटी सी बात पर आप के जीवन में नकारात्मक भावनाये निर्मित कर रहे हो क्या? ये पक्का एक बार check किजिये। क्योंकि इस वजह से कब आप जाने

अनजाने में डिप्रेशन की और चले जाएँगे, आपको ही पता नहीं चलेगा।

2) कोई आप से दिल से अच्छा बर्ताव कर रहा हो, आप की मदद कर रहा हो, तो इस बात पर भावुक होने की बजाय जीस व्यक्ति ने आप की मदद की है, उसकी स्वास्थ्य के लिए, सुख, शांति, समृद्धि के लिए भगवान के पास पूरे दिल से प्रार्थना कीजिए।

किसी ने आपको मदद की, तो ये अच्छी बात है ना?

भगवान आप के पास समय समय पर ज़रूरत होने पर मदद भेज रहा है, ये अच्छी बात है, इस लिए दिल से भगवान को शुक्रिया कहिए।

दुखी हो के भावुक हो जाना ये एक नकारात्मक भावना है, ये पहले आप समझ लीजिए।

3) इस सब के साथ ही हर व्यक्ति को अपने जीवन में अपने ख़ुद के मानसिक स्वास्थ्य के लिए सही मार्गदर्शक होना ज़रूरी है। जो आप को डिप्रेशन की और जाते हुए रोके और आप को सही दिशा दिखाए।

१०.१५ You: Its a fact
Me: ohh is it? But You are creator of your life

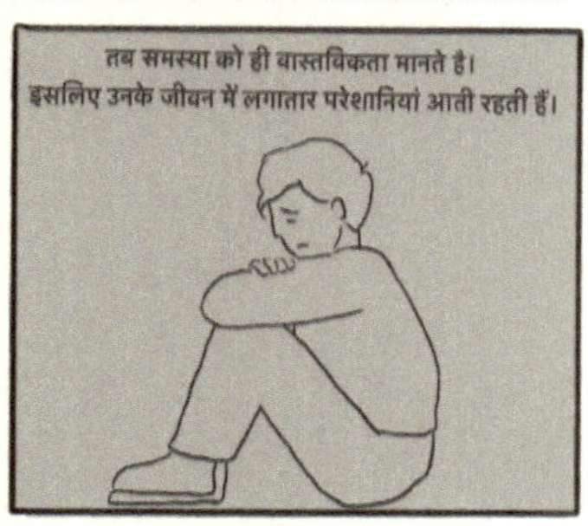

भाग १

Its a fact

Its a fact

Its a fact

Nooooo

You are creator of your life.So create your dream/
beautiful life.

You are creator of your life.So create your dream/
beautiful life.

You are creator of your life.So create your dream/
beautiful life.

कई लोग हमे ये बोलते हुए दिखायी देंगे की, "its a fact, its a fact, its a fact." फिर आगे वो ऐसे भी बोलते है की, "अब हम जो सच है वो तो नहीं बदल सकते। जो सच है, वास्तव है, वो है। जो अब घटित हो रहा है है, वही हम बता रहे है। हम किधर negative बोल रहे है।"

"मैंने किधर कुछ बोला। वास्तव में जो हो रहा है, वही तो हम बोल रहे है। ये मेरा अनुभव है। मेरे साथ हमेशा ऐसा ही होता है।"

जभी लोगों के जीवन में प्रॉब्लम चालू होता है, तब कई बार मैंने बहोत लोगों के मुँह से ये सारे sentences सुने है।

आज अगर कोई भी व्यक्ति को, उनके जीवन में, अभी जो कुछ भी प्रॉब्लम है उनके बारे में पूछा। तो उनका जवाब होता है की, "ये मेरे लाइफ का प्रॉब्लम है। इस प्रॉब्लम के वजह से उन्हें परेशानी हो रही है। और हा मैं सकारात्मक भी हूँ। मैं किधर नेगेटिव बोल रहा है। पर ये जो प्रॉब्लम है ना वो मेरे लाइफ का fact है। मेरे साथ हमेशा वो प्रॉब्लम एचपीटीए है। उस प्रॉब्लम को मैं कभी नहीं बदल सकता।"

ये ऐसा उनका contradict सेंटेंस होता है।

२,३ उदाहरण देकर आप को समझाती हूँ:

(१)

एक लड़का था। दिखने भी स्मार्ट था, नेचर भी उसका शांत था, प्यारासा था। पर उससे बात करने पर ये पता चला की, उसकी दृढ़ राय बन चुकी थी, सब लड़किया सारे लड़कों को धोखा देती है। लड़कियाँ अच्छी नहीं होती,वो सपॉर्टिव नहीं होती।

उस लड़के से और थोड़ी बातचीत करने पर पता चला की, उसका एक रिलेशनशिप था। जिस रिलेशनशिप में उसका अनुभव अच्छा नहीं था।

उस लड़के ने अपना secure जॉब छोड़ दिया था और उसने उसके पसंद का जिसमें वो निपुण था, उसमे स्किल्स थे, ऐसा करियर

उसने सेलेक्ट किया था। वो as a makeup artist काम करने लगा था। उसे एक सीरियल के लिए मेकअप आर्टिस्ट का काम भी मिल चुका था। पर सीरियल का काम मतलब समय की कुछ भी पाबंदी नहीं रहती थी। कभी भी बुलाते थे और पूरा दिन बुलाते थे। उसके गर्लफ्रेंड को उसके इस करियर में कोई भी फ्यूचर की सिक्योरिटी नहीं दिख रही थी। पर वो पूरे दिल से ख़ुशी से काम करता था।

वो लड़के ने जॉब छोड़ने के पहले की बात है: वो जो लड़की थी, दूसरे लोगों के अलग करियर को सपोर्ट करती थी। उस लड़की ने इसके पहले कई लोगों के अलग करियर को सपोर्ट किया था। इस वजह से उस लड़के को लगा था की वो लड़की जो उसकी गर्लफ्रेंड थी, वो उसके अलग करियर को भी सपोर्ट करेगी।

पर जब उसकी बड़ी आयी। पर उसके गर्लफ्रेंड ने उसके नये करियर को सपोर्ट नहीं किया।

उस लड़की को नये करियर में financial security महसूस नहीं हो रही थी। तो फिर उस लड़की ने उस लड़के को उसका पुराना secure job फिरसे जॉइन करने को कहा। उसने अलग अलग तरीक़े से उस लड़के को secure जॉब करने के लिए समझाया।

पर ये जो नया करियर था वो उस लड़के की पसंद और in born talent का संगम था। मानो की वो उसकी सास हो। इस लिए वो मेकअप आर्टिस्ट का काम छोड़ कर वो फिरसे जॉब जॉइन करना तो दूर की बात ऐसा वो सोच भी नहीं सकता था। वो भी तब जब उसमे मेकअप करने के बहुत ही अच्छे स्किल्स थे। लोगों को उसका काम भी पसंद आता था। उसके काम में सच में बहुत अच्छी क्वालिटी भी थी। पैसे भी पक्का आय होते।

उस लड़के ने भी अपने गर्लफ्रेंड को हर तरीक़े से समझाने की कोशिश की। पर सिक्योर जॉब के सिवा वो ये रिलेशनशिप कंटिन्यू करने के लिए तैयार नहीं थी।

इस बात पर दोनों के अलग अलग राय थी। दोनों भी अपने अपने राय पर दृढ़ थे।

उनका रिलेशनशिप टूटने का ये महत्वपूर्ण कारण था।

ये मतलब ऐसा हुआ "conditional love" ये ऐसा हुआ की, रिलेशनशिप में ये शर्त मान ली तो ही रिलेशनशिप रहेगा, नहीं तो नहीं होगा।

ये मतलब ऐसा हुआ की उस लड़के में टैलेंट है मेकअप आर्टिस्ट का पर रिश्ता बचाने के लिए जॉब करे। यदि उस लड़की ने लड़के के passion को सपोर्ट किया होता तो ये रिश्ता बच गया होता।

इस सबका उस लड़के के मानसिकटा पर बहुत असर हुआ। वो नाराज़ और दुखी रहने लगा। छोटी छोटी बात पर चीड़ने लगा। दिन भर दिन उस्का चिडचिडपण बढणे लगा। उसके ब्रेकअप के बाद उसको वार्टिगो हुआ।

मतलब मानसिक तनाव अब शरीर के बीमारी में बदलने लगा था।

उसके बाद वो सारे लड़कियों से नफ़रत करने लगा। उसे जो अनुभव आया उससे उसने ये राय बना ली की "सारी लड़कियाँ ऐसे ही होती है। वो सपॉर्टिव नहीं होती है।"

तब मैंने उसे शब्दों के पीछे का विज्ञान समझाया। उसे कहा और समझाया भी लड़कियों के बारे में ऐसे बोल मत। नहीं तो तू वैसे ही लड़कियाँ उसके लाइफ में अट्रैक्ट करेगा जो सपोरिव नहीं होती है।

If you feel like this, you will get more people like this.

।।तात्पर्य १।।

यदि आप किसी भी प्रॉब्लम में होंगे। और आप ने कुछ भी बदलाव नहीं किया तो आप उस प्रॉब्लम से कैसे बाहर निकलोगे?

जब आप लगातार "ये वास्तव है, ये वास्तव है।" ऐसे पूरे दुखी मन से भावुकता से अपना प्रोब्लेम दोहराते हो। तब दो सिद्धांत एक साथ काम कर रहे होते है।

१) पुनरावृत्ति का सिद्धांत

२) शब्दों का सिद्धांत

ये दोनों के वजह से आप वो प्रोब्लेम, वैसे व्यक्ति, वैसी घटना आप के जीवन में बार बार घटित कर रहे होते है। इसे डॉ जो डीस्पेंज़ा का विज्ञान साक्षी है।

जो मैंने अभी आपको सत्य घटना पे आधारित कहानी सुनाई, उसमे जो लड़का है वो उसका वास्तव (reality) बार बार वही वास्तव क्रिएट कर रहा है।

उस लड़के को क्या चाहिए? इस बात पर उसका ध्यान ही नहीं होता है। उसका पूरा ध्यान वास्तव पे मतलब उसके जीवन में घटित हो चुके घटना पर है।

उसे एक ऐसी जीवनसाथी चाहिए जो उसके करियर को सपोर्ट करेगी।

पर उस दिशा में वो विचार भी नहीं कर रहा है। उसका पूरा ध्यान उसके प्रॉब्लम पर है।

इसलिए पहले तो आप "its a fact, its a fact", ऐसे अपने प्रॉब्लम को बोलना छोड़ दीजिए। क्योंकि ऐसा बोलते रहोगे तो आप प्रॉब्लम के दलदल में फ़स जाओगे।

"अगर प्रॉब्लेम के बारे मे बार-बार बोलोगे

और प्रॉब्लेम की स्थिति को

'its a fact, its a fact' ऐसा बार बार बोलोगे

तो सोल्युशन कैसे पाओगे?"

"अगर सोल्युशन के बारेमे सोचोगे ही नही,

सोल्युशन की तरफ देखोगे नही,

कुछ बदलाव ही नही करोगे,

तो सोल्युशन कैसे पाओगे?"

।।तात्पर्य।।

कारण कोई भी होने दो। आप यदि लंबे समय तक दुखी या फिर नकारात्मक भावना में रहोगे, तो उसका आप के मानसिकता पर और आप के शरीर पर असर होगा। उसका ये जीता जागता उदाहरण है। इस लिए कोई भी नक्रतक विचार या फिर आप के जीवन में घटित हुई घटना, आप कितना समय, कितने महीने, ले कर बैठते हो, इस बात का ये आप ख़ुद ही ख़ुद अवलोकन (observation) कीजिए। वैज्ञानिक दृष्टिकोण से ये सिद्ध हो चुका है की, जितना ज़्यादा समय आप दुखी या नकारात्मक भावना में रहोगे, जितना ज़्यादा समय आप, आप के जीवन में घटित हुई बुरी घटना याद करोगे, उतना आप के शरीर और मन पर पर ज़्यादा असर होगा। जितना ज़्यादा समय उतने ज़्यादा शरीर और मन की बीमारी। और इस बात को विज्ञान साक्षी है।

(२)

एक लड़की थी। उसके पति का बॉस बहोत ही स्ट्रिक्ट था। वो बॉस आसानी से कभी किसी को छुट्टी नहीं देता था।

एक बार एक काम के वजह से उस लड़की के पति को छुट्टी चाहिए थी। तब उस लड़की की दृढ राय थी की, उसके पति का बॉस पति को छुट्टी देगा ही नहीं। उसके पति से ज़्यादा वो ही बहोत स्ट्रांगली बोल रही थी की, "नहीं। मेरे पति का बॉस ऐसा ही है वो छुट्टी देगा ही नहीं। इसके पहले भी हमे यही अनुभव आया था।"

तब मैंने उसे ये एहसास दिलाने का प्रयास की, " तू इतनी दृढता से क्यों बोल रही है? तू इतना strong भावना से बोल रही है की, आप के पति को छुट्टी मिलने के थोड़ेसे भी chances यदि होंगे भी ना, पर आप के दृढ नकारात्मक यक़ीन और दृढतासे नकारात्मक बोलने के वजह से वो भी chances vanish हो जाएँगे।"

तब उसने मुझे कहा की, "ये तो वास्तव है। its a fact। मैं तो आप को fact बता रही हूँ। ऐसा हमारे साथ हमेशा घटित होता

है। मेरे पति का बॉस वैसा ही है। वो कभी किसी को आसानी से छुट्टी नहीं देता।"

तब मैंने उसे समझाने के लिए मेरे एक और student का अनुभव बताया। वो अनुभव ऐसा था:

> "मेरे एक स्टूडेंट है। जो drawing के टीचर है। क्लास में वो सोमवार से शनिवार सिखाते थे। रविवार को वो किसी और जगह सिखाने जाते थे। इस तरह से उनका पूरा वीकेंड शेड्यूल पैक रहता था। वो मुझे हमेशा ये कहते थे की, 'मैं हमेशा बिजी होता हूँ। मुझे टाइम ही नहीं मिलता।'
>
> तो उन्हें मैंने शब्दों का विज्ञान समझाया। उन्हें मैंने ये बोलने को कहा, "थैंक यू, भगवान, मेरे पास हमेशा जरुरत से ज़्यादा समय होता है।" जब उन्होंने ये नियमित रूप से बोलना शुरू किया, तो उनके लेक्चर फ्री होने लगे। उन्हें ख़ाली समय मिलने लगा।"

मेरे स्टूडेंट के इस अनुभव का तत्पर्य ऐसा था की, "आप आप के जीवन के निर्माता हो। you are the creator of ypur life. पता है हमारा प्रॉब्लम क्या होता है? हमारे जीवन में हमारे पास जो चीजें नहीं है उसी बारे में हम लगातार बोलते रहते है सुर फिर उसी के बारे में दुखभरे भावना से सोचते रहते है। और इस वजह से फिर हम जो नहीं चाहिए ऐसा निर्माण करते है। हमे इससे पूरा उलटा बर्ताव करना है। जैसे मेरे स्टूडेंट ने किया जो ड्राइंग टीचर थे। उनको जो चाहिए था, वो उन्होंने बोलना शुरू किया। उन्हें समय चाहिए था। तो उन्होंने ज़रूरत से ज़्यादा समय के लिए धन्यवाद देना शुरू किया। वो बार बार यही बोलने लगे की उनके पास ज़रूरत से ज़्यादा समय है। उन्होंने उनका वास्तव (fact) पूरी तरीक़े से अनदेखा कर के उन्हें जो चाहिए वो बार बार बोलना शुरू किया। वो ये बहुत ख़ुशी से बोलते थे।"

- आप ही आप के जीवन के निर्माता हो। you are the creator of your life.

- आप अपना वास्तव को अनदेखा करिए। और फिर आप को जो चाहिए वो बार बार बोलना शुरू कीजिए। ये बोलते समय भावना महत्वपूर्ण है।

> *Ignore your current reality*
>
> *and*
>
> *focus on*
>
> *"what do you want"*

टिप्पणी : जब वास्तव में (Reality में) हमे जो चाहिए, वो घटित होने के जरा भी संभावना (chances) दिखाई नहीं देते, ऐसे परिस्थिति में हमे अपने साथ घटित हुई दुखी नकारात्मक घटनाएँ याद आती है और उस वजह से हम और भी ज़्यादा फिरसे दुखी होते है। ऐसे वक़्त हमे जो चाहिए वो पहले से ही मिल चुका है ऐसा मेहसूस करना (feel करना), ये शुरू में आपको uncomfortable लग सकता है। पर आप सब मुझे बताइए की, आप को, इस वक़्त, आप के, जीवन में, जो कुछ भी प्रॉब्लम चालू है, उससे सही सलामत बाहर निकलना है की नहीं? इसका जवाब "हा" होगा, तो आपको ये करना ही होगा। आसान भाषा में यदि मैं आपको समझाउ, तो यदि आपको प्रॉब्लम से बाहर निकलना है, तो आपको solution की और देखना ही होगा।

-आपको कैसे महसूस होगा जब आप के प्रॉब्लम solution मिलेगा तो?

-आप को कैसे लगेगा आप के प्रॉब्लम का solution को action में लाओगे और फिर आप का प्रॉब्लम solve होने शुरू होने लगेगा तो?

-आप को कैसे लगेगा जब आप का problem पूरी तरीक़े से solve होगा और आप उसमें से सही सलामत बाहर आओगे?

ये सारे सवाल ख़ुद को पूछो और महसूस करो। उदाहरण की तौर पर डॉ जो डेस्पेंज़ा कहते है की,

-यदि आप ख़राब रिश्ते में हो, तो रिश्ता अच्छा होने पर आप को कैसे feel होगा ये पहले से ही महसूस करो,

-यदि आप बीमार हो तो पहले से फील करो की स्वस्थ्य शरीर में होने पर आप को कैसे लगेगा?

-यदि आपके जीवन में पैसों की कमी है तो, ज़रूरत से ज़्यादा पैसा होने पर आपको कैसे लगेगा ये पहले से ही महसू एस करो।

इस बात को डॉ जो डेस्पेंज़ा जी ने वैज्ञानिक दृष्टिकोण से सिद्ध किया है। ये उनका ख़ुद का भी अनुभव है। और उन्होंने ने ये वैज्ञानिक दृष्टिकोण से सिद्ध भी किया है।

विज्ञान: आज तक आप आपके प्रॉब्लम के बारे में लगातार सोचते आय हो,इससे होता क्या है आप के ब्रेन में अब तक प्रॉब्लम के न्यूरोलॉजिकल जाले आप कि ब्रेन में बन रहे थे, इस लिए आप का ब्रेन वही प्रॉब्लमैटिक सिचुएशन फिर से क्रिएट कर रहा है। अब जब आप सलूशन के बारे में सोचोगे तो सलूशन के न्यूरोलॉजिकल जाले बनना शुरू होगा। फिर ब्रेन सलूशन क्रिएट करने लगेगा, ये इसके पीछे का विज्ञान है। इस लिए कोई भी कठिन से कठिन परिस्थिति हो, और ऊपर से उससे बाहर निकलने की कोई भी संभावना दिखाई ना दे, फिर भी सलूशन के बारे में सोचना और महसूस करना इसलिए इतना ज़रूरी है।

Back to story

तो मैंने उसे भी मैंने अपने पति कीलिये सही शब्द बोलने को कहा। जैसे की,

"मेरे पति का बॉस cooperative है। वो जरुरत होने पर छुट्टियाँ देता है।"

उसने ये सही sentence बोलना तो शुरू किया था। पर उसका विश्वास यही था की, उसके पति को छुट्टी नहीं मिलेगी। उसका

बहुत ही स्ट्रॉग negative belief था। मतलब उसका दिल को चाहिए था की पति को छुट्टी मिले पर दिमाग़ में strong negative belief था, की नहीं मिलेगी। यहाँ पर cotradict बर्ताव दिखायी देगा। ऐसा जाने अनजाने में कई लोग करते है। आपके कोई भी इच्छा के लिए दिल और दिमाग़ की राय एक होना बहुत ज़रूरी है।

उसने अपने पति के लिए सही शब्द तो चुने पर यक़ीन न होने के वजह से उसके पति को उसके बॉस ने छुट्टी देने से इंकार कर दिया।

इस कहानी का तात्पर्य यही है की,कई लोगों का यक़ीन ही नहीं होता की उनका प्रॉब्लम solve हो सकता है। इस यक़ीन के वजह से वो प्रॉब्लम से बाहर तो नहीं आते बल्कि प्रॉब्लम के दलदल में और फ़ैस जाते है। जैसे की इसको पूरा यक़ीन था की पाटो को बॉस छुट्टी देगा ही नहीं। तो छुट्टी नहीं मिली।

आप आप के जीवन के प्रॉब्लम के लिए ऐसा तो नहीं कर रहे हो ना? इसकाअवलोकन(observation/analyse) पक्का कीजिए।

आप जितना प्रॉब्लम के बारे में सोचेंगे उतना मानसिक रूप से ख़ुद को ही पीड़ा पोहचाओगे। इसलिए जितना हो सके उतना solution के बारे में सोचिए। ये मानसिक रूप से भी सही होगा। इस वजह से आप डिप्रेशन की और भी नहीं जाओगे।

(३)

मेरी और एक स्टूडेंट थी, जिसका ऑफिस का टाइम ९ से ५ बजे तक था । पर उसकी जो बॉस थी वो १२ बजे आती थी। बॉस ख़ुद तो लेट आती थी और सब को रात के ९ बजे तक रोक के रखती थी। पियुन से लेकर पूरे स्टाफ को वो रात के ९ बजे तक रोक के रखती थी।

ज़ाहिर है मेरे स्टूडेंट को समय से ऑफिस से घर लौटना था। ये उसका प्रॉब्लम था। तो फिर सलूशन की तौर पर मैंने इसे भी मेरे स्टूडेंट जो ड्राइंग के टीचर थे उनकी कहानी सुनाई। जो ड्राइंग

टीचर को समय नहीं मिलता था पर सही शब्द का इस्तमाल करते ही उन्हें फ्री टाइम मिलने लगा।

ये कहानी के साथ ही मैंने उसे भी उसके परिस्थिति के अनुसार सही शब्द बताये, "थैंक यू, यूनिवर्स मेरे ऑफिस का समय ९ से ५ है। मैं ९ से ५ बजे तक ही ओएफसी का काम कर के घर चली जाती हूँ।"

ये बोलना पूरी दिल से इन्होंने चालू रखा। इनको इस बात पर यक़ीन भी था।

कुछ दिनों के बाद इनको प्रमोशन मिला। फिर इनका डिपार्टमेंट चेंज हुआ। उस वजह से वो बॉस से भी छुटकारा मिला। नये डिपार्टमेंट में वो ९ से ५ बजे तक ही काम करती थी।

ये है शब्दोंके पीछे का विज्ञान । इस पर यक़ीन भी होना चाहिए।

आप में से कई लोग बार बार यही बोलते होगा की, "हमे ऑफिस में ९ घंटे से ज़्यादा काम करना पड़ता है। ऑफिस में मर मार के काम करते है। वीकेंड में भी काम करना पड़ता है।"इसके बारे में आप लगातार बोलते होंगे। दुखी होकर आप अपने करीबी लोगों से ये बार बार कहते होंगे।

पर अरे बाबा आप को क्या चाहिए? वक़्त पे ऑफिस में आना और वक़्त पे घर जाना। तो वही बोलिये ना। आप को जो चाहिए वही बोलोगे तो ही प्रॉब्लम से बाहर निकलोगे। यही बताता शब्दों का विज्ञान। और ये सारी सच्ची कहानियाँ इसका जीता जागता उदाहरण है।

तात्पर्य: आप की वर्तम्न स्थिति कुछ भी होने दो। वर्तमान स्थिति आप को चाहिए उसके पूरी उलटी (opposite) हो। फिर भी "आप को इस परिस्थिति में क्या चाहिए?" ये ख़ुद को पूछिए। आप को पहले cliarity होनी चाहोये की आप को चाहिए क्या?

आपको जो चाहोये वो यक़ीन से बोलने लगिये। शब्दों में इतनी शक्ति होती है, ये विज्ञान ने साबित किया है।

प्रॉब्लम के बारे में चर्चा कर के(प्रॉब्लम के विचार और दुखी भावना) प्रॉब्लम कम होने के बजाय और भी ज़्यादा बढ़ेगा। कम नहीं होगा। आप प्रॉब्लम के दलदल में फसते जाओगे। तो वैसे ही दुखी लोग और घटनाएँ आप के जीवन में बढ़ते जाएँगे। आप को क्या चाहिए वो बोलो उस पर यक़ीन करो और बात ख़त्म।

इस वजह से या तो आप को जो चाहिए वो परिस्थिति घटित होगी या फिर आप आपको जो चाहिए वो परिस्तिति में जाओगे। जैसे ये कहानी में हुआ। इसे ९ से ५ बजे तक ही ऑफिस में काम करना था। तो उसकी उस डिपार्टमेंट में बदली हुई जहां ९ से ५ तक काम करना पड़े। ऊपर से उसको प्रमोशन भी मिला।

"So never loose hope"

❖ **Mental effect of saying "its a fact"**

- जब आप बोलते हो की, "ये ही तो वास्तव है। its a fact"तब आप का पूरा ध्यान प्रॉब्लम पर होता है। आप का ध्यान solution पर नहीं होता है।

    तो आप मुझे ये बताइए की आप को जिस गाँव जाना नहीं है, उस गाँव का पता आप क्यों पूछ रहे है।

    आप जितनी बार बोलोगे की, "ये ही तो वास्तव है। its a fact"

    तब आप वैज्ञानिक दृष्टि से क्या कर रहे हो पता है? आप वो परिस्तिथि से बाहर निकलने के लिए प्रयास न कर के, जो प्रॉब्लम की परिस्थिति है उसके लिए टेंशन लेकर ख़ुद की मन की स्थिति ख़राब कर रहे हो।

    इसका मतलब आप प्रॉब्लम के गाँव बार बार जा रहे हो। आप बार बार प्रॉब्लम के गाँव का एड्रेस पूछ रहे हो।

    आप के विचार और भावना ये प्रॉब्लम के आसपास ही घूम रहे है। इस वजह से दुखी नकारात्मक भावना निर्मित हो रहे है। ये नकारात्मक विचार और भावना बार बार निर्मित होने के वजह से नकारात्मक और दुखी रसायन

आप के शरीर में लगातार निर्मित होता है। और फिर उसका addiction लत लग जाती है। और उस वजह से शरीर और मन दोनों भी बीमार होने लगते है और आप डिप्रेशन की और जाते हो।

ये हमेशा याद रखिए की या आप के ब्रेन ने आप के विरुद्ध जाल बिछाया है। आप के ब्रेन को हमेशा दुखी, नकारात्मक भावना का एडिक्शन होता है। इस वजह से ब्रेन आप को लगातार भूतकाल और प्रेजेंट के प्रॉब्लम याद दिलाता है, ताकि आप दुखी, नकारात्मक हो जाये। और ब्रेन को फिर दुखी नकारतामक रसायन मिले। ये ब्रेन का विज्ञान है। वैज्ञानिक रूप से ये सिद्ध हो चुका है।

❖ **"ये ही तो वास्तव है। its a fact", ऐसा नहीं बोलना है। ये तो समझमे आया। फिर बोलना क्या है?**

> *Me: ohh really? I know it's a fact but what do you*
>
> *want?? Are you thinking about what do you want? or*
>
> *are you continuously thinking about "what you don't*
>
> *Want?"*

◆ **जब आप प्रॉब्लम में होते हो,तो जागरूकता से विचार बदलने के बजाय अपने प्रॉब्लम की प्रति अपनी भावनाये बदले।**

जब भी आप को वो प्रॉब्लम के बारे में पहली बार पता चला होगा, तब अब चिंतित हुए होंगे। पर जब आप को महसूस होगा की प्रॉब्लम के बारे में सोचेंगे तो परिस्थिति और भी ज़्यादा बीघाड़ जाएगी। तब उस समय आप अपने प्रॉब्लम के प्रति भावना क्या है? ये observe कीजिए। यदि प्रॉब्लर्म के प्रति भावना दुखी, नकारतामक होंगे तो एक पल रुक जाइए।

और तय कीजिए की मैं ये दुखी नकारात्मक भावना में नहीं रहूँगा और ये भावना बदलने का प्रयास करूँगा।

वो कैसे करना है ये हमने चैप्टर १०.९ में देखा है।

- **यदी ग़रीबी आप का प्रॉब्लम होगा, तो लगातार ग़रीबी के बारे में चर्चा कर के प्रॉब्लम solve नहीं होगा।**

जैसे की मैंने आप को पहले ही बोला है की, आप को सलूशन के दिशा में बदलाव लाना है। बदलाव मतलब ठीक से देखिए की प्रॉब्लम क्या है। आप को ये परिस्थिति से चाहिए क्या? हमने जो पेहली कहानी देखी जिसमे उस लड़के को उसकी गर्लफ्रेंड ने उसके करियर के लिए सपोर्ट नहीं किया था। तो उस लड़के को क्या चाहिए था? तो उसे ऐसे लाइफ पार्टनर चाहिये थी जो उसके करियर में उसे सपोर्ट करे। पर वो उसके रिलेशनशिप के अनुभव के वजह से बार बार क्या बोल रहा था? वो बोल रहा था की, "लड़कियाँ सपॉर्टिव नहीं होती है। वो करियर में सपोर्ट नहीं करते है। सारी लड़कियाँ ऐसे ही ही होती है।"

संक्षेप में ऐसे कर के वो प्रॉब्लम के आसपास ही उसके विचार, सोच, नकारात्मक भावनाये मंडरा रहा थी। इस वजह से उसे ख़ुद को ही मानसिक पीड़ा हो रही थी। ऐसे लगार सोच और भावना के वजह से वो बीमार भी हुआ।

उस लड़के ने ख़ुद को स्पष्टता देनी चाहिए थी की,

- उसे चाहिये क्या?

- इसका solution क्या है?

- यदि उसको लाइफ पार्टनर चाहिए हो, तो उस दिशा में उसने अपने कदम बढ़ाने चाहिए।

- उसने ख़ुद को सवाल पूछना चाहिए की, "सच में वो अब इस वक़्त तुरंत नये रिश्ते में जाना चाहता है क्या?

- या फिर

- वो अब अपने करियर पर फोकस करना चाहता है?

- उसकी अब इस वक़्त priority क्या है?

ऐसे सारे सवाल ख़ुद को पूछने चाहिए। ऐसा कर के वो solution के दिशा में जा रहा है।

तो solution के दिशा में ख़ुद को सही सवाल पूछिए।

ये सब करते समय आप का ब्रेन आप को रोकेगा। क्योंकि ब्रेन को दुखी नकारात्मक भावनाये पसंद है। ब्रेन आपको बार बार दुखी नकारात्मक घटनाएँ जान बुझकर याद दिलाएगा। तब ब्रेन को आप गंभीरता से बोलिये की, "ब्रेन मैं आओ का बॉस हूँ। तू मेरा नौकर है। ब्रेन तू मेरा बॉस बनाने की कोशिश मत कर।"

Command your brain, "Brain, I am your boss. You are my servant. Brain, dont try to be my boss."

आप के मानसिक स्वास्थ्य के लिए भाग २ में दिये गये चीजें आप को समझना बहुत ज़रूरी है।

भाग २

❖ **वर्तमान क्षण मतलब क्या?**

What is the present moment?

"आप का अभी का क्षण" ये भूतकाल के विचार और भावना परिणाम है। आप के भूतकाल में किए गये सकारात्मक/नकारतामक विचार और भावना के अनुसार वैसे ही लोग, वैसे ही घटनाएँ आप के जीवन के अभी के क्षण में घटित होते है। और इसे विज्ञान भी साक्षी है।

अभी के क्षण में आप के जैसे आप के विचार और भावना होंगे, वैसे ही आप का भविष्य होगा। ये विज्ञान में ध्यान में लिया तो, अभी के क्षण में खुशहाल विचार और खुशहाल भावना रखोगे, तो खुशहाल भविष्य निर्मित करोगे। ऐसा विज्ञान कहता है।

इस लिए जो कुछ भी है वो अभी इस क्षण में है। अभी के क्षण में आप के जीवन में जो कुछ भी प्रॉब्लम है वो solve होगा ही, इस बात पर आप यक़ीन कीजिए। ये यक़ीन करना बहुत ही महत्वपूर्ण है।

मान लीजिए, आप का जो कुछ भी प्रॉब्लम है, वो solve होने पर आप के मन की स्थिति कैसी होगी? जिस क्षण आप का प्रॉब्लम solve होगा उस समय आप के विचार कैसे होंगे? तब आपके भावनाये कैसे होंगे?

ठीक वैसे ही विचार और भावनाये रखिए। तो फिर आप का वैसा ही भविष्य निर्मित हो जाएगा।

अभी के क्षण में यदि आप प्रॉब्लम के बारे में सोचोगे और प्रॉब्लम के वजह से चिंतित होंगे तो वैसे ही प्रॉब्लम के घटनाएँ और प्रॉब्लम बढ़ाने वाले लोग आप के जीवन में आयेंगे। मानो आप प्रॉब्लम के बारे में सोच के और चिंतित रह कर आप प्रॉब्लम वाली परिस्तिति और प्रॉब्लम बढ़ाने वाले लोग आप के जीवन में आमंत्रित कर रहे हो।

❖ **What is the problem?**

अभी इस क्षण में आप के जीवन में जो भी प्रॉब्लम है। वो सारे प्रॉब्लम भूतकाल में किए गये विचार और दुखी नकारात्मक भावना का परिणाम है।

❖ **What is aura?**

अब मैं आप को बिलकुल आसान भाषा में समझाती हूँ। ये औरा होता क्या है?

आप को पता है की भगवान की मूर्ति के पीछे एक चक्र दिखायी देता है। ठीक वैसे ही हम सब के पीछे १ चक्र होता है। उसे औरा कहते है।

अब हम विज्ञान के भाषा में देखते है की औरा होता क्या है।

विचार ये शरीर की भाषा है और भावना ये ब्रेन की भाषा है। विचार इलेक्ट्रिक wave निर्मित करती है। भावना मैग्नेटिक wave निर्मित करती है।

विचार और भावना दोनों मिल के आप के आसपास एक इलेक्ट्रोमैग्नेटिक wave निर्मित होती है। उसे ही औरा कहते है।

उदाहरण देकर बताती हूँ। यदि आप अभी आप के प्रॉब्लम के बारे में सोच रहे हो और आप के प्रॉब्लम के प्रति आप की भावना चिंतित दुखी नकारात्मक है। आप टेंशन में भी है। तो आप के आसपास आप के प्रॉब्लम का इलेक्ट्रोमैग्नेटिक wave तैयार हुआ है। इस वजह से आप और ज़्यादा प्रॉब्लम के संबंधित घटनाएँ और प्रॉब्लम बढ़ाने वाले लोग आकर्षित कर रहे हो। ये इस औरा का पीछे का विज्ञान है।

यदि आपको प्रॉब्लम से बाहर निकलना है, तो यदि आप solution के बारे में सोच रहे हो और आप की भावना में यक़ीन हो की, आप इस प्रॉब्लम से सह सलामत बाहर पद सकते हो। और फिर आप की भावनाये खुशहाल हो। तो आप के आसपास solution का electrimagnetic wave तैयार होगा। फिर सलूशन वाले घटना और problem solve करने वाले लोग आप के जीवन में आयेंगे।

❖ **आप में से कई लोगों का ये अनुभव होगा की, कुछ लोगों को मिलने के बाद हमे बहुत ही अच्छा, खुशहाल महसूस होता है।**
पर कुछ लोगों को मिलने के बाद सिर दर्द होने लगता है। नकारात्मक लगने लगता है।

ऐसा क्यों होता है? पता है? जिनको मिलकर ख़ुशी महसूस होती है। उनकी सोच और भावना दोनों खुशहाल होते है। इस लिए वो हमेशा खुश रहते है। क्योंकि उनका औरा ये खुशहाल विचार और खुशहाल भावना से बना है।

पर जिनको मिलकर सिर दर्द होता है। वो हमेशा नकारात्मक विचार और भावना में रहते है। उनको हमेशा ऐसा लगता है की परिस्थिति और भी ज़्यादा ख़राब हो जाएगी। उनका औरा

नकारात्मक विचार और भावना से बना होता है। इसी वजह से जब भी हम उन्हें मिलते है तब हमारा सिर दर्द होने लगता है। हमे अनकम्फर्टेबल महसूस होता है।

अब आप observe करो, आप का ख़ुद का औरा कैसा है? आप का कोई भी एक प्रॉब्लम हो उस प्रॉब्लम के बारे में आपका औरा कैसा है? जब भी आप किसी भी प्रॉब्लम होंगे तो उस प्रॉब्लम के बारे में आप के विचार और भावना क्या है ये चेक कीजिए। फिर आप को समझेगा की आप का औरा कैसा है। प्रॉब्लम का औरा है या solution का औरा है? यदि प्रॉब्लम के बारे में दुखी हो कर सोच रहे हो तो प्रॉब्लम का औरा निर्मित होगा। और यदि सलूशन के बारे में यक़ीन के साथ सोचोगे तो सलूशन का औरा तैयार होगा। तो अभी के अभी check कर के देखिए आप के प्रॉब्लम के प्रति आप का औरा कैसा है?

❖ **रामायण हो गया और राम की सीता कौन?: सिर्फ़ सकारात्मक ही बोलना है ना?**

इतना सब रामायण सिखाने के बाद कई लोग बोलते है की, सिर्फ़ सकारात्मक बोलना है, इतना ही ना? हम तो होते है सकारात्मक। पर हमारे साथ ही कभी कुछ अच्छा क्यों नहीं होता है?

"आप के साथ कभी कुछ अच्छा नहीं होता।", इस बात पर आप का पूरा यक़ीन होता है की, इस वजह से आप के साथ हमेशा ऐसा ही होता है। आप ख़ुद के विचार और भावनाये observe कीजिए। वो पक्का नकारात्मक ही होंगे।

और एक कारण के वजह से ऐसा होता है। वो कारण है आप का मुँह नहीं गटर होता है। मतलब कुछ लोग ख़ुद के बारे में और ख़ुद के परिस्थिति के बारे हमेशा बुरे शब्द बोलते रहते है। मज़ाक़ में या फिर दुखी भावना से क्यों ना हो।

हमेशा शिकायत करना, रोना, दुसरोंकी निंदा करना, हमेशा दूसरों की ग़लतिया निकलना। ये सब वो हमेशा करते रहते है। ये सब करना बंद करना होगा। तो आप के मुँह से निकला शब्द

अमृत की तरह है या गटर की तरह है, ये आप ही observe कर लो।

सिर्फ़ सकारात्मक विचार करना इतना ही करना नहीं है, तो आप को क्या चाहिए? वो आप को मिलेगा इस बात पर आपका यक़ीन होना चाहिये। उसके बारे यदि आपको शंका doubt नहीं होना चाहिए। सिर्फ़ सकारात्मक बोलना है, इतना ही नहीं है, तो इसमें कई चीजें है। वो समझ लीजिए। उसके लिए मेरे इसके पहले की किताब "पैसा और अमीरी" ज़रूर पढ़िए।

❖ **कोई भी ग़लत या सही नहीं होता है**

हर इंसान अलग होता है। हर इंसान के अनुभव, उनके राय अलग अलग होते है।

एक इंसान का ग़लत दूसरे इंसान के नज़रिए से सही हो सकता है। दूसरे इंसान का सही पहले इंसान के नज़रिए से ग़लत हो सकता है। उदाहरण की तौर पर बारिश का उदाहरण देती हूँ।

-जब बारिश होती है तो कई लोगों को बारिश पसंद होती है।

-तो कई लोगों को कीचड़ के वजह से वही बारिश एक परेशानी लगती है। इसलिए वो बारिश में चलने के लिए चिड़चिड़ापन महसूस करते है।

-कुछ लोगों के लिए बारिश मतलब गरम गरम चाय और पकोड़े होते है।

- तो कुछ लोगों के लिए बारिश मतलब कितना भी छाता लो फिर भी भीगना, मतलब संक्षेप में परेशानी होती है।

-तो कुछ लोगों को बारिश मतलब आसु छुपाने का ज़रिया होता है। क्योंकि बारिश का पानी है या अनखों का पानी है ये कोई भी पहचान नहीं पाएगा।

-कुछ लोगों के लिए बारिश रोमांटिक होता है। जीवसाथी हो या ना हो पर बारिश उनको हमेशा रोमांटिक लगता है।

जैसे बारिश हआर एक इंसान के लिए अलग अलग होता है। ठीक वैसे ही हर चीज हर किसी के नज़र से अलग होती है। हर एक के अनुभव, राय, विचार, सोच के अनुसार अलग अलग होती है।

इस लिए किसी को भी judge करने में अपने एनर्जी वेस्ट मत कीजिए। हा, पर जहां पे ज़रूरत हो वहाँ पे ख़ुद के लिए स्टैंड ज़रूर लीजिए।

-पर वो बहुत बोरिंग है।

-वो बहुत शांत है, कुछ बोलती ही नहीं।

-ये जो लड़की है ना वो मुझे जरा भी पसंद नहीं है। चाहे उसने कितना भी अच्छा काम किया फिर भी वो मुझे पसंद नहीं है।

-उसे देखती ही मुझे गुस्सा आ जाता है।

क्यों? क्यों? बिना बात पर अपना खून जला रहे हो?

याद रखिए, हर नकारात्मक, दुखी भावना आप के ब्रेन का addiction है। ये बात आप हमेशा याद रखिए।

इस लिए कभी भी किसी को judge मत कीजिए। उस व्यक्ति का बर्ताव ऐसा क्यों था? ऐसा बर्ताव उसके परिस्थिति और अब तक के अनुभव के वजह से और अब तक के नकारात्मक विचार और भावना के वजह से होंगे। वो व्यक्ति आप से ऐसा बर्ताव किया इस लिए आप ख़ुद को परेशान क्यों करते हो?

(टिप्पणी: जब ज़रूरत हो वहाँ ख़ुद के लिए स्टैंड ज़रूर ले। पर बिना बात पर गुस्सा करना छोड़ दीजिए।)

इसलिए कभीभी सामने वाले इंसान को बदलने मत जाओ। तो आप के शब्द बदलो।

हमेशा ख़ुद को सवाल कीजिए की, "मुझे क्या चाहिए? मतलब solution के दिशा में आप के विचार और भावना है या नहीं?"

आप को जो चाहिए, उसी के दिशा में आप के विचार और भावना होनी चाहिए। उसी दिशा में आपकी एनर्जी use कीजिए।

सामने वाले इंसान को बदलने में आप की एनर्जी waste मत कीजिए।

।।Chapter का सारांश।।

९९% लोग "ये वास्तव है। Its a fact" ऐसा बोलकर अपनी मन की स्थिति और भी ज़्यादा ख़राब करते है। उनका पूरा ध्यान प्रॉब्लम पर होता है। सोल्यूशन के बारे में वो सोचते भी नहीं। उनको इस बात का जरा भी यक़ीन नहीं होता की, उनका प्रॉब्लम solve हो सकता है। इस वजह से उनकी मन की स्थिति और भी ज़्यादा ख़राब होती है। फिर शरीर और मन और ज़्यादा बीमार होते है। तो इसके पीछे का विज्ञान और solution इस चैप्टर में दिया है।

संशेप में वास्तव कितना भी कड़वा होने दो, आप इसमें से बाहर निकल सकते हो इस बात की संभावना जरा ना हो, फिर भी वास्तव को अनदेखा कर के सलूशन की और आँखें गड़ा कर रहिए। फिर आप उस परिस्तिति से बाहर निकल पाओगे।

१०.१६ Ladies special: मानसिकता

एक ठहराव तो जरुरी है,

नही तो, ना खुद संभल पाओगे,

ना दुसरो को संभाल पाओगे

अरे अरे अरे किधर भाग रही हो? मार्थन नहीं जितनी है?

ऑफिस, घर, बच्चे, बिज़नेस के पीछे भागते भागते.....

आप एक माँ हो,

आप बहन हो,

आप पत्नी हो,

आप घर में अकेली कमाने वाली हो,

आप ही घर के कर्ताधर्ता हो।

मुझे आप एक ही सवाल का जवाब दीजिए। यदि डॉक्टर ने आप को कहा की, "आप को पूरी तरह से हॉस्पिटल में आराम करना है। आप हॉस्पिटल में एडमिट हो। आपको आराम के सिवा कुछ भी काम नहीं करना है।"

यदि आप को डॉक्टर ने कड़ी चेतावनी दी हो कि, आपको अस्पताल में एडमिट रहना होगा। और सिर्फ़ आराम करना होगा।

ऐसा समय पर आप आप के बच्चे की या फिर आप के पति के या फिर आप के परिवार का ख़याल रख सकते हो क्या?

नहीं ना....

तो इंतज़ार किस बात का?? मुझे पता है की, आप, आप के करीबी लोगों से बहोत ही ज्यादा प्यार करते हो।

पर जब आप बीमार होते हो तो दवाई कौन खाता है? आप कितना भी ज़्यादा आप के अपनों से प्यार करते होगा तो भी आप जब भी बीमार होंगे तो भी जब बीमार होंगे तो आप की दवाई आप को ही खानी होगी। आप की दवाई आप के करीबी इंसान नहीं खा सकते।

इस लिए आख़री सास तक आप को आप के शरीर और मन का ख़्याल रखना ये आप की ख़ुद की ज़िम्मेदारी है।

पर एक बात ध्यान में रखिए की:

आप, आप के मानसिकता का ख़्याल रखते हो, इसका मतलब आप स्वार्थी नहीं हो ss

आप, आप के शरीर के लिए जिम, योगा करते हो, इसका मतलब आप स्वार्थी नहीं हो ss

आप, आपका पसंदीदा करियर सीलेक्ट करते हो, इसका मतलब आप स्वार्थी नहीं हो ss

आप, आप के मन का ख़याल रखने के लिए, हमेशा खुश रहते हो, इसका मतलब आप स्वार्थी नहीं हो ss

आप, आप को घूमना पसंद हो इसलिए घूमने जाते हो, इसका मतलब आप स्वार्थी नहीं हो ss

आप, आप के पसंदीदा काम करते हो, इसका मतलब आप स्वार्थी नहीं हो ss

लगातार गंभीरता से एमयू बना के रहना आप को आता ही नहीं,

आप हमेशा खुश रहते हो, इसका मतलब आप स्वार्थी नहीं हो ss
क्यों आप को अपने cooking के लीए अपने पति से तारीफ़
लगती है?
याद करके देखिए, आप को ख़ुद के गुणों का proud कब होता
है? ।।१।।

"आप सुंदर दिखते हो" ये पसंदीदा व्यक्ति सुनने के
लिए आप के कान होते है बेताब
याद करके देखिए, आप कभी ख़ुद को ही सुंदर बोलते हो? ।।२।।

बख़ूबी से जब आप ऑफिस घर बच्चे आप संभालते हो
तब १ ग्लास पानी भी आपको कोई नहीं पूछता
तब आसु छुपाते हुए, आपको, देखा है मैं ने ।।३।।

क्योंकि तू ख़ुद को ही value नहीं देती
इसी लिए तुझे कभी कोई value नहीं मिलती

जब आपको होता है महसूस की,
कोई आप के लिए कुछ भी नहीं करता
तब आसु छुपाते हुए, आपको, देखा है मैं ने ।।४।।

सबके बीमारी में रखती हो आप सबका ख़याल
पर आप के बीमारी में
आप करते हो घर के सब काम
तब आसु छुपाते हुए, आपको, देखा है मैं ने ।।५।।

आप को लगता है आप को कोई value नहीं देता

पर उसके पहले आप ने कभी ख़ुद को value दी है?

पूरा जीवन आप ने, अपने बच्चों और पतियों को सब कुछ
देते हुए बिताया

आत्मनिर्भर का पाठ आप ने क्यों उनको नहीं सिखाया?

दूसरों के लिए ही सिर्फ़ पूरा जीवन जिया आप ने

ख़ुद को ही खो दिया आप ने

कब जियोगे ख़ुद के लिए?
कब जियोगे ख़ुद के लिए? ।।६।।

सिर्फ़ ख़ाना बनाना ये आप का जीवन नहीं

अपने सपनों के लिए लो ऊँची उड़ान

अपने सपनों के पीछे जाना, ये selfish होना नहीं

सिर्फ़ ख़ाना बनाना ये आप का जीवन नहीं

लो अपने सपनों की ऊँची उड़ान,
लो अपने सपनों की ऊँची उड़ान, ।।७।।

- The best author in the world

दिपा वंजारे (मैं)

ये सारे सवाल ख़ुद को पूछ कर तो देखिए। समय निकलने से
पहले ख़ुद का ध्यान रखिए। सब चीजों का एहसास कर के देखिए
आप को ध्यान में आ रहा है क्या? ये सारी चीजें आप को डिप्रेशन
के दिशा में लेकर जा रही है।

चीजे smartly चतुराई से ईमानदारी से मैनेज होती है।

ये सब चीजों का आप के शरीर और मन पर परिणाम होता है।

कई बार परिवार की महिला दूसरों के लिए जीती है। ख़ुद के लिए जीना ही भूल जाती है।

You can not please everyone.

ये आप ध्यान में रखिए।

मैं यहाँ पर feminism नहीं कर रही हूँ। तो मैं यहा पर महिलाओं की मानसिक और भवनीक दृष्टिकोण दिखा रही हूँ।

आप कम बाटके ले सकते है।

मेरा पापा भी माँ को बहोत मदद करते थे। घर के कामों में मदद करते थे।

लगातार दूसरों के लिए जीते जीते, कोई अपने लिए कुछ भी नहीं कर रहा है। ये कई सालों तक मन में दबा रहता है। कभी ना कभी इस मानसिकता blast तो होगा ही ना? और कब वो डिप्रेशन के और जाएगी, ये उनका उन्हें ही पता नहीं चलेगा।

आप को भी आप के मानसिक स्वास्थ्य का ख़याल रखने का उतना ही अधिकार है। आप रोज़ जीतने बजे उठाते हो, उससे १ घंटा जल्दी उठिये। या फिर रात को सोने से पहले १ घंटा निकालिए या फिर दिन में बीच में कभी भी १ घंटा निकाले। या फिर आप १ घंटे को तुकडो में divide भी कर सकते हो। बस १ घंटा मैनेज करो और १०.९ चैप्टर में दिये गये चीजें आप के मानसिक स्वास्थ के लिए कीजिए। इससे आप डिप्रेशन को आप के जीवन से निकल फ़ेक सकते हो और साथ में ही यदि आप डिप्रेशन में ना हो और फिर भी आप १०.९ चैप्टर में दिये गये चीजें करोगे तो डिप्रेशन का डी भी आप के जीवन में नहीं आयेगा।

फिर देखीये आप का जीवन कैसे सकारात्मक तारिके से बदलता है। फिर देखो पूरी दुनिया आप को कैसे value देती है। चीजें smartly ईमानदारिसे हैंडल कीजिए। घर के सभी काम करने की ज़िद छोड़िये। इस वजह से आप परिवार के लोगों को आप पर

डिपेंडेंट बना रहे है। घर के काम बाँट लीजिए । घर के लोगों को आत्मनिर्भर बनाइए। उससे आप के ऊपर का pressure भी कम होगा। और सामने वाला इंसान भी आत्मनिर्भर होगा।

डिप्रेशन से भरा जीवन या शांत खुशहाल जीवन? choice आप की।।

Stressful life or peaceful happy life? choice is yours....

शांत खुशहाल जीवन के लिए १०.९ चैप्टर में दिये गये चीजें आप कीजिए।

Section ई

तणावाचे विविध पैलू

११.   डिप्रेशन से मुक्त होने के लिए विचारों का ये
गणित आप को पता होना ही चाहिए

यदि आप का १ stressful विचार आप को बीमार कर सकता है। तो एक सही विचार आप का स्वास्थ ठीक भी कर सकता है।

कई लोगों को पूछा की आप को क्या लगता है, आप इससे बाहर निकल सकते है? (इससे मतलब शरीर की बीमारी जो मन के डिप्रेशन के वजह से हुई है।)

तो उनका कहना होता है की, यदि बुखार आया तो, at least हम पूरी तरीक़े से ठीक हुए है, ये समझता तो है। मतलब डॉक्टर के २ बार दवाई ली तो हमे पक्का पता होता है, की बुखार जाएगा। पर इस बीमारी का क्या? ये शारीरिक बीमारी होने का मूल कारण मानसिक डिप्रेशन होता है। फिर कैसे पता चलेगा की हम पूरी तरीक़े से ठीक हुए है। और कितना समय लगेगा हमे ठीक होने में?

कुछ लोगों का कहना होता है की:

"डिप्रेशन से ठीक होने में समय लगेगा, it's time being"

"डिप्रेशन से ठीक होने में बहुत समय लगेगा"

"डिप्रेशन से ठीक होने में समय ही इस का इलाज है"

एक बार स्ट्रेसफुल विचार के वजह से बीमार पड़े हो ना। मतलब आप एक बार स्ट्रेसफुल विचार के वजह से बीमार पड चुके हो, अभी आप वो गलती फिर से दोहरा रहे हो।

वो कैसे? वही गलती आप कैसे दोहरा रहे हो? ये अब हम वैज्ञानिक दृष्टिकोण से देखेंगे।

"तू खिच मेरी फोटो, तू खिच मेरी फोटो, पिया......."

ये song आप को पता है क्या?

जब किसी घटना के वजाह से या फिर किसी व्यक्ती के वजाह से या फिर किसे सपने के वजह से या फिर किसी प्रॉब्लम के बेयर जाब आप विचार करते है.और विचार के बाद आप के मन मी जो भी भावना उठती है। आप का ब्रेन उस विचार का और भावना का screenshot/फोटो निकालता है। और फिर वो screenshot/फोटो store कर के रखता है।

यदि आप बोलोगे की,

"डिप्रेशन से ठीक होने में और समय लगेगा",

"हम डिप्रेशन से कब ठीक होंगे?"

"डिप्रेशन से ठीक होने का समय ही इलाज है"

ये सब कहते समय यदि आप की भावना डर, एंजाइटी, गुस्से की, चिड़चिड़ापन की है, desperation की है।

विचार: डिप्रेशन से पूरी तरीक़े से स्वास्थ्य होने आप के विचार और ज़्यादा समय लगाने के है।

भावना: डर, anxiety, गुस्सा, desperation

ब्रेन: विचार और भावना का स्क्रीनशॉट/फोटो निकाल के store कर के रख रहा है।

❖ यूनिवर्स का सिद्धांत:

आप डिप्रेशन से ठीक होने के लिए यूनिवर्स में क्या वाइब्रेशंस दे रहे हो?

आप ही निरीक्षण (observe) करो, आप डिप्रेशन से ठीक होने के लिए क्या वाइब्रेशंस दे रहे हो? आप दुखी होकर, चिंतित होकर, डर कर ये सोच रहे हो के, कब ठीक होंगे डिप्रेशन से? ऐसे कर के आप डिप्रेशन से ठीक होने के बारे में यूनिवर्स में दुख चिंता,डर के वाइब्रेशंस भेज रहें हो।

और आप जो वाइब्रेशंस दोगे वही आप को तीन गुना होकर वापस मिलेगा।

आप आप के ठीक होने के बारे में बार बार लगातार यही बोल रहे हो की, "आप को ठीक होने में वक़्त लगेगा।"

अगर आप ऐसे बार बार कहोगे तो यूनिवर्स भी आप को यही तीन गुना वापस देगा। और आप को ठीक होने में तीन गुना ज़्यादा समय लगेगा ।

❖ कैसे शब्द हमे use करने चाहिए और कैसे शब्द हमे उसे नहीं करने चाहिए?

- तो कौन से विचार नहीं करना चाहिए? क्या नहीं सोचना चाहिए?

  - मानसिक स्वास्थ्य फिर से पहले जैसा ठीक होना difficult है।

  - सबको वक़्त लगता है डिप्रेशन से ठीक होने में

  - कभी ना कभी होगें फिर से ठीक (यह पे आप का अविश्वास दिखायी देता है।)

  - अरे इतना वक़्त तो लगता ही है।

- तो कौन से विचार करने चाहिए? क्या नहीं सोचना चाहिए?

  - मेरा पूरा भरोसा है की, जिससे मैं इलाज कर के ले रहा हूँ, उसके ऊपर मेरा पूरा भरोसा है।

  - २०२३ साल चालू है, विज्ञान इतना आगे गया है, की मुझे पूरा यक़ीन है की मैं डिप्रेशन से बहाल निकल के पूरे मानसिक रूप से स्वास्थ्य हो सकता हूँ।

+ मैं जो भी कुछ इलाज कर रहा हूँ, उससे मुझमे पक्का सुधार (improvement होगी) आयेगा।

+ मुझे जो कुछ भी इलाज बोला है वो मैं पूरे दिल से, पूरे विश्वास से कर रहा हूँ।

+ और इस सब के वजह से मेरा मानसिक स्वास्थ्य दिन भर दिन स्वस्थ्य हो रहा है।

टिप्पणी

बुख़ार आने पर डॉक्टर जो कुछ भी दवाई देता है, वो हम इंटरनेट पर जाकर ढूँढते नहीं की, डॉक्टर ने सही दवाई दी है ना। ये दवाई कौन से प्रकार के बुख़ार के लिए है। ये दवाई से कौन सा परिणाम होगा? हमारे बुख़ार के लक्षण हम इंटरनेट पर दल के धुधते नहीं की हमे कौन से प्रकार का बुख़ार हुआ है। ये सब हम नहीं करते? तो फिर डिप्रेशन या किसी मानसिक बीमारी में आप क्यों ये सब कर रहे हो?? ये सब करना बंद करो।

||Chapter का सारांश||

बीमारी कोई भी होने दो शरीर की हो या मन की हो। जब आप बीमार होते है तब कौन से शब्द use कर रहे हो? किस भावना से वो शब्द use कर रहे हो? क्योंकि इस सब का आप के बीमारी पर असर होता है। हम जाने अनजाने में कौन से ग़लत शब्द use करते है? कौन से सही शब्द use करने चाहिए। ये सब हमने इस chapter में देखा। ये सारी information हर एक इंसान को पता होना चाहिए।

क्योंकि वैज्ञानिक दृष्टिकोण से शब्द हम पर बहुत ही प्रभावी परिणाम करते है। और ये विज्ञान ने सिद्ध किया है। इस लिए सही शब्द use कीजिए।

१२.   ऐसे अगर आप नियमित रूप से जिद्द राखोगे तो, पक्का आप तणावमुक्त हो जायेंगे

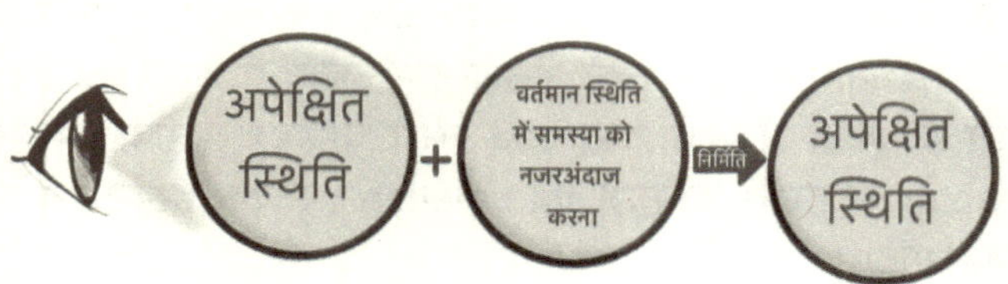

मानसिक स्वास्थ के वजह से बिमार होने वाले व्यक्ति के मन में कई सवाल आते होंगे। जिनके शरीर में बीमारी हो या फिर जिनके बीमारी का मूल कारण "मानसिक तनाव" ये है, ऐसे भी लोगों के मन में कल सवाल होते होंगे।

* जैसे की वो इस परिस्थिति से कब बाहर निकलेंगे?

* उनके साथ ऐसा क्यों हुआ?

* पहले जैसा सब sort कैसे होगा?

* ये शरीर की बीमारी कब पूरी तरीक़े से ठीक होगी?

* ये मानसिक बीमारी से कब मुझे छुटकारा मिलेगा?

आप के इन सारे सवालों के लिए में आप को एक कहानी सुनाती हूँ। ये कहानी आप को

* जब कभी आप के मन में ये सारे सवाल आयेंगे, तब ये कहानी पक्का याद कीजिए।

- आप किसी भी परिस्थिति में होंगे, आप किसी भी शरीर की बीमारी में जा रहे हो, ऐसे समय ये कहानी याद कीजिए।

- जब आप को लग रहा होगा की इस परिस्थिति से बाहर निकलने के लिए आपको कोई भी रास्ता नहीं दिख रहा होगा, तब आप ये कहानी याद कीजिए।

तो, ये कहानी है हमेशा हस्ते रहने वाले लड़के की। जो हमेशा हस्तमुख होता था। जिसका जीवन बहुत ही सरल सब कुछ अच्छा चल रहा था।

उसको जो पसंद था, उसी फील्ड में वो काम कर रहा था। उसे फोटोग्राफी करना पसंद था। बचपन से ही कैमरा के साथ उसकी दोस्ती थी। बचपन से ही वो बहुत ही सुंदर फोटो निकलता था। आगे बड़ा होने के बाद उसने उसी फील्ड में करियर किया। फ़ूड फ़ोटोग्राफ़ी करना उसे पसंद था। फोटोग्राफी उसका इन बोर्न टैलेंट था। फोटोग्राफी कर के उसे सुकून मिलता था। उसका passion जो था। पैसा भी आ रहा था। जो देखता था उसको उसकी फोटोग्राफी पसंद आती थी। उसका काम सबको पसंद आता था। फोटोग्राफी उसकी ज़िद थी, पसंद भी थी।

उसे सुंदर बीवी थी। उन दोनों को cute सी बच्ची भी थी। उन दोनों की शादीशुदा जीवन प्यार से भरा हुआ था। बहुत ही होशियार, दिल से सच्चा, ज़रूरत हो तो सबको हेल्प करने वाला, ऐसा ये ईमानदार लड़का था।

overall उसका जीवन के हर पड़ाव जैसे की परिवार, स्वास्थ्य, धँसम्पात्ति सब बहुत ही ही सरल चल रहा था।

पर एक दिन अचानक से उसके जीवन में एक turn आया। जिस में वो उसका पूरा परिवार पूरी तरीक़े से हील गया। उसके साथ एक घटना घटित हुई।

हमेशा के तरह सुबह उठकर उसने अपने बीवी और बच्ची के साथ ब्रेकफास्ट किया। उनके परिवार में एक नियम था। ब्रेकफास्ट,

लंच, डिनर के समय फ़ोन इंटरनेट use नहीं करने का। टीवी, लैपटॉप use नहीं करने का। क्योंकि ये पूरा वक़्त परिवार का था। वह क्वालिटी टाइम होता था। ये इस परिवार का नियम ही था। वो ख़ाना खाते समय एक दूसरे के साथ बातें करते थे। अच्छा ही डिस्कस करते थे। फिर ब्रेकफास्ट में एक दूसरे से बारे करके सब अपने अपने काम पे चले गये।

बीवी ऑफिस जाने के लिए निकली। बच्ची स्कूल जाने के लिए निकली। ऑफिस जाते जाते वो अपनी बच्ची को स्कूल छोड़ती थी। और इसका आज फोटो शूट था। तो ये भी फोटो शूट करने के लिए निकला।

"द ग्रैंड व्यू" इस थ्री स्टार रेस्टोरेंट में उसे आज फ़ूड फोटोग्राफी करना था। पर ये रेस्टोरेंट थोड़ासा अंदर था। उसके घर से काफ़ी दूर था।

"द ग्रैंड व्यू" रेस्टोरेंट का लोकेशन उसने गूगल मैप में सेट किया। और उसी दिशा में उसकी कार चल पड़ी।

वो कार हमेशा safely चलाता था। उसकी ड्राइविंग सेफ थी। क्योंकि कभी भी कितनी भी देर होने दो वो गाड़ी शांत दिमाग़ से ही चलाता था।

घर से निकले अभी उसे ३ घंटे हो चुके थे। गाड़ी अब सुनसान रास्ते में आयी थी। दोनों तरफ़ घना जंगल शुरू हो चुका था। ये रास्ते में बहुत सारे turns थे। बहुत गहरे टर्न्स थे। रास्ता शांत था। बाक़ी गाड़िया भी रास्ते में कम ही थे। इसलिए जो भी गाड़ी पास होती थी। वो बहुत ही तेज़ी से होती थी। क्योंकि रास्ता ख़ाली था। बहुत ही तेज़ी से आसपास की गाड़िया पास हो रही थी। पर ये गाड़ी हमेशा की तरह safely चला रहा था।

इस रास्ते में ज़्यादा टर्न्स होने के वजह से गाड़ियों का एकदम से अंदाज़ा नहीं आता था। यहाँ पे बोर्ड्स भी थे की गाड़ी धीमे चलाइए। इस मोड पर कई सारे एक्सीडेंट्स हमेशा होते थे।

हालाकि वो टर्न पे जैसे गाड़ी ली। पर अचानक से सामने स्पीड से गाड़ी उनके दिशा में आयी। और उसके कार को ज़ोर से धक्का लगा। और उसकी कार जा के सामने वाले पेड़ से टकरा गई।

उसकी कुछ भी गलती नहीं थी। फिर भी उसका बहुत बड़ा एक्सीडेंट हुआ।

opposite दिशा से जो कार आयी थी। उस कार के लापरवाही के वजह से ये एक्सीडेंट हुआ था। जिस कार के वजह से एक्सीडेंट हुआ था, वो व्यक्ति डर के भाग गया।

एक्सीडेंट ऐसी जगह पर हुआ था, जिस मोड पर ज़्यादा गाड़िया नहीं होती थी। उसका फ़ूड शूट आज बहुत ही अंदर शहर से दूर जंगले की और काफ़ी अंदर था।

शाम का वक़्त हो चुका था और अंधेरा होने को और १ घंटा था। उसकी गाड़ी रास्ते के साइड में जो जंगल था, जंगल में थोड़ी ही दूरी पे पेड़ था उसे जाके टकरा गई। वह पेड़ थोड़ासा अंदर की तरफ़ था। उस वजह से आसानी से किसी की नज़र वो एक्सीडेंट वाली कार पे जा नहीं सकती थी। और पेड़ अंदर होने के वजह से समज नहीं आ रहा था की, यहाँ पे एक्सीडेंट हुआ है।

क़रीबन आधा घंटा होने के बाद वहाँ से एक कार जा रही थी। उस कार का ड्राइवर गाड़ी चलाते समय थोड़ा रेस्ट लेने के लिए, उसने रोड के किनारे जहां जंगल के पेड़ थे, वहाँ पे कार रुकाई। उस ड्राइवर ने वो कार जहां पे एक्सीडेंट हुआ था, उसके जरा पीछे के तरफ़ कार रुकाई थी। काफ़ी देर से एक ही जगह पे गाड़ी में बैठने के वजह से, थोड़ा पैरो को रिलैक्स महसूस होने के लिए, गाड़ी में बैठे हुए सभी (२,३ लोग) बैठे थे, वह भी थोड़ा relax होने के लिए गाड़ी से बाहर उतर गये। गाड़ी से बाहर निकलने के बाद, थोड़ासा आसपास में टेहल रहे थे। उसमे से एक की नज़र एक्सीडेंट हुए कार पे पड़ गई।

उनको तुरंत एहसास हुआ की कुछ ही समय पहले यह पे एक्सीडेंट हुआ है। थोड़ा भी टाइम गमाये बिना वो तुरंत एक्सीडेंट हुए कार की और भाग पड़े।

गाड़ी की अवस्था देख कर समझ रहा था बहुत ही ख़तरनाक एक्सीडेंट हुआ था। ऐसा लग रहा था की, अंदर जो व्यक्ति रहा होगा, उसकी बचने की कोई possibility दिखाई नहीं दे रही थी।

वो तीनों ने मिलकर उसे गाड़ी से बाहर निकाला। बाहर निकलने के पहले उसके हात की नस चेक की। तब उनको पता चला की, वो ज़िंदा है। ये पता चलते ही वो तीनों मिलकर उसे गाड़ी से बाहर निकाला। जल्द ही उसे उठाके उनके गाड़ी तक लेके गये। तुरंत उनकी गाड़ी ने हॉस्टपिटल की दिशा में चल पड़ी।

वहाँ से आधे घंटे के दूरी पर एक हॉस्पिटल था। वहाँ पे उसे एडमिट किया।

लगभग २ से तीन घंटा उसका ऑपरेशन शुरू था। ऑपरेशन के बाद डॉक्टर बाहर आये। डॉक्टर ने कहा की, "ये व्यक्ति कोमा में चला गया। वो सिर्फ़ अपनी आँखें झपका सकता है। यदि वो आगे जाके कोमा से बाहर भी आयेंगे तो भी वो अपने जीवन में कभी भी चल नहीं सकता। आसपास की आवाजे उसे सुनाई देंगे पर वो कभी भी बोल नहीं सकेगा।"

उसके शर्ट में उसका आइडकार्ड मिला। उससे उसके परिवार का फ़ोन नंबर ढूँढा गया।

उसके परिवार से मतलब उसके पत्नी से contact किया गया।

शुरू में सिर्फ़ "आपके पति का स्वस्थ ठीक नहीं है। आप सिटी हॉस्पिटल चले आइये।" सिर्फ़ ऐसा बताया गया।

लगभग ३ घंटे के बाद उसकी पत्नी हॉस्पिटल पोहच गई। उसके लिए ये सब shocking था। अपने पति की ऐसी हालत देखकर वो चक्कर आके गिर गई। उसके पति जीन लोगों ने हॉस्पिटल में लाया था। वो लोगों ने उसकी पत्नी की भी काफ़ी हेल्प की। पत्नी जब होश में आने के बाद उससे करीबी रिश्तेदारों का नंबर लेकर उसके रिश्तेदारों को बुलाके लिया।

ऑपरेशन होने के २४ घंटे बाद उसे होश आ गया। होश आने के बाद उसने धीरे धीरे आँखें खोलने का प्रयास किया। जैसे कैसे

उसे होश आने लगा वैसे वैसे उसको उसके शरीर में पीड़ा महसूस होने लगी। कुछ ही क्षण में उसके साथ क्या क्या हुआ था, वो सब उसके आँखों के सामने एक मूवी की तरह दिखाई दिया। उसे वो आख़िरी क्षण याद आया। जब तेज़ी से अचानक से कुछ उसके कार को टकरा गया। उसके बाद का उसे कुछ भी याद नहीं था। क्योंकि उसके बाद जो एक्सीडेंट के वजह से बेहोश था वो लगभग पूरे २८ घंटे वो बेहोश था।

उसी क्षण उसने उठाने की कोशिश की। पर उसे उठाने को नहीं हो रहा था। उसने "कोई है क्या?" ये पूछने के लिए बोलने का प्रयास किया। पर उसके मुँह से एक भी शब्द वो बोल नहीं पा रहा था।

एक डर कि बिजली उसके शरीर में गई। उसको लगा "क्या हुआ क्या है मुझे?" उसके आगे समझने का कुछ रास्ता नहीं था।

उसको होश आया ये पता चलते ही डॉक्टर ने उसके बीवी को उसे मिलने भेजा। उसके बीवी के रो रो के आँखें सूज गये थे। पर उसके सामने वो पूरे धीरज के साथ गई।

बीवी ने उसे कहा, "जल्द ही आप पूरी तरीक़े से ठीक होंगे। ऐसा डॉक्टर ने बोला है। Don't worry, थोड़े दिन observation में रखेंगे। फिर डिस्चार्ज दे देंगे। और घर भेज देंगे। डॉक्टर ने ये भी कहा, आप की recovery शुरू हो चुकी है। जल्द ही आप उठकर चलने लगेंगे। चलने क्या दौड़ने भी लगोगे।"

ये कहते समय उसके आँखों से आंसू आ गये। फिर उसने तुरंत संभलने की कोशिश करते हुए कहा की, "आप को ऐसे देखने की आदत नहीं है ना, इस लिए आँखों से आंसू आये। बाक़ी कुछ नहीं। आप जल्द ही पूरी तरीक़े से स्वस्थ्य हो जाओगे। ऐसा डॉक्टर बोले है।"

पर उसको अपने बोलने के तौर तरीक़े से डाउट आ चुका था। वो अपने बीवी के हर एक शब्द के बोलने के तरीक़े से, हावभाव से वाक़िफ़ था।

Flashback

तब उसको अचानक से याद आया, जब उसको होश आ रहा था, तब डॉक्टर एयर नर्स की बातें उसके कान में पड गईं। डॉक्टर बोल रहे थे की, "पूरे शरीर में बहुत ही injury है। ये कभी भी चल नहीं सकता। कोमा से बाहर आ सकता है। पर पूरा जीवन इसको बेड पर लेटकर ही निकालना होगा।"

ये याद आते ही उसके आँखों में आंसू आ गये। पर इस वक़्त उसके सामने उसकी बीवी खड़ी थी। बीवी ने अभी जो उससे कहा वो सब उसे फिरसे याद आया। "डॉक्टर ने तो मेरे बीवी को सब सच बताया होगा। पर फिर भी कितने धीरज से वो मेरे सामने खड़ी है।" ऐसे परिस्थिति में भी उसके बीवी ने उसको धीरज देने का प्रयास किया था।

हालाकि वो भी ख़ुद दिल से strong था। उसने ख़ुद से ही कहा की, "नहीं, ये possible ही नहीं है। मुझे ठीक होना है। मुझे पूरी तरीक़े से स्वस्थ होना है। मैंने भी 'The secret' ये किताब पढ़ी है। उस किताब में कई लोगों ने अपना स्वास्थ्य पूरी तरीक़े से स्वस्थ्य किया है। वो भी अपनी दृढ़ इच्छाशक्ति से। कई लोगों ने visualise कर के उनकी बीमारी ठीक की है। शुरू में वो लोग खुश रहने लगे थे। फिर उन्होंने visualise कर के उनकी बीमारी ठीक कर दी थी। स्वस्थ शरीर पाया था। मैं भी वही करूँगा। ये जून महीना शुरू है। मैं इस वक़्त ये तय करता हूँ की, दिसम्बर में क्रिसमस है, तब मैं अपने ख़ुद के पैरो पारा खड़ा होऊँगा। और मैं अपने परिवार के साथ ख़ुशी से क्रिसमस celebrate करूँगा।"

उसने ख़ुद ही ख़ुद को स्वस्थ करने का प्रण लिया। फिर वो मन में ही उसके बीवी को बोलने लगा की, "Don,t worry। आप जैसे कह रहे हो, वैसे ही मैं जल्द ही पूरी तरीक़े से ठीक हो जाऊँगा। मैं हॉस्पिटल से बाहर जाऊँगा वो भी पूरी तरीक़े से ठीक होकर ही। वो भी ख़ुद के पैरों पर खड़ा होकर वो भी चल के और फिर हम एक साथ क्रिसमस मनायेंगे।"

फिर उसके बाद हर दिन वो कल्पना करने लगा की वो ख़ुद के पैरो पर खड़ा हुआ है और खड़ा रहकर इस हॉस्पिटल से बाहर चल के जा रहा है। वो उसके परिवार के साथ क्रिस्मस ख़ुशी से सेलिब्रेट कर रहा है। जैसे की हर साल वो अपने परिवार के साथ क्रिसमस सेलिब्रेट करता है। वो क्षण याद कर कर के वो फिर से ख़ुशी से मानो जी रहा हो। वो क्षण जीते समय वो ख़ुशी महसूस करता था। ये कल्पना करते समय एक ख़ुशी की लहर उसके शरीर में पोहोच जाती थी। वो पूरे शरीर में ख़ुशी महसूस करता था।

पर ये महसूस करते करते कभी कभी डॉक्टर के कहे शब्द उसे याद आ जाते थे। जैसे की, "ये जीवन में कभी भी चल नहीं सकता। हमेशा बेड पर ही लेता रहेगा।"

ये याद आने पर फिरसे उसे बुरा लगता था। पर फिरसे उसे अपने बीवी के शब्द याद आ जाते थे। फिरसे वो ख़ुद को धीरज दे देता था। और फिर से ख़ुशी से कल्पना करता था की, वो अपने दोनों पैरो पर खड़ा रहकर हॉस्पिटल से बाहर निकला और क्रिसमस अपने परिवार के साथ ख़ुशी से मना रहा है। वो अपने परिवार के साथ फिरसे अपने पैरो पे खड़ा रहेगा तब उसको क्या ख़ुशी महसूस होगी, वो ख़ुशी आपको महसूस करनी है।

दिन रात यही कल्पना का (visualisation का) खेल वो खेलता रेहता था। वो कल्पना करता था की, वो पूरी तरीक़े से स्वस्थ हुआ है।

हा पक्का ये जब चालू था तब बीच बीच में उसका ब्रेन उसको उसकी reality याद दिलाता था। पर उससे वो strongly लढ़ता था। बार बार ख़ुशी से कल्पना करता था।

शुरू में वाक़ई में उसे ये सब आसान नहीं था। पर उसका दृढ निश्चय जो था।

इस सबका परिणाम ऐसा हुआ की उसके रिपोर्ट्स में सच में रिकवरी होने लगी। डॉक्टर के लिए उसकी ये recovery expected नहीं थी। यकीनन ये positive बदलाव था।

शुरू में ये recovery बहुत ही कम मात्रा में थी।

पर धीरे धीरे उसके रिपोर्ट में और पॉजिटिव बदलाव दिखाई देने लगे। देखते देखते उसका शरीर बड़ी मात्रा में recover होने लगा।

दो महीने बाद

उसकी हातों की उँगलियाँ हिलने लगी। धीरे धीरे वो कोमा से बाहर आने लगा।

वो ये भी कल्पना करता था की वो आसानी से पहले की तरह बोलने लगा है।

४ महीने बाद बहोत प्रयास के बाद कुछ कुछ शब्द (words) वो बोलने लगा था।

डॉक्टर उसकी recovery की रफ़्तार देखकर ख़ुद हैरान थे। उसके शरीर की injury भी recover हो रही थी।

६ महीने बाद: काफ़ी हद तक उसकी हलचल बढ़ गई थी। अभी टी वो व्हील चेयर पर भी बैठने लगा था। बहुत ही कोशिश के बाद वो कुछ कुछ sentences धीरे धीरे बोलने लगा था।

अभी finally दिसंबर का महीना आ गया। क्रिसमस जैसे जैसे क़रीब आ रहा था वैसे वैसे सभी जगह पर क्रिसमस का माहोल बन रहा था। जैसे क्रिसमस पास आ रहा था उसकी रिकवरी की रफ़्तार और ज़्यादा बढ़ गई थी।

अभी धीरे धीरे उसने उसके पैरो पर खड़े रहने का भी प्रयास किया। उस के शरीर की injuri अब पूरी तरीक़े से रिकवर हो चुकी थी।

क्रिसमस तक वो वॉकर पकड़ पकड़ के चलने लगा था। बहुत प्रयास के बाद काफ़ी हद तक फिर से चलने लगा था।

आख़िरकार डॉक्टर ने क्रिसमस के एक हफ़्ते पहले उसे डिस्चार्ज देने का decide किया था। और सच में वो उसके दोनों पैरो पर

खड़ा रहकर चलते चलते एक छड़ी के सहारे इस हॉस्पिटल से बाहर निकल गया।

और उसने सच में क्रिसमस अपने परिवार के साथ ख़ुशी से सेलिब्रेट किया।

।।तात्पर्य।।

१) यदि वो व्यक्ति बीमार था। डॉक्टर ने उसे बोला था की, वो जीवन में कभी भी चल नहीं सकता। ये सच पता होते हुए भी उसने हार नहीं मानी। उसको स्वस्थ होना था। ये ज़िद आप में होनी चाहिए। ये स्वस्थ्य होने की चाह आप में होनी चाहिए। ये जिद आप ने ख़ुद में create करनी चाहिए। जैसे की आप mindset तैयार है की आप को ठीक होना ही है।

बीमारी कोई भी होने दो शरीर की होने दो या फिर मन की।

या फिर

आप के शरीर की बीमारी का मूल कारण मानसिक हो

फिर भी या फिर

आप किसी भी परिस्थिति से जा रहे हो,

आप की इच्छा शक्ति होनी चाहिए की आप को ठीक होना है।

हा चलो मान भी लिया की, आप को बीमारी के वजह से पीड़ा हो रही है, पर आख़िरकार आप को ठीक ही होना है ना?

उदाहरण की तौर पर यदि आप को आमिर होना हो, तो ग़रीबी के बारे में बोलना कैसे चल सकता है? ठीक वैसे ही आप को पूरी तारीकी से स्वस्थ होना है पर आप ख़ुद से मन में बीमारी के बारे में चिंता और आप के करीबी लोगों से बीमारी के बारे लगातार चर्चा करोगे तो कैसा चलेगा? यदि आप को स्वास्थ्य होना है तो बीमारी के बारे में बातें करना नहीं चलेगा।

(PS: आप को जो कुछ भी हो रहा है, वो डॉक्टर को बोलिये। पर उसके बाद लगातार उसी विषय में अपनों से बार बार चर्चा मत कीजिए।)

बल्कि आप की इच्छाशक्ति strong होनी चाहिए थी की आपको स्वस्थ्य होना ही है। आप के दिमाग़ में fix कर दीजिए की आपको स्वस्थ होना है।

२) दूसरी महत्वपूर्ण बात ये है की, मानसिक रूप से बीमार व्यक्ति के साथ कैसे बर्ताव करना चाहिए? इसका जीता जागता उदाहरण है इसकी बीवी।

जब इस कहानी में, पेहली बार जब वो अपने पति को उनके एक्सीडेंट के बाद मिली तब उसने अपने पति को ये एहसास दिलाने की कोशिश की उसका पति पूरी तरीक़े से ठीक हो जाएगा। बल्कि डॉक्टर ने उसके बीवी को सब सच बता दिया था की वो पूरे जीवन में कभी चल नहीं सकता। ज़्यादा से ज़्यादा वो कोमा से बाहर आ सकता है। क्योंकि आप के विचार आप को और बीमार कर सकते है या फिर पूरे तरीक़े से स्वस्थ कर सकते है। आपकी सोच सही होनी चाहिए। आप के सोच के दिशा में आप का जीवन आगे बढ़ता जाता है। इसे विज्ञान ने भी साबित किया है। इसी लिए मानसिक/शारीरिक रूप से बीमार व्यक्ति की के करीबी व्यक्ति की ज़िम्मेदारी है। करीबी व्यक्ति का मानसिक/शारीरिक रूप से बीमार व्यक्ति से बर्ताव और बातें सही होनी चाहिए। उनसे प्यार से बोलना चाहिए। करीबी व्यक्ति ने बीमार व्यक्ति को प्यार देना चाहिए। वो पूरी तरीक़े ठीक हो सकता है इस बात का यक़ीन दिलाना होगा। हसता खेलता environment बनाया रखना होगा।

बीमार व्यक्ति से लगातार उसके बीमारी के बारे में बोलते रहोगे या फिर डॉक्टर ने जो कहा है उसके बारे में चर्चा करोगे, तो उसी सोच के बीज आप आप के और उनके subconscious माइंड में डाल रहे हो। विज्ञान कहता है की, आप के बीमारी के बारे में ग़लत सोच आप का शत्रु बन सकते है।

इस लिए करीबी व्यक्ति: आप लोग अपने दिमाग़ में ये पक्का डालिये की, आप के परिवार में जो व्यक्ति मानसिक/ शारीरिक रूप से बीमार है, उसे पूरी तरीक़े से स्वस्थ होना है। इस लिए

उसके सामने बीमारी की बातें करने के बजाय वो पूरी तरीक़े से ठीक होंगे इस बात का उन्हें विश्वास दिलाने वाली बातें बीमार व्यक्ति के साथ कीजिए। ताकि ये सारे विचार उनके subconscious mind में बीज के रूप में चले जाये। विज्ञान ये कहता है की, आप के ग़लत विचार आप के दुश्मन बन सकते है।

इसलिए दिमाग़ में ये पक्का कीजिए की, आप के करीबी व्यक्ति जिसे मानसिक/शरीर के बीमारी से ठीक होना है। इसलिए उनके सामने बीमारी की बातें करने के बजाय वो पूरी तरीक़े से ठीक होंगे, ये यक़ीन दिलाने वाले बातें कर के उन्हें आप जल्दी ठीक करने का माहोल बना सकते है। ऐसे आप उनके दिल में पूरी तरीक़े से ठीक होने की एक उम्मीद की किरण निर्माण कर सकते है। ऐसा अगर किया मतलब बीमारी की बातें नहीं की और स्वस्थ होने के बारे में बातें की तो उनकी recovery शुरू हो जाएगी।

इसके पीछे का विज्ञान में आगे आने वाले चैप्टर में देती हूँ।

३) इस व्यक्ति ने लगातार कल्पना कर के ख़ुद के स्वास्थ में सुधार लाया। इसके visualisation के पीछे भी विज्ञान है। ख़ुद डॉक्टर जो डेस्पेंज़ा ने कल्पना कर के ख़ुद की स्वास्थ्य में सुधार लाया था। उनका भी एक्सीडेंट हुआ था। उनकी रीड की हड्डी उड़ी तरीक़े से damage हो चुकी थी। चार अलग अलग डॉक्टर ने उनको कहा था की, वो पूरे जीवन में कभी भी चाल नहीं सकते। ऐसा होते हुए भी उन्होंने ध्यान कर के और visualise कर के ख़ुद का स्वस्थ ठीक किया था। और अब वो ख़ुद के पैरो पर खड़े है और उसके साथ ही ३५ देशों में वह स्पीकर है। वो न्यूरो साइंटिस्ट है।

तो ये डॉक्टर जो डेस्पेंज़ा जी का जीता जागता उदाहरण है। आप भी ये तरीक़ा अपना सकते है। इस कहानी का व्यक्ति और डॉक्टर जो डेस्पेंज़ा में क्या क्या कॉमन है ये हम अब देखते है:

* दोनों का एक्सीडेंट हुआ था।

* दोनों को भी डॉक्टर ने बोला था की वो कभी भी चल नहीं सकते।

* पर दोनों की इच्छाशक्ति बहुत ही strong थी की, उन्हें पूरी तरीक़े से स्वस्थ होना है।

* डॉक्टर के कहने के बावजूद उनकी ज़िद थी, की वो पूरी तरीक़े से स्वस्थ होकर ही रहेंगे।

* उनका यक़ीन था की वो स्वस्थ होंगे।

* दोनों ने visualise किया था की वो पूरी तरीक़े से स्वस्थ हो सकते है।

* कभी कभी वो दोनों down फील करते थे की डॉक्टर ने बोला की वो कभी चल नहीं सकते।

* पर वो फिरसे ख़ुद को समझा के ख़ुशी से विज़ुअलाइज़ करते थे।

* ऐसा ख़ुशी यक़ीन के साथ visualise उन्होंने लगातार किया

* कई महीनों के बाद दोनों के स्वास्थ में सुधार होने लगा।

* कई महीनों बाद वो स्वस्थ भी हो गये।

* तो आप भी पूरी तरीक़े से स्वस्थ हो चुके हो ऐसा मानकर विज़ुअलाइज़ कर सकते हो। विज्ञान के भाषा में समझाने जौ तो जितना आप ख़ुशी से कल्पना करोगे उतनी जल्दी आप की रिकवरी शुरू हो जाएगी। क्योंकि आप के ब्रेन को ये नहीं समझता की आप कल्पना कर रहे हो या आप के साथ ये वास्तव में हो रहा है। आप यदि कल्पना भी कर रहे हो की, आप स्वस्थ हो चुके, तब आप के ब्रेन को लगता है की आप सच में स्वस्थ हो चुके हो।

आप को पता है आप की गलती कब होती है? human टेंडेंसी है की, वो जो चीज नहीं चाहिए उसके बारे में सोचता है, और

आगे जा के ये भी सोचता है की ये ठीक नहीं हुआ तो, फिर क्या क्या हो सकता है, ये वो imagine करता है।

तो विज्ञान ये कहता है की, आप को जो चाहिए मतलब आप को मानसिक/शरीर के बीमारी से बाहर आना है तो ख़ुशी से कल्पना कीजिए। संक्षेप में आप को जो चाहिए, उसके बारे में पूरी भावना

(इमोशंस) के साथ ख़ुशी से कल्पना कीजिए। आख़िरकार भावना (emotions) महत्वपूर्ण है।

उसके साथ इस बात पर यक़ीन भी होना चाहिए। आप को इस बात पर यक़ीन होना चाहिए की, ख़ुशी से पूरी भावना के साथ जब आप कल्पना करनी है की आप स्वस्थ हो रहे हो। यक़ीन करना आसान है क्योंकि इसके पीछे विज्ञान भी तो है।

४) ये जो घटना है वो सच्ची कहानी है। जब डॉक्टर ने कहा था की ये कभी भी ज़िंदगी भी चल नहीं सकते। जब स्ट्रॉग इच्छा शक्ति के दम पर और कल्पना के दम पर ख़ुद के पैरो पर फिर से खड़े रहे। ऐसा हो चुका है तो फिर आप भी आप के शरीर और मानसिक बीमारी से साहिसलमत बाहर निकल सकते है। सिर्फ़ यक़ीन और हर दिन नियमित रूप से कल्पना करने की ज़रूरी है। और हा कल्पना करते समय यक़ीन होना चाहिए।

५) ये याद रखिए की, विचार और भावना आप के जीवन महत्वपूर्ण role निभाते है। इसको विज्ञान भी साक्षी है। इसलिए "आप के विचार और भावना", "आपको क्या चाहिए", इस दिशा में होने चाहिए।

।।Chapter का सारांश।।

१) जब आप वर्तमान में घटित हुई घटना(वास्तव/reality) के opposite कुछ करने जाते हो। मतलब मैं आप को उदाहरण देके समझाती हूँ, इस कहानी में जैसे डॉक्टर ने कहा था की वो कभी भी अपने पैरों पर खड़ा नहीं हो सकता। ये डॉक्टर का कहना वास्तव था। फिर भी ऐसे समय पर वो कल्पना कर रहा

था की,वो दोनों पैरों पर खड़ा हो चुका। ऐसे समय पर आप का conscious mind आप को logics दे सकता है की, " डॉक्टर बोल रहे है, तो कैसे possible है ठीक होना?

२) जभी कभी आप कोई भी नयी आदत ख़ुद को लगाने जाते हो, तब आप का ब्रेन आप को रिक्त है। जभी आप नयी आदत अपनाने जाते हो तब आप का ब्रेन आप को रोकता है की, "अभी मत कर, बाद में कर। ये कैसे possible है?" आप का ब्रेन आप को रोकने के लिए एक नहीं तो हज़ार कारण दे देता है, ताकि आप नयी आदत अपने जीवन में अपना ना सके।

३) आप का conscious mind(logical mind) आप को logic दे देगा। आप का ब्रेन आप को रोक देगा। ऐसे समय पर आप को आप के conscious mind(logical mind) को convenience करना है की, जैसे की "द सीक्रेट" ये किताब में सच्ची घटनाएँ दी गई है। जिन्होंने ध्यान, विचार, भावना, विश्वास और कल्पना (visualisation) से ख़ुद की बीमारी पूरी तरीक़े से ठीक की है। इसके पीछे ब्रेन और subconscious माइंड, शब्दों के पीछे का विज्ञान और ब्रह्माण्ड का विज्ञान भी काम करता है। साथ में डॉक्टर जो डेस्पेंज़ा के जीवन का भी अनुभव है। जब उनके साथ ये घटित हो सकता है, तो ये आप के साथ भी हो सकता है। अगर डॉक्टर ने ना कहने के बावजूद वो पूरी तरीक़े से स्वस्थ हो सकते है। तो आप भी सही सलामत इससे बाहर आ सकते है।

१३. इसके सिवा किसी भी बीमारी से बाहर पड़ना संभव नहीं है

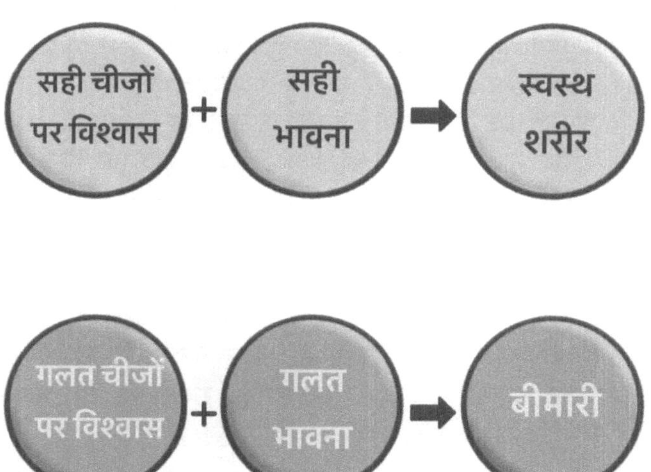

एक व्यक्ति को ब्रेन ट्यूमर हुआ था। और उसे डॉक्टर ने कहा था की, "ब्रेन ट्यूमर पर एक ज़ालिम दवाई आयी है। उस दवाई से ब्रेन ट्यूमर पक्का ठीक होगा। और इसे विज्ञान भी साक्षी है।"

ये सब डॉक्टर से सुनते ही, वो व्यक्ति बहुत ही खुश हो गया। ख़ुशी में रहने लगा, मानो की वो पूरी तरीक़े से ठीक हो गया है ऐसा उसको रिपोर्ट आया हो। इतना ज़्यादा वो खुश था। उसे मानो संजीवनी मिली हो। फिर क्या, देखते देखते ही वो पूरी तरीकी से ठीक हो गया। उसके रिपोर्ट में सकारात्मक बदलाव आने लगे।

पर फिरसे एक न्यूज़ आयी। न्यूज़ में उसने सुना की, "इसके पहले जो ब्रेन ट्यूमर की दवाई आयी थी। वो अफ़वा थी। वो ब्रेन ट्यूमर के लिए सही दवाई नहीं है। ?

ये दवाई के बारे में सच्चाई सुनते ही, वो व्यक्ति के ब्रेन ट्यूमर ठीक होने के बारे में पुराने जो नकारात्मक विचार, भावनाये थे वो फिरसे आने लगे।

"अरे ये दवाई तो बस एक अफ़वा थी। मतलब ब्रेन ट्यूमर ठीक नहीं हुआ? फिर से पहले जैसे दुखने लगा है। पहले जैसा uneasy महसूस हो रहा है।"ऐसे लगातार विचार उसके मन में आने लगे। फिर से ब्रेन ट्यूमर ठीक होने के बारे में डरावने विचार आने लगे। फिर से वो लगातार चिंता में रहने लगा।

वो न्यूज़ के बाद उसने फिरसे ब्रेन ट्यूमर के रिपोर्ट निकाले। पर इसके पहले जो सकारात्मक रिपोर्ट आये थे, उसका पूरा उलटा हो गया। एकदम शुरू में जो उसके ख़राब रिपोर्ट थे ठीक वैसे ही फिर से आ गये।

उसका ब्रेन ट्यूमर जो पूरी तरीक़े से ठीक हो चुका था वो फिर से वापस आ गया।

❖ ऐसा क्यों घटित हुआ ये अब हम वैज्ञानिक रूप से देखेंगे: क्योंकि पहलो तो उसका पूरा विश्वास था, जब उसे ख़ुद डॉक्टर ने बोला था की, "एक ज़ालिम दवाई आयी है। उससे ब्रेन ट्यूमर पक्का ठीक होगा।" ख़ुद डॉक्टर ने बोला था, तो उसको पक्का यक़ीन था की, ट्यूमर ठीक हो जाएगा। उसकी चिंता ग्रस्त भावना ख़ुशी में बदल गई। वो खबर सुनते ही मानो वो ख़ुद को ठीक महसूस करने लगा था, इतना वो खुश हुआ था। इसके बाद वो कई दिनों में ठीक भी हो गया। उसके रिपोर्ट भी सकारात्मक थे।

डॉक्टर के बोलने के वजह से उसका conscious mind भी convenience हो गया था, की ये दवाई के वजह से ट्यूमर ठीक होगा।

ध्यान दीजिए उसके तब विचार और भावनाये क्या और कैसे थी? उसका दिल और ब्रेन दोनों की राय एक हो चुकी थी की, "डॉक्टर ने बोला है, ब्रेन ट्यूमर पे ज़ालिम दवाई आयी है, तो ब्रेन ट्यूमर पूरी तरीक़े से ठीक होगा।" तब उसकी भावना भी खुशहाल थी। इसी वजह से उसका ट्यूमर ठीक हो गया।

पर जब उसे फिरसे न्यूज़ मिली की वो न्यूज़ झूठी,fake थी। वो सिर्फ़ अफ़वा थी।

ये सुनते ही उसके conscious mind को लगा की, दवाई तो एक अफ़वा थी, मतलब ब्रेन ट्यूमर ठीक नहीं हुआ होगा। फिर से वो ब्रेन ट्यूमर के प्रति डर और चिंता उसके मन में आने लगे। ये प्रबल भावनाओं के वजह से ब्रेन को ब्रेन ट्यूमर फिरसे होने की सिग्नल मिलने लगे। उस व्यक्ति के दिल को तो ठीक होना था।

पर conscious mind के बार बार लगातार चिंता करने के वजह से ब्रेन को प्रबलता से लगने लगा के ब्रेन ट्यूमर हो गया है। यह पे ध्यान से देखिए यहा पर ब्रेन और दिल दोनों की राय अलग अलग है।

उसके एक संदेहजनक विचार (doubtful thought) कब डर में बदल गया और कब उसका विश्वास हील गया ये उसका उसे ही पता नहीं चला। अब उसका दिल उसे बोल रहा था की, "उसे पूरी तरीक़े से ठीक होना है।" पर ब्रेन बोल रहा था की, "अरे ये दवाई तो नक़ली निकली। तो इस नक़ली दवाई से कैसे ठीक हो सकते है? "अब उसका ब्रेन और दिल एक ही पन्ने पर नहीं थे। दिल एक बोल रहा था और दिमाग़ एक बोल रहा था। लगातार ऐसे नकारात्मक विचार और भावना के कारण उसका ट्यूमर फिर से आ गया।

ये कहानी से हेम क्या सिख मिलती है? कोई भी चीज होने दो चाहे मानसिक बीमारी, शरीर की बीमारी, पैसा, घर, रिश्ते हो।

उसके बारे में आप का वैचारिक विश्वास और भावनिक विश्वास होना चाहिए।

❖ वैचारिक विश्वास मतलब?

आप को ये लग रहा होगा की,

"ये चीज मुझे मिल सकती है।"

या फिर

"इस बीमारी से आप ठीक हो सकते हो।"

"दिन भर दिन आप इस बीमारी से ठीक हो रहे हो।"

"आप का विश्वास होगा की, जो भी इलाज होगा वो आप पर लागू हो रहा है और आप जल्द से जल्द आप का शरीर मन स्वस्थ हो रहा है।"

"२०२३ साल चालू है, विज्ञान इतना आगे गया है की, बीमारी चाहे शरीर की हो या मन की बड़ी ही आसानी से इससे बाहर निकल सकते है।"

❖ भावनिक विश्वास मतलब:

◆ भावनिक अविश्वास:

✦ संदेह, डर, चिंता, भूतकाल की कोई भी दुखद बिमारी और उस बीमारी की वेदना बार बार याद कर के दुखी होना।

◆ भावनिक विश्वास:

✦ ख़ुद पर और भगवान (यूनिवर्स) पर विश्वास होना की आओ साहिसलमत ये बीमारी से बाहर निकल सकते हो।

✦ जिस किससे आप इलाज करा रहे हो, उसने जो कुछ भी उपाय (solution) दिया हो उससे आप पूरी तरीक़े से स्वस्थ होगा इस बात का विश्वास होना।

✦ आप को इस बात पर यक़ीन है क्या? की आप पर तरीक़े से ठीक होगे। यदि आप का विश्वास होगा तो ही आप ठीक होंगे। यदि आप को यक़ीन नहीं होगा, आप का विश्वास हील गया होगा तो वो चीज नहीं मिलेगी।

✦ जैसे की इस सत्य घटना में हुआ। जिस वक़्त उस व्यक्ति का आत्मविश्वास हील गया। उसको जो चीज मिली थी, वही चीज फिर से हात से छूट गई। वो पूरी तरीक़े से ठीक हो गये थे पर जैसे उन्होंने संदेह लिया, उनक्स विश्वास हिला वैसे ही उनका ब्रेन ट्यूमर वापस आ गया।

- ✦ इसी लिए आप का विश्वास पहाड़ की तरह बड़ा कीजिए, ताकि आप को जो भी चाहिए वो आप पा सके।

- ✦ "ख़ुद पर" और "आप को जो भी चाहिए वो पक्का मिलेगा"इस पर आप का विश्वास होना बहुत ही ज़रूरी है।

।।तात्पर्य।।

आप के विचार और भावना का आप पर कितना परिणाम होता है, ये हमने इस कहानी में देखा। विचार और भावना मिला के एक तो आप का विश्वास प्रबल होता है या फिर आप का विश्वास हील जाता है।

विश्वास प्रबल होता है मतलब "आप इससे सही सलामत बाहर निकल सकते हो", ये सोच/विचार आप का विश्वास प्रबल बनाता है। विश्वास हील जाता है मतलब की, "आप इस बीमारी से ठीक नहीं हो सकते। या फिर ये बीमारी से बाहर आने में और ज़्यादा वक़्त लगेगा।" ऐसे विचार आप के विश्वास को कमजोर बनाते है।

❖ और २ उदाहरण देखेंगे:

विश्वास

हमे यक़ीन होता है की, राणे डॉक्टर के पास जाएँगे तो ही हम ठीक होंगे। मोरे डॉक्टर के पास जाएँगे तो दवाई का असर ही नहीं होता। जिन लोगो का यक़ीन था की राणे डॉक्टर के पास जाने के बाद ही उनकी बीमारी ठीक होगी। किसी और डॉक्टर के पास जाने से कोई भी असर नहीं होगा तो उनके साथ वैसा ही होता है।

या फिर कुछ लोगों का यक़ीन होता है की मौसम बदलने पर पक्का बीमार पड़ेंगे। फिर जभी कभी मौसम बदलता है तो बीमार हो जाते है। जैसे की गर्मी से बारिश, या बारिश से ठंडी, या फिर ठंडी से गर्मी ऐसे मौसम बदलते ही वो बीमार हो जाते है।

ठीक वैसे ही आप का २ चीजों पर विश्वास होना चाहिए:

१) आप आसानी से और सहजता से पूरी तरीक़े से ठीक होंगे। इस बात पर आप का पूरा यक़ीन होना चाहिए।

२) जिनसे आप आप का इलाज कर रहे है उनपर यक़ीन रखिए की वो जो भी आप को इलाज बतायेंगे उससे आप पक्का ठीक होगा। तुरंत इंटरनेट पर जाकर मत ढूँढिये की, ये इलाज से परिणाम होगा या नहीं होगा। ये सही इलाज़ है या ग़लत। यदि आप संदेह रखकर इलाज करा के ले रहे है,तो आप ठीक नहीं होंगे। इस लिए पूरे विश्वास के साथ पूरे दिल से उन्होंने जो इलाज बोला है वो पूरे दिल से कीजिए।

मैंने यहाँ पर आप को २ उदाहरण भी दिये। राणे डॉक्टर के पास जाने के बाद ही क्यों असर होता है? क्योंकि वो दृढ़ विश्वास आप के subconscious mind में गया है।

मौसम के बदलाव के बाद बीमार पड़ना ये subconscious mind में गया है।

पर आप मानसिक बीमारी से या फिर डिप्रेशन से ठीक होंगे इस पर आप का विश्वास होना चाहिए।

मतलब पता है, आप का क्या होता है? दिल बोल रहा है की, "डिप्रेशन से पूरी तरीक़े से ठीक होना है।"पर उसी वक़्त ब्रेन बोलता है की, "ये कैसे संभव है। वक़्त लगेगा डिप्रेशन से ठीक होने में। क्या पता कब ठीक होंगे।" इसका अर्थ आप का ब्रेन और दिल एक पन्ने पर नहीं है। वो दोनों एक पन्ने पर कब आयेंगे? जब आप का पूरी तरीक़े से यक़ीन होगा की, आप ठीक हो सकते हो। ये विश्वास बहुत ज़रूरी है।

।।तात्पर्य।।

विज्ञान के अनुसार जब भी ब्रेन और दिल की एक राय होती है। तब चीजें वास्तव में घटित होती है। (डॉक्टर जो डेस्पेंज़ा ने ये सिद्ध किया है।)

इसलिए आप का ब्रेन और दिल इन दोनों का भी आप के ठीक होने के बारे में क्या राय है? ये पक्का चेक कीजिए।

जब आप के विचार देखेंगे तो आप को पता चलेगा की ब्रेन की क्या राय है।

जब आप आप के भावना देखेंगे तब आप को पता चलेगा की आप की दिल की क्या राय है।

क्योंकि विचार ब्रेन की भाषा है। और भावना दिल की भाषा है।

||Chapter का सारांश||

यदि आप को मानसी बीमारी से ठीक होना है। या फिर ऐसी शरीर की बीमारी से ठीक होना है जो मन के डिप्रेशन के वजह से हुई है, तो आप को यक़ीन होना चाहिए। ये यक़ीन कितना महत्वपूर्ण है, ये हमने इस chapter में देखा। उसके पीछे का विज्ञान भी हमने इस chapter में देखा।

१४.   जब अचानक से डरावने, stressful विचार
       आते है, तब क्या करना चाहिए?

❖ जागृत Awareness

जब अचानक से डरावने विचार आते है, तब आप consciously जागरूकता से देखिए।

उस क्षण जागरूक रहनेका। मतलब उदाहरण के तौर पर लड़कियों को जब periods आते है। कुछ लड़कियों कों पीरियड्स आने के पहले पीठ दर्द या पेट दर्द होता है। हालाकि उन्हें पता होता है की, उनके periods कब आने वाले है। और आने के कितने दिन पहले दुखेगा ये भी पता होता है।

पीरियड्स के पहले जब भी पेट दर्द होता है, तब जागृत हो कर देखना होता है की, "क्या दुख रहा है। मतलब आपको जागरूक होकर सिर्फ़ साक्षी भाव से देखना है"

❖ ऐसा हम क्यों करते है? इसका वैज्ञानिक कारण हम अब देखेंगे:

जब भी ऐसा दर्द होता है या फिर डर लगता है या फिर गुस्सा आता है, या फिर फ्रस्ट्रेशन आता है। तब वो गुस्सा, वो दर्द, वो डर, वो

frustration आप के ऊपर हावी हो जाती है। ऐसे समय पर आप जागृत रह कर, आप यदि निरीक्षण करते है, तब उस दर्द की, डर की, गुस्से की तीव्रता कम हो जाती है।

आप को तो थोड़ासा अंदाज़ा होगा की, आपको anxiety के, डर के विचार कब आते है। दिन में कौन से समय में या फिर कौन से घटना से या फिर कौन से विषय पर चर्चा करने से या फिर कौन से प्रकार के चीजें सामने आने से आपको ऐसे anxiety के, डर के विचार आते है। ऐसे विचार आने के पहले ही आप तय कीजिए की, मैं ऐसे विचारों को साक्षी भाव से सिर्फ़ देखूँगा, जागृत रहूँगा, और देखूँगा।

फिर देखिए उस विचारों की तीव्रता कम हो जाती है। क्योंकि जब आप ऐसे करते हो तो निडर होकर आप ऐसे विचारों का सामना करते हो फिर ऐसे विचारों का आप पे जो असर होता है वो कम होता है।

जितना आप जागरूक रहना बढ़ाते हो, उतना डिप्रेशन और डरावने anxiety के विचार आने का सिलसिला कम होता जाएगा।

हर काम हेम जागरूक रह के करना है।

उदाहरण के तौर पर

आप चल रहे हो, तो चलते समय आप के दोनों पैर आगे पीछे हो रहे है। एक कदम आगे एक कदम पीछे, तो उस कदम के तरफ़ आप का ध्यान होना चाहिए।

यदि आप ख़ाना खा रहे हो, तो ख़ाना खाते समय हर एक निवाला आप अपने हातो की उँगलियों से मुँह में डाल रहे हो। तब आप के हात के movement की और आप का ध्यान होना चाहिए।

ऐसा करने से क्या होता है पता है? ना आप भूतकाल में होते हो ना आप भविष्यकाल में होते हो। आप सीधे वर्तमान में चले आते हो।

जो कुछ भी है वो अभी के क्षण में है। अभी के क्षण में जागरूक रहोगे, तो वैज्ञानिक दृष्टिकोण से आप के डरावने, anxiety वाले विचार कम हो जाएँगे।

पूरे दिन जागरूकता से रह के तो देखिए और जब भी डरावने विचार आते है, उस समय भी जागरूकता से रह के तो देखिए।

आप को पक्का सकात्मक बदलाव महसूस होगा।

❖ आदेश (order/command)

एक बहोत बड़े कलाकार थे। हालांकि वो बहोत बड़े कलाकार होने के बावजूद हमेशा स्टेज पर जाने के पहले उनको डर से पेट में कुछ होता था।

जैसे जैसे स्टेज पर जाने का समय नज़दीक आता था, वैसे वैसे उनके मन में विचारों का सिलसिला चालू हो जाता था।

उनका ब्रेन उनसे कहता था की, "स्टेज पर गया और में भूल गया तो? मैं ठीक से बोल नहीं पाया तो? सब लोग हाँसी उड़ाएँगे?"

ऐसे सारे सवाल उनका ब्रेन उनको पूछता था।

ऐसे समय पर वो अपने ब्रेन को आदेश (command) देते थे की, "चले जाओ, नकारात्मक विचार चले जाओ। नकारात्मक भावना चले जाओ। मैं आप को आदेश देता हूँ की आप चले जाओ।"

ऐसा आदेश देने पर उनको थोड़ा हलका महसूस होता था।

फिर से वो अपने ब्रेन से कहते थे की, "ब्रेन, मैं तेरा बॉस हूँ। तू मेरा बॉस बनने का प्रयास मत कर। ब्रेन मुझे विज्ञान पता है। ब्रेन मुझे पता है तुझे नकारात्मक, दुखी विचारों का addiction है। इस लिए जानबूझकर तू मुझे दुख दर्द पहुँचने वाले, डरावने विचार दिलाता है। ये सब मुझे पता है।"

फिर वो कलाकार आयने के सामने जाकर ख़ुद को command देता था की, मुझे ख़ुद पर यक़ीन है। मैंने इसके पहले भी स्टेज पर बहुत ही बेहतरीन तरीक़े से कविता सदर की थी। तब किया था। तो अब भी कर सकता हूँ। मैं ये कर सकता हूँ। मैं ये कर सकता हूँ। मैं ये कर सकता हूँ।"

ऐसे बोलकर वो कलाकार स्टेज पर जाता था। और आत्मविश्वास के साथ बेहतरीन तरीक़े से अपनी कविता सदर करते थे।

।।तात्पर्य।।

आप भी अचानक आये हुए डरावने, anxiety विचारों को आदेश (कमांड) देकर देखिये। ये ऐसा experiment कर के देखिए तो सही। अब इसी वक़्त तय कीजिए की, जब भी आप को ऐसे डरावने, anxiety वाले विचार अयंगे तब आप आप के ऐसे विचारों को आदेश देंगे। और पूरे निडरता से उन डरावने, anxiety विचारों को भगाओगे।

और हा इसके पीछे विज्ञान साक्षी है। इसलिए पूरे विश्वास से ये पक्का कर के देखिए।

ज़िंदगी में इसके आगे भी कोई प्रॉब्लम हुआ और आपको डरावने, anxiety वाले विचार आये तो, आप के नकारात्मक दुखी विचारों को ऐसा आदेश देकर देखिए।

❖ कल्पना (प्रतिबंधात्मक उपाय) (precautions)

जब भी आप का मूड बहुत ही अच्छा होगा, आप खुश होंगे। तब कल्पना कीजिए की, आप अपने करीबी रिश्तेदार को बता रहे है की, "आप भवनीक, मानसिक, शारीरिक रूप से पूरी तरीक़े से स्वास्थ्य है। आप को पूरा दिन खुशहाल, सकारात्मक और एनर्जेटिक लग रहा है। कोई भी घटना हो आप उस घटना को सकारात्मक दृष्टि से ही देखते हो। अभी आप को यक़ीन हुआ है की, आप के जीवन में जो कुछ भी घटित होता है, वो अच्छे के लिए ही होता है।" ऐसा आपको पूरी भावना से कल्पना करना है। कल्पना करते समय आप के सारे इंद्रिय को महसूस करना है।

Famous अभिनेता जिम कैरी सबको पता ही होंगे। वो शुरू को दिनों में जब वो famous नहीं थे, तब हमेशा कल्पना करते थे की, "लोगों को उनकी एक्टिंग पसंद आ रही है। कई डायरेक्टर उनके पीछे पड़े है की मेरे मूवी में काम कीजिए।

१५.   कौन सी जानकारी आपको होनी चाहिए?
जब पति पत्नी में से कोई एक डिप्रेशन में
होता है

भाग १

यदि आप पति या फिर पत्नी हो और आप के शादीशुदा जीवन में यदि

१) आपको खुदको

या फिर

२) या दोनों में से किसी एक को

या फिर

३) दोनों को

मानसिक स्वास्थ्य संबधित कोई भी प्रॉब्लम हो तो, जब हम सुबह उठाते है तब हमारा ब्रेन हेम अपने पार्टनर के साथ घटित हुए बुरे incident या फिर कोई भी अनुभव को जान बुझकर याद दिलाता है। उसके वजह से होता क्या है हम्र गुस्सा, चिड़चिड़ापन बढ़ जाता है।

हमारे दिल को तो लगता है की हमारे पति पत्नी का रिश्ता अच्छा हो। पति पत्नी का रिश्ता ख़ुशहाल हो।

पर ब्रेन ब्रेन शादीशुदा जीवन के बुरे अनुभव को याद दिलाता है। इसका मतलब यह होता है की, दिल और ब्रेन अलग अलग पन्ने पर होते है। दिल और ब्रेन के opiniops अलग अलग है।

विज्ञान के दृष्टिकोण से देखा जाये तो होता क्या है?

ऐसे समय पर भूतकाल में घटित हुई घटना अभी के क्षण में (present moment) पे बार बार याद करते है। तो इस वजह से ऐसे नकारात्मक घटनाएँ आप आप के जीवन में स्वयं निर्मित करते है।

कोई भी घटना २ बार घटित होती है:

एक बार मन में और एक बार वास्तव में

- रोबिन शर्मा

Everything created twice first in the mind and then in reality.

- Robin Sharma

आप के मन में आप के शादीशुदा जीवन के बारे में यदि बाईट हुए झगड़े ही चालू है, नकारातक्मक घटी हुई घटनाएँ ही चालू है, तो जिस पर ध्यान है वही चीज बढ़ेगी, ये तो सिद्धांत है। सिद्धांत तो अपना काम करेगा ही ना।

❖ **ऐसे समय पर दोनों पति पत्नी क्या कर सकते है?**

- ऐसे समय पर पति पत्नी शांति से एक दूसरे के सामने बैठिए।

- **दोनों भी ख़ुद के अपने अपने** स्वभाव के गलत आदते ढूँढिये। वो ग़लतिया अपने अपने व्यक्तित्व से निकालने का तय कीजिए। उदाहरण के तौर पर पति ने अपने स्वभाव के दोष जैसे की छोटीसी बात पर गुस्सा होना, और पत्नी ने अपने स्वभाव के दोष जैसे की छोटीसी बात

पर over thinking करना। ऐसे ढूँढ लीजिए। (**टीपनी**:अपने अपने एक दूसरे के नहीं। पति ने पति के ढूँढना है। पत्नी ने पत्नी के ढूँढना है।)]

◆ अभी जो भी आपने आप के स्वभाव से दोष निकाले है, उसके opposite लिखिए।

उदाहरण की तौर पर:

यदि आप ने analyse किया हो गुस्सा तो उसके opposite है शांत मन की स्थिति तो वो लिखिए।

◆ यदि आप ने analyse किया हो डर तो उसके opposite है धैर्य (courage, confidence) तो वो लिखिए।

◆ अभी हमने आपके ग़लत आदतों के opposite क्या है वो ढूँढा। अभी वो हमे हमारे व्यक्तित्व में लाना है।

◆ आपको आपका ख़ुद का नया व्यक्तित्व निर्माण करना है।

आप के शादीशुदा ज़िंदगी के बारे में आप के ब्रेन को आदत हो चुकी है नकारात्मक झोन में रहने की आदत हो चुकी है।

पति पत्नी ने दोनों ने एक दूसरे के बारे में लगातार किए गये नकारात्मक विचार के वजह से आप के ब्रेन को आप के शादीशुदा जीवन के बारे में नकारात्मक सोचने का addiction लग चुका है।

आप पति पत्नी में घटित हुए बुरे अनुभव जैसे की झगड़े और उस अनुभव की दुखद भावनायें बार बार याद करने का आप के ब्रेन को addiction हो चुका है।

इस बात को आप जान लो। इसके पीछे का विज्ञान आप समझ लो। आप के ब्रेन को आप के शादीशुदा जीवन में होने वाले छोटे मोटे झगड़ोंकी आदत लग चुकी है। इस लिए वो आप को बार बार यही याद दिला के यही circumstances बार बार निर्मित कर रहा है।

आप उस चक्रवुह में हो। इस चक्रवुह से बाहर निकलने के लिए चैप्टर १०.९ मी दिये गये आदते पती पत्नी अपनालों। उस दौरान

आप अपनी ईमानदारी,सच्चाई के रास्ते पे चलने के साथ ही किसी भी प्रकार की कंप्लेन करना बंद करना होगा, बीती बुरी बातें या फिर किसी भी प्रकार की मन में या किसी और से discuss नहीं करनी है।

❖ **अभी शादीशुदा रिश्ते में आप कुछ बातें तय कीजिए:**

- पति और पत्नी दोनों भी अपने ख़ुद के मानसिक स्वास्थ्य के लिए हर दिन १ घंटा देंगे। उसमे १०.९ चैप्टर में दिये गई आदते अपने जीवन में शामिल करेंगे। Consistency and discipline is important.

- पति पत्नी की ख़ुशी एक दूसरे के ऊपर निर्भर नहीं होनी चाहिए। उदाहरण की तौर पर:

  - ✦ पति ने पत्नी की तारीफ़ की तो हो ही पत्नी खुश होगी।

  - ✦ यदि पत्नी पति जैसे चाहे वैसे behave करेगी, तो ही पति खुश

- दोनों भी एक दूसरे के सपनोकों सपोर्ट करो, encourage करे । आप के जीवन के हर हिस्से में:

  शरीर हो, मन, आर्थिक, सपने, आपके concern में एक दूसरे को सपोर्ट कीजिए।

  पति और पत्नी : आप को क्या नहीं करना चाहिए:

  - ✦ यदि आप्ति या पत्नी में से कोई भी अपने जीवन किसी भी हिस्से में ग्रोथ करते समय अपने पार्टनर का (पति/पत्नी) फ़ोन उठा ना सके या फिर मीटिंग में हो तब फ़ोन उठा ना सके बात ना कर सके तो ऐसी छोटी छोटी बातों के लिए झगड़ा मत कीजिए।

  - ✦ यानिकी जाने अनजाने में भी अपने पार्टनर के growth में नहीं आना है।

  - ✦ आप सलाह दे सकते हो पर वो सलाह implement करने की ज़िद ना करे।

- हर दिन कुछ समय ३० मिनट एक दूसरे के साथ क्वालिटी टाइम स्पेंड कीजिए। आसान तरीक़ा है एक दूसरे के साथ एक वक़्त का ख़ाना खा लो, ये आपका क्वालिटी टाइम हो सकता है। छुट्टी के दिन १० मिनट walk पे जा सकते हो। और ये सब एक दूसरे के समय के कदर कर कि बिना शिकायत किए कर सकते हो।

- पति पत्नी ने दोनों ने अपने अपने शरीर की, मन की, भावनिक, आर्थिक सपनों पे ध्यान देना है। उस दिशा में सही कदम उठाने हैऔर सही रह पे ईमानदारी से चलना है।

- दोनों ने भूतकाल में बीते हुए बुरी यादों को याद नहीं करना है। याद आने पर जागरूकता से उस बात पर ध्यान न देके किसी दूसरे ज़रूरी बात पर आप का ध्यान लेके जाना है।

- पति पत्नी दोनों ने एक दूसरे के १० अच्छे qualities ढूँढना है। मतलब यदि आप पति हो तो सोचिए आप के पत्नी की १० अच्छी क्वालिटीज़ क्या क्या है। यदि आप पत्नी हो तो सोचिए की आप के पति के अच्छे क्वालिटीज़ क्या क्या है।

- ऐसे एक दूसरे के अच्छी क्वालिटीज़ आपको हर दिन सोचनी है। इसके पीछे का विज्ञान ये है के, ऐसा करने से आपका ध्यान अच्छी क्वालिटीज़ पे रहेगा और आप से अच्छे वाइब्स आप के पार्टनर के तरफ़ जाएँगे। जो हम ब्रह्माण्ड में देते है वो ३ गुना वापस होता है। तो आप के पार्टनर को भी आपमें अच्छे दिखाई देगी वो भी ३ गुना ज़्यादा। तो इससे आप के रिश्ते में अच्छे moments बढ़ेंगे। आप का रिश्ता खुशहाल होता जाएगा।

- यदि एक दूसरे के १० में से ६ अच्छे क्वालिटी और ४ ग़लत क्वालिटी हो तो, ४ ग़लत क्वालिटी पर ध्यान नहीं देना है। ६ अच्छे क्वालिटी पर ध्यान देकर उस ६

क्वालिटीज़ की तारीफ़ कीजिए। (आप मन में भी तारीफ़ कर सकते हो)

- पति या पत्नी ने दोनों ने एक दूसरे के साथ जो भी आप का (कम्युनिकेशन) संवाद होगा उसमे एक दूसरे के प्रति आदर respect, ख़ुशी होनी चाहिए।

अब जब आप ये सब करने जाओगे तब आप का ब्रेन आपको भूतकाल में बीते बुरी यादे,घटनाएँ याद दिलाएगा। क्योंकि ब्रेन आदत लग चुकी है। तब आपको ब्रेन को स्ट्रिक्टली कहना है की, "ब्रेन में आप का बॉस हूँ। आप मेरे स्लेव है। आप का काम है: मेरे सपने पूरे करना। आप सिर्फ़ उतना करने में ही आप की शक्ति इस्तमाल करे।"

जब जब आप का ब्रेन आप के पार्टनर के बुरी यादे याद दिलाता है तब तुरंत आप "cancel cancel cancel delete delete delete " कहिए। तुरंत आप के पत्नर के अच्छे क्वालिटीज़ या अच्छे बीते पाल याद कीजिए।

टिपण्णी: जहां पे ज़रूरत है वहाँ पे ख़ुद के लिए स्टैंड ज़रूर लीजिए।

||Chapter का सारांश||

इस चैप्टर में हमने देखा की पति पत्नी में होने वाले लगातार झगड़ों से छुटकारा कैसे पा सकते है। उसके लिए छोटी छोटी पर ज़रूरी बातें हमने इस चैप्टर में सीखी।

पति पत्नी में होने वाले लगातार झगड़ों के पीछे क्या क्या वैज्ञानिक कारण हो सकता है ये हम देखेंगे, अगले चैप्टर में।

भाग २

यदि आप किसी घटना या फिर किसी व्यक्ति को डिप्रेशन के लिए ज़िम्मेदार ठहरा रहे हो, तो ये chapter आपको जानना बहुत ज़रूरी है।

जब कोई भी पेड़ काटने के लिए लेते है। तब उस पेड़ पर कुल्हाड़ी मारते है। यदि बहुत बड़ा पेड़ हो या फिर पेड़ के तने चौड़े हो, तो वो पेड़ पहले ही कुल्हाड़ी के घाव से टूटने वाला है क्या? नहीं ना। उसके लिए कई बार, बहुत बार, बार बार उस पेड़ पर कुल्हाड़ी मारनी पड़ेगी। तब जाके वो पेड़ टूट जाएगा।

अभी आप मुझे बताइए, वो पेड़ टूटने के लिए सिर्फ़ आख़री बार मारी हुई कुल्हाड़ी ज़िम्मेदार है क्या? मतलब पूरा पेड़ टूटने का credit हम आख़री बार मारे हुए कुल्हाड़ी को दे सकते है क्या? नहीं ना?

उसके लिए पहली बार जो कुल्हाड़ी मारी उसके बाद जितनी बार कुल्हाड़ी पेड़ पर मारी वो सारे घाव ज़िम्मेदार है।

Acknowledgement : ये कहानी और उसका तात्पर्य मेरे hypnosis के सर चिरायु जैसवाल से सुनी है।

।।तात्पर्य।।

जो व्यक्ति डिप्रेशन में होता है, उसके जीवन में घटित हुई आख़री घटना उसके जीवन में आये हुए डिप्रेशन के लिए ज़िम्मेदार होते है क्या? जैसे की आख़री बार जो कुल्हाड़ी मारी उसके वजह से पेड़ टूट गया। तो पेड़ टूटने का क्रेडिट हम अखरी बार मारे हुए कुल्हाड़ी को दे सकते है क्या?

पति पत्नी में लगातार होने वाले झगड़ोंकों कभी कभी डिप्रेशन का मूल कारण समझा जाता है।

तो जैसे जब जब कुल्हाड़ी पेड़ पर मारी, तो वो हर एक कुल्हाड़ी से मारा हुआ घाव पेड़ टूटने के लिए ज़िम्मेदार है। ठीक वैसे ही बचपन से ही घटित हुई घटनाएँ उस डिप्रेस व्यक्ति के मन पर कुल्हाड़ी जैसा काम करती है। वो घटना घटित होने के बाद जो नकारात्मक विचार और भावनाये निर्मित हुए थे, वो आप के ब्राउन के अलमारी में store हो जाती है। फिर एक के बाद एक जैसी जैसी घटनाएँ घटित होती है, मानो एक के बाद एक कुल्हाड़ी के घाव पेड़ पर हो रहे होते है। एक के बाद एक वो घटना और उसकी भावनाये ब्रेन के अलमारी में store हो जाती है।

जैसे प्याज़ होता है। एक के ऊपर छोटे छोटे प्याज़ के part होते है। सबसे नीचे के प्याज़ के पार्ट पर सारे प्याज़ के पार्ट होते है। ठीक वैसे ही सबसे पहले घटित हुई घटना प्याज़ के तरह गहराई में आप के ब्रेन के अलमारी में स्टोर रहती है। वो घटना आप को याद भी ना हो पर उस घटना के पीछे की भावना आप की ब्रेन में store होती है। इस लिए वो आप के ऊपर परिणाम करती है।

पर अभी जो व्यक्ति डिप्रेशन में है, तो सबसे पहले उसके जीवन में घटित हुई घटना भी उतनी ही ज़िम्मेदार है जितनी अभी

हाली में (recently) उसके जीवन में घटित हुई घटना ज़िम्मेदार है। क्योंकि सारे घटना के बाद निर्मित हुए हुई भावनाये आपके ब्रेन के अलमारी में स्टोर है।

पेड़ टूटने के लिए जैसे पहली बार मारे हुए कुल्हाड़ी से आख़री बार मारे हुए कुल्हाड़ी के घाव वो सारे ज़िम्मेदार है। ठीक वैसे ही वो सारी घटनाएँ और घटनाएँ के पीछे की भावनाये ज़िम्मेदार है।

ये सब बताने की वजह यह है की, कई बार किसी एक व्यक्ति या फिर घटना को डिप्रेस व्यक्ति के डिप्रेशन के लिए ज़िम्मेदार ठहराया जाता है। पर वैसा नहीं होता है। वो बोलते है ना, "कौआ बैठा और डाली टूट गई।"

लॉगोंको कई बार आख़री घटना याद होती है। पर उसके पहले उसके मन पर बचपन से अब तक कई घटनाओका का एकत्रित रूप से परिणाम होता है।

||Chapter का सारांश||

डिप्रेस व्यक्ति के जीवन में घटित हुई सिर्फ़ आख़री घटना उसके डिप्रेशन के लिए ज़िम्मेदार नहीं होती। तो ऐसी कई घटनाएँ बचपन से लेकर अब तक के ज़िम्मेदार होते है। जो ब्रेन में store होते है।

एक ही जगह पर रुकी हुई कोई भी चीज जैसे सड़ जाती है और ख़राब हो जाती है। एक जगह पर रुका हुआ पानी भी ख़राब हो जाता है। पानी हमेशा बहता होना चाहिए। संक्षेप में बचपन से लेकर अब तक जितनी घटनाएँ आप आपके मन में बार बार दुखी होकर याद करते हो, वो आप के अंदर सड़ जाती है। वो सारे घटनाओका एक साथ ही आप के डिप्रेशन के लिए ज़िम्मेदार होते है।

१६.   वैज्ञानिक दृष्टिकोण:यदि आप भूतकाल के ये
घटना याद कर रहे हो तो तुरंत रोकिए

❖ जब अचानक धक्कदायक घटना घटित होती है, तो आप के ब्रेन के साथ क्या होता है?

जब अचानक धक्कादायक घटना घटित होती है, तो उस धक्के से सवर जाने के लिए ब्रेन संकट काल का रसायन तैयार करता है। जिससे आप उस धक्कादायक घटना के धक्के से जी सके। उस घटना से आप सर्वाइव कर पाये।

❖ जब आप भूतकाल में घटित बुरी घटना बार बार याद करते है, तब आप के ब्रेन के साथ क्या होता है?

जब आप भूतकाल में घटित बुरी घटना या धक्कादायक घटना याद कर रहे हो। हालकि वो घटना आप के जीवन में आप के साथ अभी ये ख़सान घटित नहीं हो रहा हो। आप सिर्फ़ याद कर रहे हो, तो भी आप के ब्रेन को लगता है की वो धक्कदायक घटना आप के साथ अभी ये क्षण में घटित हो रही है, तो फिर ब्रेन फिर से संकट काल का रसायन आप के शरीर में निर्मित(produce) करता है। ताकि उस धक्कदायक

घटना में आप survive कर पाये, ज़ी सके। पर जब आप बार बार वो धक्कदायक घटना याद करते हो तो ब्रेन बार बार वो संकट काल का रसायन आप के शरीर में निर्मित(produce) करता है।

विज्ञान के अनुसार आप के ब्रेन को ये नहीं समझता की, वो घटना आप के साथ अब घटित हो रही है या फिर आप बस भूतकाल की घटना याद कर रहे हो।

❖ संकट काल का रसायन:

ये संकट काल का रसायन आप के शरीर के शरीर के लिए सही नहीं है। क्योंकि वो संकट काल का रसायन आप के शरीर में सिर्फ़ तभी निर्मित (produce) होता है, जब कोई धक्कादायक घटना आप के साथ घटित होती है। वो धक्कादायक घटना में आप जी सके इस लिए प्रकृति ने (nature ने) ये सुविधा करके रखी है।

बार बार भूतकाल की धक्कादायक घटना याद कर कर के बार बार निर्मित हुए संकट काल का रसायन आप के शरीर और मन पे परिणाम कर के आप का शरीर और मन बीमार पद सकता है। और फिर आप के शरीर और मन की बीमारी बढ़ भी सकती है।

।।तात्पर्य।।

भूतकाल की बुरी घटनाएँ बार बार याद कर के आप शरीर और मन के बीमारी को आमंत्रित (invite) कर रहे हो।

❖ लढ़ों या भाग जाओ:

जब हम आदिमानव थे। तब हमे ख़ाना जंगल में ढूँढके ख़ाना पड़ता था। ये ख़ाना ढूँढते समय हमे किसी जंगली जानवर का सामना करना पादरा था जैसे की बाघ (tigor), सीम्ह (lion)। तब उस समय उस जंगली जानवर या तो लढ़ाना पड़ता था या फिर वहाँ से भागना पड़ता था। तब हमारे शरीर में "लढ़ों या भाग जाओ" ("fight or run) ये एक्टिवेट होता है। संकट काल का रसायन

अपने शरीर में निर्मित होता है। ताकि हम इस धक्कादायक घटना में जीवित रहते है।

अब हम वो आदी मानव नहीं है और अब हम जंगल में भी नहीं रहते। आज हमारे जंगली जानवर बाघ नहीं आता।

पर अभी के जमाने के बाघ है:

- ऑफिस में परेशान करने वाला बॉस,
- परिवार की कोई नकारात्मक दुखी व्यक्ति,
- अचानक सामने आयी हुई धक्कादायक घटना,
- अचानक हुआ अपमान (insult)
- ऑफिस में नहीं मिला हुआ प्रमोशन
- पैसों की कमी
- ख़राब रिश्ता (पति/पत्नी/gf/bf)

अभी के जमाने के ये बाघ सामने आने पर "लढ़ों या भाग जाओ" ("fight or run) ये एक्टिवेट होता है। संकट काल का रसायन अपने शरीर में निर्मित होता है। ताकि आप उस घटना का सामना कर सके। ताकि आप उस घटना में survive कर सके।

तो "लढ़ों या भाग जाओ" ("fight or run) मतलब हम survival मोड में होते है।

"लढ़ों या भाग जाओ" ("fight or run) ये in built होता है। प्रकृति (nature) ने धक्कादायक, दुखी, नकारात्मक घटना का सामना करने के लिए हमारे शरीर में ये सुविधा कर के रखी है। ताकि हम उस धक्कादायक घटना से हमारी जान बचा सके। तो ये होता है survival mode.

यदि हमे ये "लढ़ों या भाग जाओ" ("fight or run) का logic पता होता, तो हम survival mode में ना रहके हमेशा ख़ुशल और thankful रहते। अभी के अभी ये तय करो की आप ज़्यादा से ज़्यादा thankful और शुशहाल रहोगे। हालाकि "लढ़ों या भाग जाओ" ("fight or run) ये प्रकृति ने सुविधा कर के रखी है,फिर

भी लगातार उसमे रहना मतलब survival mode में रहना। और जितना आप survival mode में रहोगे उतना आप वो रसायन निर्मित करोगे। जितना आप ये रसायन निर्मित करोगे उतना आप शरीर और मन के बीमारी की और जाओगे।

❖ "लढ़ों या भाग जाओ" ("fight or run) के बारे में और एक महत्वपूर्ण जानकारी:

जैसा की हमने देखा की आदि मानव के लिए संकट मतलब जंगली जानवर बाघ। अचानक बाघ का सामने आना, ये आदिमानव के लिए संकट था। पर जब बाघ सामने आता है तब वहाँ चार कदम पीछे जाना ही सही है।

जब बाघ सामने आता है तब हम बाघ को गुदगुदी नहीं करते बैठते।

मतलब आवश्यकता के अनुसार ४ कदम पीछे आना ही सही होगा।

(Disclaimer: किसी भी प्रकार की हिंसा मत सेहन करना।) फिर इसका उपाय detail में आगे के chapter में देखते है। एक छोटी सी ट्रिक मैंने की और मेरे स्टूडेंट्स से कर के ली।

||Chapter का सारांश||

इस chapter में बहोत ही महत्वपूर्ण संकट का रसायन हमारे शरीर में क्यों निर्मित (produce) होता है? उसका हम पर क्या परिणाम होता है? उसका हम पर केस अपरिणाम होता है? ये हमने वैज्ञानिक दृष्टिकोण से देखा। मानसिक स्वास्थ्य के सममधित ये information सबको पता होना बहोत ज़रूरी है।

१७। आप की बैचेनी का ये रामबाण उपाय, आप को पता होना ही चाहिए।

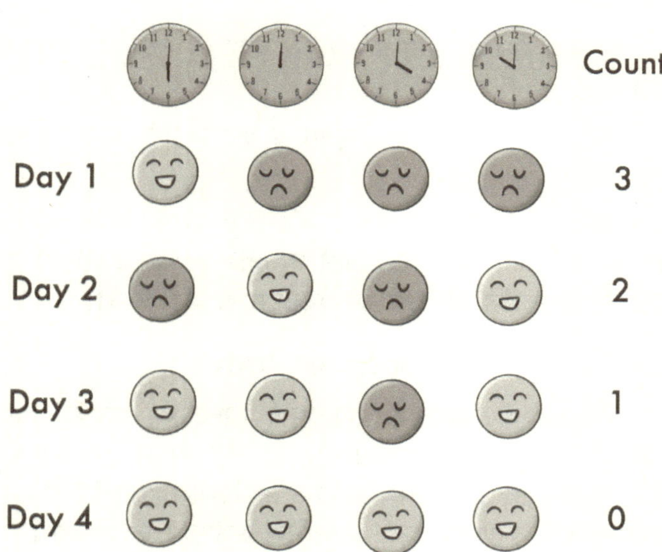

जैसे की मैंने इसके पहले की चैप्टर बताया की, "अभी" "इस वक़्त" ख़ुश रहना है। कोई भी काम करने का पहला कदम है की "तय करना (decide करना)" की, मैं ये करूँगी, और हा मुझे ख़ुद पे यक़ीन है की मैं ये कर पाऊँगी।

मेरी ख़ुशी बाहर के परिस्थिती पर निर्भर नहीं है। कोई भी मुझे अपसेट नहीं कर सकता। कोई भी व्यक्ति और परिस्थिति मुझे कभी अपसेट कर ही नहीं सकती।

ये सबसे पहले तय कीजिए।

अभी इस chapter में आप को सबसे आसान तरीक़ा बताती हूँ। जो मैं मेरे students से करा के लेती हूँ।

वह ये है की, पूरा दिन आप को ये गिनना है की, कितनी बार आप ख़ुशी से बाहर आ गये मतलब दुखी हुए, upset हुए, गुस्सा हुए, चिड़चिड़ापन महसूस हुआ, आप को बुरा लगा, ख़ुद को दूसरों से कम समझ रहे हो। मतलब पूरा दिन आपको ये observe करना है की, जब आप के ऑफिस में या फिर घर या फिर आप

के दोस्तों के साथ या फिर आप के टीचर्स के साथ या फिर मम्मी पापा हसबैंड वाइफ गर्लफ्रेंड बॉयफ्रेंड ने कुछ कहा और आपको बुरा लगा, या फिर आप ओवर थिंकिंग कर रहे हो या फिर किसी भी कारण आप दुखी हो गये। संक्षिप्त में दिन में कितने बार आप की भावना ख़ुशी के opposite थी? या फिर दिन में कितने बार आप को anxiety thoughts आये, दिन में कितनी बार panic attack आया? कितनी बार दिन में ऐसा हुआ ये आप को काउंट करना है।

शुरू में आप का काउंट ५ से ७ हो सकता है।

उदाहरण की तौर पर: मान लो के दिन में आप ने **२ बार** गुस्सा किया

१   **बार** आपने over thinking किया

२   **बार** anxiety वाले thoughts आये।

तो आप का ख़ुशी से बाहर आने का टोटल काउंट है ५। मतलब दिन भर आप ५ बार ख़ुशी से बाहर आ गये।

ऐसा आप को पूरा दिन आप को observe करना है की, कितनी बार आप ख़ुशी से बाहर आ गये (कितनी बार आप नकारात्मक, दुखी हो गये) तो हर दिन आप को ये गिनना है। इससे वैज्ञानिक दृष्टि से क्या होगा? तो जब हम जानबूझकर जागृत रहकर observe करते है की, कितनी बार आप ख़ुशी से बाहर (नकारात्मक हुए)

निकले? तब धीरे धीरे कुछ दिनो के बाद दुखी और नकारात्मक रहने का काउंट कम हो जाता है। और लगभग ४ से ५ दिनों के बाद आप का count शून्य (० zero) पर आ जाता है।

ये मेरा ख़ुद का और मेरे स्टूडेंट्स का अनुभव है। क्योंकि अब तक हम एक ही साँचे में जीते आये है।

मतलब एक ही दिनचर्या उसमे भी आधा वक़्त past की बुरी यादे और भविष्य की चिंता में आप व्यस्त रहते है। ऐसे समय जागरूक रहकर दिनभर आप कितनी बार दुखी हुए, ये जब आप

गिनते है, तब आप के ब्रेन का दुखी होने का पैटर्न आप ब्रेक करते हो। और आप की दुखी नकारात्मक होने की intensity कम हो जाती है।

ये एक्टिविटी जब मैंने मेरे students को करने बोला तो एक ही हफ़्ते में उनको सकारात्मक बदलाव महसूस हुआ। और फिर ये एक्टिविटी लगातार हर दिन करने के बाद उनके मुझे मेसेज आ जाते है।

उनका मेसेज आता है, "मैडम अब हमारा जीवन एक magic की तरह खुशहाल हुआ है। २४ घंटे हम खुश रहते है।"

❖ तो अब आप का अगला सवाल होगा की, शुरू में जब आप दुखी हो जाते है उस वक़्त उसी क्षण क्या करना है?

मतलब नकारात्मक विचार आये, दुखी भावना महसूस हुई, उस वक़्त करना क्या है? मतलब हम नकारात्मक सोचना बंद कर दे क्या? उस समय दुखी होना बंद करूँ क्या? उस क्षण exactly करना क्या है? जब अचानक से anxiety वाले विचार आयेंगे, दुखी विचार आयेंगे, जब ब्रेन past की बुरी यादे याद दिलाएगा तब क्या करना होता है?

शुरुवात कहा से करनी है? शुरुवात करना है ये जब तय करना हो, तो क्या तय करना है? तो कोई भी घटना घटित होती है, कुछ भी हुआ तो आप के हात में choice करने का option होता है। आप के पास दो options है: या तो चिंतित रह कर सामने जाओ, या फिर खुशहाल रहकर सामने जाना। तो अभी इस क्षण में तय करो की, अभी से आप के जीवन में जो भी क्षण आएगा, जो कुछ भी घटना होगी, उसमे आप खुश रहोगे। खुश होने के बाद ही, आप जो कुछ भी करना होगा वो करोगे। क्योंकि अब आप मुझे एक सवाल का जवाब दीजिए, किसी भी घटना को ख़ुशी सामना करना सही रहेगा? या चिंता से, डर से सामने जाना सही रहेगा? हा ठीक है, कोई भी घटना अचानक हुई तो हो सकता है आप को डर लगे, गुस्सा आये। पर ऐसे समय पर जब भी आप को इस बात का एहसास हो, तब आप को "ख़ुशी" और "चिंता" में से "ख़ुशी" को

choose करना है। क्योंकि जब ख़ुशी से उस घटना का सामना करोगे, तब आप को solutions के दरवाज़े खुलते हुए दिखायी देंगे। वही अगर चिंता से उस प्रॉब्लम की तरफ़ देखिगे तो आखोने के सामने जो solution होगा वो भी आप को दिखाई नहीं देगा।

तो शुरू में आप डिसाइड कीजिए, खुश रहना है। फिर कोई भी घटना होने दो, कोई भी व्यक्ति होने दो, आप अभी तय कीजिए की, कहा भी होंगे तो, किसी के भी साथ होंगे तो, तो आप को "खुश रहना" choose करना है। आप को कोई भी upset नहीं कर सकता है।

ऐसा करने के बाद जब आप गिनोगे, की दिन में से आप कितनी बार अपसेट हुए, तब वो ज़्यादा effective होगा।

(इसका logic यही है की, आप जागरूक रहते हो। जब हम जानबूझकर ऐसे चेक करते है की, कितनी बार आप ख़ुशी से बाहर आये। तब आप के ब्रेन का दुखी होने का पैटर्न ब्रेक होता है।)

अब इसका अगला कदम

अब जब ऐसा कुछ होता है(आप दुखी हो जाते हो), तब मैं आप को ये नहीं कहूँगी की, नकारात्मक सोचो मत या फिर प्रॉब्लम के बारे में सोचिए मत। क्योंकि जब मैं आप को ऐसा कहूँगी, तब आप का ब्रेन आप को जानबूझकर नकारात्मक, दुखी घटनाएँ याद दिलाएगा। क्योंकि मन का एक नियम होता है, "जो नहीं करने बोलेंगे" वही करने के लिए वो उतावला होगा।

और उसमे आप के ब्रेन को नकारात्मक, दुखी भावना की आदत हुई होती है। तो हम भी फिर होशियार बन जाते है, और फिर इस सबको हैंडल करते है।

जब आप दुखी होते है, नकारात्मक होते है, तब वैज्ञानिक दृष्टि से क्या होता है? तो आप के जो vibrations जो होते है, वो कम हो जाते है। ब्रह्मण्ड का सिद्धांत वाइब्रेशंस पर चलता है। वाइब्रेशंस मतलब आपकी भावनाये किसी घटना के लिए दुखी होंगे, तो ठीक वैसे दुखी घटनाएँ आपके जीवन में घटित होंगे। इसलिए कभी भी

आप का हेतु यही होना चाहिए, की आप की वाइब्रेशंस हाई होनी चाहिए। आप की भावना खुशहाल होनी चाहिए। फिर आप कहा भी होंगे और आप हाई वाइब्रेशंस में होंगे, तो आप वैसे खुशहाल घटना और वैसे अवसर दिखने लगेंगे। संक्षेप में आप को आप के वाइब्रेशंस हाई रखने है। तो सवाल ये है की आप उस वक़्त आप के वाइब्रेशंस हाई कैसे करेंगे? तो आप को जो इस वक़्त दुखी विचार तंग कर रहा है, उसे बदलना है।

मतलब अभी आप जिधर किधर भी हो.....घर, ऑफिस, दोस्त के साथ होंगे। और इस वक़्त अगर आप के मन में past में घटित घटना याद आके आप दुखी हो गये।

तो ऐसे समय पर १ मिनट रुकने की (pause लेने की) ज़रूरत है। ऑफिस में होंगे, घर होंगे, किधर भी होंगे। ये एक मिनट रुकना ज़रूरी है। एक मिनट तो आप रुक ही सकते है। (यदि आप ऑफिस में होंगे। ऑफिस में कुछ हुआ या फिर किसी past की घटना याद आके आप दुखी हो गये। तो उस वक़्त तुरंत १ मिनिट का pause लेना ज़रूरी है।) ये एक मिनट तो आप रुक ही सकते है। (कही भी हो ऑफिस में भी हो तो भी वाशरूम जाने के बहाने से १ मिनट आप रुक ही सकते हो) और रुकना बहुत बहुत ज्यादा महत्वपूर्ण है। क्योंकि ऐसे दुखी, नकारात्मक विचारों में आप को रुकना नहीं है। आपको उस समय तुरंत आप के वाइब्रेशंस बढ़ाने है। उसके लिए आपको ये १ मिनट रुकना ज़रूरी है। अगर आप उस वक़्त १ मिनट नहीं रुके तो वैसे ही दुखी, नकारात्मक भावना में रहोगे। तो ऐसे ही दुखी नकारात्मक, दुखी भावनाये बढ़ते ही जाएँगे। (क्योंकि जहां आप का ध्यान जाता है, वो चीजें आप के जीवन में बढ़ते ही जाएँगे। और इसे विज्ञान ने proof किया है।) इस लिए ऐसे समय पर एक मिनिट रुकना ज़रूरी है। फिर अब सवाल आता है १ मिनट रुकके करना क्या है?

१ मिनट रुकने के बाद उस क्षण १ खुशी वाला आप अपने मोबाइल में play कर सकते है। (of course headphones लगा के) और फिर नाच भी सकते हो या फिर कॉमेडी शो भी देख सकते

हो। इसके पीछे का विज्ञान ये है की गाने में आवाज़ की फ्रीक्वेंसी होती है। उस खुशहाल गाने से आप की जो दुखी भावना से low फ्रीक्वेंसी हुई है, वो हाई करने में मदद होती है। गाने के साथ आप डांस करोगे तो डॉक्टर जो डेस्पेंज़ा कहते है १४०० खुशहाल कैमिकल निर्मित होते है। आप को low वाइब्रेशंस से हाई वाइब्रेशन में लाने का ये सबसे आसान तरीक़ा है।

मैं ख़ुद क्या करती हूँ? मैं ख़ुशल गाना सुन लेती हूँ। या फिर डांस कर लेती हूँ, या फिर कॉमेडी शो देख लेती हूँ। मतलब अब मैं upset नहीं होती। शुरू में ऐसा मैं करती थी। जैसे की मुझे समझता था की किसी कारण के वजह से मैं दुखी हो गई हूँ, तब मैं उस वक़्त गाना सुन लेती थी। या फिर कॉमेडी शो देख के ख़ुद को हाई वाइब्रेशन में लाती थी। ख़ुद को खुशहाल ज़ोन में लाने का प्रयास करती थी।

तो आप को शुरू में ये १ मिनट रुकना ज़रूरी है। यदि आप ये १ मिनट नहीं रुकते हो तो आप का ब्रेन आप को और क्या बुरा हो सकता है या फिर past की बुरी यादे याद दिलाता है। और फिर आप को और ज़्यादा दुखी और नकारात्मक करता है।

देखो इतना १ मिनट तो आप ऑफिस में भी निकाल ही सकते हो। वाशरूम में जाइए कान में हेडफ़ोन्स डालिये और एक ख़ुशी वाला गाना प्ले कीजिए। गाने की आवाज़ की फ्रीक्वेंसी आप की फ्रीक्वेंसी हाई कर देगी। पर कोई भी रोने वाला दुखी गाना मत सुनिए। ("फिर भी दिल है हिंदुस्तानी" ये मूवी का "आय एम द बेस्ट "ये गाना आप लगा सकते हो, या फिर आप **Ariana Grande** का "I see it, I like it, I want it, I got it" ये गाना आप सुन सकते हो। इस गाने से सकारात्मक energy है। वो आप के वाइब्रेशंस तुरंत हाई कर देते है।)

ये एक मिनट आप ने नहीं निकाला तो, २, ४ घंटे आप वही नकारात्मक, बुरु घटना लेके बैठोगे। कुछ लोग वो बुरी घटना २,४ घंटा लेके बैठते है, कुछ लोग १,२ दिन लेके बैठते है, कुछ लोग २,३ महीने लेके बैठते है, तो कई लोग २,३ साल लेके बैठते है, कुछ

लोग कई साल लेके बैठते है। और फिर बार बार एक ही प्रकार के नकारात्मक सोच से आप का वो pattern ही बन जाता है। आप के शरीर, मन, ब्रेन को नकारात्मक रसायन की आदत होती है। फ़ीर आप नकारात्मक चक्रव्यूह में अटक जाते हो। ऐसे समय पर जागरूक रह कर, १ मिनट रुक कर आप को आप के वाइब्रेशंस हाई करने है। उस वक़्त जागरूक रह कर pause लेकर या फिर वो टॉपिक बदलना है। ऐसा करने से आप के ब्रेन का नकारात्मक pattern ब्रेक हो जाता है। फिर आप का ब्रेन इस चक्रवुह से सही सलामत बाहर निकलता है।

ये मैंने भी किया। मेरे स्टूडेंट्स भी कर रहे है। उनको बहुत ही सकारात्मक रिजल्ट आया। अगर आपको तुरंत टॉपिक बदलने को नहीं आ रहा हो, तो उस समय गहरी सास लीजिए। गहरी सास लेना ये बहुत ही अच्छा solution है। आप जहां भी हो वहाँ गहरी सास ले सकते हो। गहरी सास लेने से आप के विचार कम हो जाते है। और उस नकारात्मक भावना की intensity कम हो जाती है। ये विज्ञान ने भी proof किया है। जब भी आप गहरी सास लेते हो तब आप present moment में आ जाते हो और आप की awareness जागरूकता बढ़ जाती है। इस वजह से दुखी भावना की intensity कम हो जाती है।

टिप्पणी

कई लोगों का अब सवाल होगा की, टॉपिक बदलने से जो main प्रॉब्लम है वो नहीं बदलेगा। तो फिर जो main प्रॉब्लम है उसका क्या? टीआर उन सब लोगों के लिए मेरा जवाब ये है की,दुखी, नकारात्मक भावना से तो आप उस प्रॉब्लम से बाहर नहीं निकल सकते। तो वैसे नकारात्मक,दुखी भावना में रहोगे तो प्रॉब्लम और बढ़ सकता है।

अगर सही सलामत उस प्रॉब्लम से बाहर निकलना होगा तो उसके पहले आप की मन की स्थिति ठीक करना ज़रूरी है। ये सबसे ज़्यादा ज़रूरी है। क्योंकि सही मन के स्थिति में ही आप को

solution दिख सकते है। वही दुखी नकारात्मक मन के स्थिति में आप को सामने जो solution है वो भी नही दिखेगा। अभी के क्षण में टॉपिक बदल कर आप आप के मन की स्थिति, vibrations सुधार सकते हो। ऐसा करने से आपको आपके प्रॉब्लम के solution ज़रूर दिखाई देंगे।

||संक्षेप में ये chapter||

१) २४ घंटा खुश रहने का तय कीजिए।

२) आप को कोई भी upset नहीं कर सकता। कोई भी व्यक्ति, घटना आप को अपसेट नहीं कर सकता। (यदि कोई भी व्यक्ति या फिर घटना आप को अपसेट कर रही हो। इस का मतलब आप के ख़ुशी का रिमोट कंट्रोल आप ने लोगों को देकर रखा है।)

३) शुरू में दिन में आप कितनी बार दुखी, नकारात्मक हुए? ख़ुशी से बाहर आये? ये आपको गिनना है। इससे आप जागरूक होंगे। जानबूझकर जागरूक रहने से आप के ब्रेन का पैटर्न ब्रेक हो जाता है।

४) जब हम जागरूक रहकर कितनी बार नकारात्मक हुए है ये देखते है। तब नकारात्मक, दुखी भावना की गिनती कम हो जाती है।

५) जब आप ख़ुशी से बाहर आओगे। तब १ मिनट रुक जाइए और ये एक मिनट रुकना ज़रूरी है। एक मिनट रुकके स्विच करना, टॉपिक बदलना, उस वक़्त आप के वाइब्रेशन बढ़ाने की कोशिस्क करना ज़रूरी है। क्योंकि जब आप दुखी होते हो, तब आप के वाइब्रेशंस लो हो जाते है। और फिर वैसे लोग, वैसी घटनाएँ आप के जीवन में आ जाते है। फिर उस वक़्त वाइब्रेशंस हाई करने के लिए आप सकारात्मक गाना लगा के नाच सकते है। गाने में एवज़ की फ्रीक्वेंसी होती है। वो आप को लो वाइब्रेशन से हाई वाइब्रेशन में लेके जाती है।

हर इंसान अलग होता है। आप ख़ुद कैसे खुश हो सकते है? गाना लगा के, कॉमेडी शो देख के, नाच के, गहरी सास लेके आप दुखी भावना से बाहर आ सकते है।

१८.   आप मन की शांति धुंड राहे हो क्या?

भाग १

हम सबको हमारे हर जीवन के हर चरण में (all part of my life) शांति चाहिए होती है। फिर करियर हो, जॉब हो, शरीर मन का स्वास्थ्य हो, रिश्ते हो। इस सब चरण में हम सबको शांति प्यारी होती है।

हर एक इंसान को लगता है की, अपना हर दिन अच्छा जाये:

- मतलब ऑफिस में सब ठीक हो।
- हमारे जो भी रिश्ते है, घर में, परिवार में सब ठीक हो।
- पति पत्नी के रिश्ते में सब अच्छा हो।
- बच्चे मन लगा के पढ़ाई करे।
- जीवन जे हर area में सबकुछ ठीक से चले।

- ❖ **"सबकुछ ठीक होने दो" की व्याख्या (definition) हर एक की अलग अलग होती है। पर सर्वसाधारण रूप से वो ऐसे होती है:**
  - ◆ "सबकुछ ठीक होने दो" मतलब आप को ऑफिस पॉलिटिक्स नहीं चाहिए होता।
  - ◆ आप को आप के परिवार में किसी का भी किसे से झगड़ा नहीं चाहिए रहता।
  - ◆ बच्चों का पढ़ाई न करना आपको नहीं चाहिए होती।
  - ◆ आप जो ऑफिस में हो उस ऑफिस में आप को आप के काम का क्रेडिट और प्रमोशन मिले।
  - ◆ जो कुछ भी ऑफिस के काम हो वो डेडलाइन के पहले पूरे हो। उसके अनुसार समय पर पूरे quality के साथ काम हो।
  - ◆ कामवाली बाई समय पर और हर दिन आनी चाहिए।
  - ◆ देश विदेश में समय समय पर घूमना मिलना चाहिए।

बात ये है की ये सब नहीं हुआ तो, आप के मन के जो भी कुछ expected calculations होते है वि बीघाड़ जाते है। संक्षेप में कई बार मन मुताबिक़ चीजें नहीं हुई तो कई लोग चिड़चिड़ापन महसूस करते है। फिर आप शुरू होता है आप का शांति धुंडने का सिलसिला।

इस शांति के बारे एक बहुत ही सुंदर कहानी आप को बताती हूँ। ये कहानी हर एक इंसान के लिए ज़रूरी है।

Acknowledgement: ये कहानी मैंने कई सुने थी। दो बार अलग अलग जगह से सुनी थी। उसमे से एक बार मैंने संदीप माहेश्वरी से सुनी और एक बार कहा से सुनी याद नहीं।

कहानी शुरू करती हूँ। एक बार एक बहोत बड़ी पेंटिंग प्रतियोगिता (drawing competition) हो रही होती है। इस प्रतियोगिता के लिए कई राज्यों में से लोग हिस्सा ले रहे थे। बहुत दूर दूर से बड़े बड़े चित्रकार (पेंटर), छोटे बड़े चित्रकार (पेंटर) भाग ले रहे थे।

हर चित्रकार (पेंटर) को इस प्रतियोगिता में हिस्सा लेने में जिज्ञासा (excitement उत्सुकता) थी। प्रतियोगिता में हिस्सा लेने का कारण इनाम नहीं होता। तो पूरे भारत देश से अलग अलग प्रकार के चित्रकार (पेंटर) ने भाग लिया था। इसी प्रतियोगिता के बहाने विभिन्न (various) चित्रकार (पेंटर) की कला देखने का ये बड़ा ही शानदार अवसर था। निपुण (talented) चित्रकार (पेंटर) संपर्क किया जा सकने का बड़ा ही अच्छा मौक़ा था। ये निपुण कला कहा से सीखी ये जान लेने का अवसर मिलने वाला था। विभिन्न प्रकार की कला एक ही छत के नीचे देखने को मिलने वाली थी। मानो कलामय वातावरण हो गया था। एक कलाकार को और क्या चाहिए? कलाकार के लिए ये तो एक सुवर्णसंधि थी।

इस पेंटिंग प्रतियोगिता ए भाग लेने वाले को विषय दिया जाने वाला था। उस विषय पर हर कलाकार को अपनी चित्रकला की कला सदर करनी थी।

तो ये विषय था "शांति"

पेंटिंग प्रतियोगिता में भाग लेने वाले हर एक इन्सान ने हर अलग अलग तरीक़े से उनके पेंटिंग से शांति दिखाने का प्रयास किया था।

किसी ने हिमालय की शांति दिखायी थी,

किसी ने शांत नदी का किनारा दिखाया था,

किसी ने रात के चंद्रमा से शांति दिखाई थी,

किसी ने रात के तारों में शांति दिखाई थी,

किसी ने हरेभारे पहाड़ों में शांति दिखाई थी,

हर किसने अलग अलग तरीक़े से शान्तता दिखाने का प्रयास किया था।

हर कलाकार ने बहोत ही बढ़िया बढ़िया चित्र (पेंटिंग) निकाली थी। हर कलाकार ने अपनी अपनी तरीक़े से शांतिदिखानी की कोशिश की थी।

उसमे से दो चित्र (पेंटिंग) semi final तक पहोछ गये।

उसमें से एक चित्र ऐसा था:

सुंदर ऐसा झरना था। उस झरने के आसपास पूरी हरियाली थी। पहाड़ के पीछे से सूरज छुप के से जैसे देख रहा हो। बीचमे रिमझिम सी हलकी सी बरसात भी थी। सूरज की रोशनी में बारिश गिर रही थी। इस वजह मानो आकाश में कई सुनहरे, नारिंगी, कुछ लाल रंगो के बादल की छटाये भी थे।

वो झरना जिस पहाड़ से बह रहा था। उस पहाड़ और झरने के बीच में ही पेड़ के डाली पर पंछी का घोंसला था। और उस घोंसले में दो पंछी थे और उनके २ छोटे छोटे बच्चे(baby पंछी) थे। एक पंछी छोटे पंछी के चोच में दाना डाल रही थी। माँ पंछी बच्चा पंछी को ख़ाना खिला रही थी। ऐसे ये घोंसले से वो चित्रकार ने शांति दिखाने का प्रयास किया था।

पहाड़, पहाड़ में से झरना, पहाड़ और झरने के बीच में पेड़ पर घोंसला आसपास के प्रकृति का बहुत ही सुंदर चित्र था वो।

दूसरा चित्र (पेंटिंग) ऐसा था:

बहोत बड़ा तूफान आया था। हर तरफ तेज हवा चल रही थी। भारी वर्षा हो रही थी और नदी को बढ़ भी आयी थी। कुछ पेड़ भी इस तूफ़ान के वजह से टूट चुके थे और तेज तूफ़ान में तेज हवा के साथ उड़ रहे थे। मानो वो पेड़ तेज हवा पीछा कर रहे हो। नदी के पास ज़्यादा घर नहीं थे। बस २ ही घर थे। उसमे से एक घर का छप्पर उड़ चुका था। वो छप्पर भी उस तुफ़र के भावण्डर के साथ उड़ रहा था। दूसरा जो घर था उसका आधा छप्पर उड़ चुका था। जहां से छप्पर उड़ गया था वहाँ से बारिश का पानी घर के अंदर जा रहा था।

उस घर को एक खिड़की थी। उस खिड़की में एक आदमी खिड़की से बाहर देख रहा था। उसको सारे और तूफ़ान दिख रहा था। उस तूफ़ान में उसी के घर का आधा छप्पर उड़ गया था। ज़ाहिर तौर से उसी वजह से आधे उड़े हुए छप्पर से बारिश का पानी उसके घर में आ रहा था। इतना सब होने के बावजूद खिड़की में से बाहर देखते समय उस व्यक्ति के चेहरे पर शांति, एक प्यारी सी मुस्कुराहट (smile) और उसकी के साथ ही संतुष्टि (satisfaction) भी थी।

तो ये दोनों चित्र (पेंटिंग) जो semi final में थे। इसमें से पहचानिए कौन से चित्र (पेंटिंग) को पहला प्राइस मिला होगा?

तो इन दोनों में से दूसरे चित्र को पहला प्राइस मिला था। जिसमें तेज तूफान और भारी बारिश के कारण उसके घर का छप्पर उड़ गया और फिर भी उसके चेहरे पर शांति थी। इसका अर्थ यह था की, घर के बाहर के तूफ़ान ने उस व्यक्ति के मन में प्रवेश नहीं किया था। उस तूफ़ान ने उसके मन की शांति भंग नहीं की थी। ये वो शांति थी, जो किसी भी परिस्थिति के वजह से भंग नहीं हुई थी बल्कि शांति के कारण चेहरे पर मुस्कुराहट के साथ सन्तुस्थि भी थी।

तो इस पेंटिंग प्रतियोगिता में इस व्यक्ति के चेहरे की शांति जीत चुकी थी।

।।तात्पर्य।।

हमारे जीवन के हर पड़ाव में ऐसे तूफ़ान कई बार अलग अलग रूप में आते है। पर इस तूफ़ानों को आप के मन के अंदर प्रवेश करने देना है या नहीं देना है, ये आप के ऊपर है।

क्योंकि ऐसे तूफ़ानों को यदि आप आपके मन में प्रवेश करने देंगे तो आप मानसिक और शारीरिक रूप से कमजोर पद जाएँगे।

पर यदि आप जागरूक रह कर तय करते है की, "ठीक है, बाहर के वातावरन में तूफान है। उसका सामना शांति से करेंगे। शांति से सामना करेंगे तो ही नहीं राह मिलेगी वरना नहीं मिलेगी। अन्यथा

यदि टेंशन, स्ट्रेस लेंगे, गुस्सा करेंगे, तो आँखों के सामने जो भी समाधान है, वो भी नहीं दिखेगे।"

और यदि आप शांति से सोचेंगे तो इस तूफ़ान से बाहर निकालने का सही रास्ता भी दिखेगा।

शांति मतलब हिमालय की शान्तता या फिर कोई भी शांत जगह नहीं। तो आप के जीवन के हर पड़ाव में जब परिवार में,करियर में, रिश्ते में, नौकरी में कुछ ऐसी परिस्थिति आयी जो आप को मानसिक रूप से हिला दे। मानो एक प्रकार का तूफ़ान ही आप के जीवन में आया। तो इस बाहर के तूफ़ान को आप के मन में प्रवेश करने मत देना। यदि आप इस बाहर के तूफ़ान को आप के मन में प्रवेश करने देते है, तो वो मन का दुख, दर्द आपको कब डिप्रेशन के और लेकर जाएँगे ये आपको भी नहीं समझेगा। फिर सही वक़्त पर इस सबको नहीं रोका तो धीरे धीरे मानसिक बीमारी भी बढने लगेगी।

तब वो तूफ़ान धीरे धीरे आप के शरीर में भी प्रवेश करता है। शरीर में इस तूफ़ान का प्रवेश होना मतलब शरीर बीमार होना।

कौन सी भी परिस्थिति में चतुराई से, शांति से सामने जाना ही सही रहेगा। इस तूफ़ान में ही शांत रहना इस तूफ़ान से लढ़ने का एक प्रभावशाली हतियार है। क्योंकि यदि आप इस तूफ़ान में शांत रहते हो तो आप को इस तूफ़ान से बाहर निकलने का प्रभावशाली हतियार है। क्योंकि तूफ़ान में शांत रहोगे तो ही तूफ़ान से बाहर निकालने की रह दिखेगी।

तो इस तूफ़ान में शांत मन के स्थिति में होना, यही असली जीवन की शांति कहलाएगी।

उस व्यक्ति की शांति, मन की संतुष्टि (satisfaction), ख़ुशहाली (happiness) इस तूफ़ान पर निर्भर नहीं थी। आसान भाषा में इसका ये मतलब है की, कोई भी तूफ़ान किसी भी व्यक्ति की मन की शांति, मन की संतुष्टि (satisfaction), ख़ुशहाली को हिला नहीं सकता।

Acknowledgement: याद आया ये कहानी मैंने दो बार अलग अलग जगह से सुनी थी। एक बार संदीप माहेश्वरी से और एक बार याद नहीं कहा से सुना।

ऐसे छोटे तूफ़ानो का सामना आप कैसे करते हो, ये आप के ऊपर निर्भर है। यदि आप हर एक तूफ़ान आप के मन को लगा के लेते हो या फिर दिल पर लेते हो, तो वो आप के लगातार किए जाने वाले दुखी विचार आप को डिप्रेशन की और लेके जा सकते है।

तो अभी इस क्षण, आप सभी readers, मुझे वादा कीजिए, आप के मन के शांति का रिमोट कंट्रोल आप आप के हात में लेंगे। आप आप के शांति का रिमोट कंट्रोल आप के जीवन के तूफ़ान के हात में नहीं दोगे।

आप के मन के शांति का रिमोट कंट्रोल आप के ही हात में है।

कोई भी तूफ़ान अचानक आने से आपको बुरा लग सकता है पर जभी आपको महसूस होगा, तो आप के मन के शांति का रिमोट कंट्रोल आप आपके हात में लीजिए।

भाग २

अब आप में से कई लोग होंगे जिन्हें शांति चाहिये होगी। जो शांति में ही सुख मानते होंगे। मतलब आप डिप्रेशन कंट्रोल के लिए कई जगह पर गये होंगे, कई वेबिनार, सेमिनार किए होंगे, पर तो भी आप को शांति मिली नहीं होगी। क्योंकि शांति आप बाहर ढूँढ रहे हो। कुछ लोगों को लग रहा होगा हिमालय जैसे शांत जगह पर जाकर शांति मिलेगी। तो ये शांति आप के अंदर ही है। और आप वो शांति बाहर ढूँढ रहे हो। inner peace किसी भी शांत जगह पर नहीं मिलेगी तो आप के अंदर ही मिलेगी।

It's within you.Peace is inside you.

हा मैं भी गई थी हिमाचल, पर शांति के लिए नहीं गई थी। प्रकृति के साथ रहने के लिए गई थी। शांति आप के भीतर ही है और आप उसे बाहर ढूँढ रहे हो। मतलब: " बग़ल में छोरा और गाँव में ढिंढोरा।"

आप के शांति ये:

❖ ऑफिस के काम ठीक से हुए तो

❖ आप के बच्चे ने पढ़ाई की तो

❖ सब्ज़ी में नमक सही मात्रा में गिरा तो

ऐसे छोटी छोटी बातों पर निर्भर है क्या? क्योंकि हर किसी चीज के लिए थैंकफुल रहे तो शांति मिलती है। थैंकफुल रहने के बाद जो संतुष्टि मिलती है वो है असली शांति।

जीवन के तूफान में भी शांत रहकर सामने जाना यही असली शांति। मतलब जीवन में कुछ भी घटित हुआ, अच्छा बुरा, सही ग़लत, उस परिस्थिति में आप ख़ुद ही ख़ुद को check कीजिए कि आप उस परिस्थिति में आप के मन की स्थिति शांत थी?

● अब इस क्षण में आप शांत हो? मतलब आप के मन की स्थिति शांत है क्या?

● यदि इस समय आप शांत नहीं होंगे तो, "अच्छा, ठीक है, अब इस क्षण में शांत नहीं हूँ।" ये बात आप accept कीजिए।

● क्योंकि जिस समय आप ये accept करते हो की आप शांत नहीं हो, उस समय आप शांत मन के स्थिति में जाने के लिए तयार हो जाते हो।

● इसलिए अभी के क्षण में थैंकफुल रहिए, तो फिर आप को संतुष्टि (satisfaction) मिलेगी। और फिर आप को शांति महसूस होगी।

टिप्पणी

❖ अभी के क्षण में संतुष्टि मानते समय never settle for less। क्योंकि पीछे के chapter में हमने देखा ही के "आप की आप के जीवन के शिल्पकार हो।"

❖ जब इस क्षण में आप शांत नहीं हो, ये आप को महसूस होता है। फिर जब हम accept करते है की, ठीक है इस क्षण में

हम शांत नहीं है। तो accept करने के बाद हम शांत मन के स्थिति में जाने के लिए तैयार होते है। इसी लिए ये महसूस होना और accept करना बहुत ज़रूरी है।

❖ पर हर बार हमे संतुष्टि मिलेगी ऐसा नहीं है। उदाहरण के तौर पर समझो कोई व्यक्ति दलदल में अटक गया ओ,तब वो व्यक्ति ऐसा नहीं बोलेगा की वो अब संतुष्ट है। तब वो परिस्थिति आप को accept करनी होगी। यदि आप एक्सेप्ट करोगे तो आप शांत होगे । तो तब देखिए, इस परिस्थिति का समाधान क्या हो सकता है।

❖ संक्षेप में परिस्थिति कोई भी हो "जो होता है, वो अच्छे के लिए होता है।"ऐसा बोलकर अलग दृष्टिकोण से वो परिस्थिति को देखिये। यदि आप अलग दृष्टिकोण से देखने पर आप को वही कठिन परिस्थिति कठिन नहीं लगेगी। और इस वजह से आप को शांति महसूस होगी। जब कभी मन में शांति होती है तो रास्ता पक्का मिलता है।

❖ आप के मन की शांति की चाबी किसी भी व्यक्ति या परिस्थिति के हात में कभी भी मत दीजिए।"वो व्यक्ति ने ऐसा किया, इसकिये मैं दुखी हो गया। यदि वो व्यक्ति मेरे मन मुताबिक़ बर्ताव करेगी, तो ही मन को शांति मिलेगी।" ऐसा कभी भी मत कीजिए। क्योंकि आप के मन की शांति आप ही के ऊपर निर्भर है।

||Chapter का सारांश||

कोई भी परिस्थिति में "मन की शांत स्थिति" बहोत ही ज़्यादा महत्वपूर्ण है। वो शांत मन के स्थिति के हर एक पैलू हमने इस chapter में देखे है।

१९. वैज्ञानिक दृष्टि से: आपको ये पता है क्या? आप के भीतर के दुनिया का वास्तविक जीवन से क्या संबंध है?

भाग १

मैं आपको एक कहानी सुनाती हूँ। एक लड़की थी। वो लड़की अपने ऑफिस का काम पूरे दिल से मन लगा कर करती है। वो काम करते वक़्त ख़ुद का १००% देती थी। फिर भी उसका बॉस उसको वैल्यू नहीं देता था। उसके काम का उसको क्रेडिटट नहीं मिलता था। उसने बहुत ही बढ़िया तरीक़े से किए गये काम के लिए कभी भी क्रेडिट नहीं मिलता था। हालाकि उसके काम में क्वालिटी भी थी। ऐसा सब होते हुए भी ऐसा कुछ हो जाता था की, उसका बॉस उस पर किसी ना किसी वजह से चिल्लाता था।

उसको समझ ही नहीं आ रहा था की, ऐसा क्यों हो रहा है? मतलब सही तरीक़े से काम करते हुए भी ऐसा क्यों हो रहा है। बल्कि उसका जो इंटरनेशनल क्लाइंट था, वो भी उस लड़की के काम की तारीफ़ करता था। पर ये बॉस क्यों ऐसे बिहेव कर रहा था? उसको इस बात का जवाब चाहिए था।

इसलिए ये लड़की नेविल गोडार्ड को मिलने गई। नेविल गोडार्ड के पास उसके सवाल का जवाब ढूँढने के लिए गई। ये सच्ची कहानी है। नेविल गोडार्ड के किसी किताब में मैंने पढ़ी थी। मुझे नाम याद नहीं कौन सी किताब थी।

फिर उसने ये सब नेविल गोडार्ड को बताया। नेविल गोडार्ड और वो लड़की इसी विषय पर काफ़ी समय पर discuss कर रहे थे। काफ़ी समय उस लड़की से बातचीत करने के बाद नेविल गोडार्ड को कुछ चीजें समझ में आयी।

नेविल गोडार्ड को समझमे आया की ये उसकी पहली नौकरी थी। जब उसको ये नौकरी मिली, तब उसके तीसरे ही हफ़्ते में उससे काम में एक गलती हुई। तब पहली बार उसका बॉसने उसको बहुत डाटा था। उस दिन के बाद जब जब वो घर से ऑफिस जाने के लिए निकलती थी। तब उसके मन में डर बैठ गया की, आज तो बॉस डाँटेगा नहीं ना, कुछ भी हो जाये मैं मेरे काम में इम्प्रूवमेंट लाऊँगी। इसलिए वो उस दिन से पूरे ईमानदारी और लगन से अपने काम में improvement लाती गई। पर बॉस आज तो डाँटेगा नहीं ना, ये दर उसके मन में बैठ गया। बॉस के लिए डर उसके मन में बैठ गया।

नेविल गोडार्ड ने उस लड़की से पूछा की,

"आप जब ऑफिस जाने के लिए घर से निकलते हो तब आप के मन में क्या चलता रहता है? वो जरा ठीक से याद कर के बताइए।"

तो उसने फिरसे याद कर के देखा की उसके मन में विचार चालू होते थे की, "आज फिर से बॉस ऑफिस जाने के बाद डाँट देगा। मैं इतना काम करती हूँ। १०० प्रतिषद कम में क्वालिटी भी देती हूँ, फिर भी मुझे मेरा बॉस कभी भी क्रेडिट क्यों नहीं मिलता? इंटरनेशनल क्लाइंट भी मेरे काम की तारीफ़ करता है। मैं काम करती हूँ फिर भी मेरा बॉस मुझे value नहीं देता। पर फिर भी कुछ ना कुछ छोटीसी बात पर चिल्ला देता है। जो उसके आगे पीछे सिर

हिलाते है, उनको ही प्रमोशन दे देता है।" तब नेविल गोडार्ड ने उसे कहा की, "यहाँ पर "Law of assumption" का सिद्धांत काम कर रहा है। आप ने पहले ही assume कर लिया की, आप का बॉस आप को आज डाँटेगा। आप काम कर के भी आप को value नहीं मिलती। आप के भीतर के दुनिया में (inner world) में आप के लगातार यही शुरू होता है की, आप को क्रेडिट नहीं मिलता। Law of assumption इस सिद्धांत के अनुसार आप के मन में जो चालू होता है, वही आपको वास्तविक जीवन में मिलता है।

अभी मैं आप को इसका सलूशन बताता हूँ। ऑफिस जाते समय आप ऐसा बोलना शुरू कीजिए की, "वाँ मैं हमेशा काम में १०० प्रतिषद देती हूँ। मुझे ख़ुद पे नाज है. I am proud of myself.मेरे काम में क्वालिटी होती है। और उसका मेरे कंपनी को फ़ायदा होता है। My boss is happy with my work.And also giving credit and appreciation for my work."

फिर उस दिन से वो ये सारे सेंटेंसेस पूरी भावना के साथ ऑफिस जाते समय बोलने लगी। अब उसने बॉस क्रेडिट, value नहीं देता। ये बोलना पूरी तरीक़े से बंद किया था।

धीरे धीरे इसका असर दिखने लगा। उसका बॉस का बर्ताव बदल गया। बॉस ने उस लड़की का काम और क्लाइंट ने उस लड़की के की हुई तारीफ़ notice हुआ। आख़िरकार वो दिन आ ही गया की उसके बॉस ने उसको डाटना बंद किया और इतना ही नहीं, उसके ऑफिस में किए गये काम के लिए तारीफ़ भी की। साथ में ही कुछ महीनों के बाद उसका प्रमोशन भी हुआ।

।।तात्पर्य।।

हमारे जीवन में कोई भी घटना एक ही बार घटित होती है। पर लोग वो बुरी घटना बार बार याद करते है और ख़ुद को ही परेशान करते है।

एक ही घटना आप आपके मन में बार बार लगातार याद करते है। और कई बार याद करके उसे पुनर्निर्मित करते है।

अगर घटना बुरी है तो पक्का वो नकारात्मक और दुखी भावनाये जागृत करते होंगे।

फिर पुनरारुत्ति के सिद्धांत के अनुसार (repetition के सिद्धांत), जितनी बार आप वो घटना को याद करेंगे, तो फिरसे वैसे ही घटनाएँ आप के जीवन में घटित होंगे।

ये पुनरावुत्ति का सिद्धांत विज्ञान कहता है।

मानसिक स्वास्थ्य के दृष्टिकोण से जब आप ऐसी घटनाएँ याद करते है, तब आप के शरीर में और मन में बीमारी के बीज डाल रहे होते हो। और वो कब डिप्रेशन के दिशा में जाने लगता है, ये आप को भी पता नहीं चलता।

।।तात्पर्य २।।

ये कहानी से हमे पता चलता है की, अपने जीवन के आधे प्रॉब्लम्स हम ग़लत assumptions से निर्मित करते है।

आधे जीवन के प्रॉब्लम्स

१) ग़लत शब्द बार बार use करने के वजह से

२) और जीवन में एक ही बार घटित हुई घटना जो आपको दुख देती है। वो घटना बार बार याद करके दुखी होते है। उस घटना को हर दिन बार बार कई महीनों तक याद कर के दुखी होते है। फिर वो घटना आप के जीवन के किसी भी हिस्से में घटित हुई हो रिश्ते में हो, स्वास्थ्य हो, धन हो।

३) कई बार जाने अनजाने में आप को जो चाहिए होता है, उसके विरोधाभासी सोच रहे होते है, विरोधाभासी महसूस कर रहे होते है। जब जब आप ऐसा करते हो तब तब आप आपको जो चाहिए उसके विरोधाभासी इन्पुट्स दे रहे होते है।

जैसे की ये कहानी की लड़की काम तो पूरे दिल से ही करती वो भी क्वालिटी के साथ करती थी। घटना उसके साथ एक ही

बार घटित हुई थी। पर वो लड़की ये घटना हर दिन ऑफिस जाते समय याद करती थी।

बॉस ने उसको एक ही बार डाटा था। पर वो घटना वो हर दिन याद कर के डरती थी बुरा महसूस करती थी।

साथ में ही उसने उसने ग़लत assumption किया था की बॉस quality काम करने के बावजूद उसको value नहीं देता। उसको चाहिए था की उसके काम की कद्र हो। पर उससे पूरा opposite वो assume कर रही थी। आप को output चाहिए एक और आप ग़लत इनपुट दे रहे हो तो ऐसा कैसा चलेगा?

If you are giving wrong inputs and expecting correct output.Then how is it possible?

जिस वजह उसी तरह के scenario उसके ऑफिस में होते थे। और बॉस उसको डाट देते थे। और उसके काम को वैल्यू नहीं देता था।

ये बार बार होने के वजह से और उसके मन में बॉस के डाटने का डर बैठ गया। और बार बार लगातार ग़लत assumption महसूस करती थी की उसे वैल्यू नहीं मिलेगी।

अभी आप ही आप के जीवन में observe कीजिए। आप ये कहानी आप के जीवन के किसी भी कहानी से तुलना कर के देखिए की आप जाने अनजाने में ऊपर दिये गये २ पॉइंट्स कि ग़लतिया दोहरा रहे हो क्या? आप आपके भीतर के दुनिया में (मन में / inner वर्ल्ड में/सेल्फ टॉक में) ग़लत विरोधाभासी बोल रहे हो क्या?

जाने अनजाने में inner world में ग़लत self talk, contradict self talk लगातार चालू होता है। इस वजह से वास्तव के दुनिया में वही घटित होता है।

अभी analyse कीजिए आप के शरीर और मन के स्वास्थ्य के बारे में आप के मन में लगातार क्या चालू होता है? और वही सब आपको बाहर के दुनिया में मिलता है।

क्योंकि आप की बाहर की दुनिया ये आप के भीतर के दुनिया का आयाना होता है।

Your outer world is a reflection of your inner world.

भाग २

मैं आपको मेरा अनुभव बताती हूँ। मैं जिम जा रही थी। एक बार जिम जाते समय मैंने ख़ुद को ही तारीफ़ की, "wow दीपा, तू क्या amazing वर्कआउट करती है।" और फिर में जिम गई और मैंने वर्कआउट किया। तब मेरे जिम ट्रेनर ने crossfit लिया/

मुझे जिम करना पसंद है। तो फिर में ख़ुशी से करती हूँ। जिम में जब हम नियमित रूप से एक ही समय पर जाते है। तब उस समय आने वाले नियमित रूप से पहचान के बन जाते है। मतलब अगर हर शाम को ८ बजे जिम हुए तो रोज़ ८ बजे नियमित रूप से आने वाले लोग एक दूसरे को पहचानने लगते है। किसी भी एक समय पर नियमित रूप से आने वाले लोग एक दूसरे को पहचानने लगते है।

पर उस दिन एक व्यक्ति नया था। शायद उसी दिन उसने जिम जॉइन की होगी। पर उसके वर्कआउट के देख कर समझ आ रहा था की वह कई सैलून से जिम करता होगा।

उस नये व्यक्ति ने जब मुझे वर्कआउट करते हुए देखा। मेरा ट्रेनर मुझसे क्रासफ़िट करा के ले रहा था। उस व्यक्ति ने मुझे बोला, "wow आपका strength is very good. Your strentgh of workout is awesome."

मैंने जिम में आने के पहले ही जस्ट ख़ुद की मेरे जिम के बारे में तारीफ़ की थी। ये अनुभव से मुझे आप को यही बताना है, किसी भी चीज के बारे में आपके मन में जो कुछ भी चालू होता है। वही response आपको बाहर के दुनिया से मिलता है। मतलब जिम जाने के पहले ही मेरा ख़ुद के ही वर्कआउट के बारे में wow फीलिंग हुआ था। ख़ुद के जिम के बारे में मेरे मन में (inner world में) appreciation feel किया था। फिर कुछ ही देर बाद मुझे मेरे जिम के बारे में appreciation ही मिली।

Moral of the story is:

"Your outer world is a reflection of your inner world."

❖ इस सबका आपके डिप्रेशन से क्या संबंध है?

बहोत ही गहरा संबंध है। ऊपर दिये गये अनुभव से, मेरा जो जिम करने के बारे में जो भी opinion था, जो भी फीलिंग थी। वही मुझे बाहर मिली। ठीक वैसे ही आपका anxiety से ठीक होने के बारे में आप के मन में क्या है? उसके बारे में क्या विचार और भावना है? आप को एंजाइटी से बाहर तो निकालना होता है, पर आप के मन में क्या चालू होता है?

• पर एंजाइटी के वजह से जब दिन में एक दो बार या फिर कई बार आप के शरीर को परेशानी होती है, उस क्षण का सामना कैसे करना है?

PS: ये ऐसे शरीर की बीमारी है जो डिप्रेशन के वजह से हुई है। और मानो ये शरीर के बीमारी को डिप्रेशन ने

(मानसिक बीमारी ने) पैदा किया हो। तो ऐसे शरीर की बीमारी के वजह से जब पीड़ा होती है तब उस समय का कैसे सामना करना है? क्योंकि ये शरीर की बीमारी अलग महसूस होती है। ये कब ठीक होगी, उसका आप के मुताबिक़ कोई भी अंदाज़ा नहीं लगाया जाता।

* हम कब पूरी तरीक़े से स्वस्थ्य होंगे?

* bore हो रहा है, कब इस सब से बाहर निकलेंगे?

* समय लगेगा इस सब से बाहर निकलने में।

* शरीर के बीमारी का हम समाज सकते है। पर मानसिक बीमारी का क्या?

* और उस शरीर के बीमारी का क्या जो मानसिक बीमारी के वजह से हुई है?

आप यही सब लगातार सोच रहे होते हो। आप के के अंदर की दुनिया में मतलब मन में (inner world में यही सब चालू होता है।) इस लिए बाहर की दुनिया में डॉक्टर से आप को यही सब रिस्पांस मिलता है। आप आपके भीतर और आप के करीबी लोगों से ये सब बोलना बंद कीजिए।

(PS: डॉक्टर को आप को सब सच कहना है। पर डॉक्टर के पास से आने के बाद घर्वलोंसे या फिर ख़ुद से ये मत बोलो की,

"मैं ठीक ही नहीं होऊँगा।" या फिर कई लोगों का कहना होता है की, "normal शरीर की बीमारी का समझा जा सकता है। पर इस बीमारी का क्या, जो डिप्रेशन के वजह से हुई है। ऐसी शरीर की बीमारी कब थी होगी। इसका अंदाज़ा कैसे लगायेंगे। इसके लिए वक़्त तो ज़रूर लगेगा।" या फिर

"ऐसी बीमारी से ठीक होना possible ही नहीं है।")

❖ अब आप में से कई लोगों का कहना होगा की, अगर हम स्वास्थ्य नहीं है तो कैसे कहेंगे की थी ठीक है?

❖ तो उदाहरण की तौर पर यदि जब दिन में २ बार एंजाइटी के वजह से आप के शरीर को पीड़ा हो रही हो, तो जिस समय पर आप के शरीर को पीड़ा नहीं होती हो

- उस वक़्त ख़ुद से बात करो, ख़ुद को समझाओ की, मैडिटेशन जब से नियमित रूप से किया है तब से इस सब की intensity कम हुई है। तो फिर मुझे यक़ीन है की, मैं पूरी तरीक़े से स्वस्थ्य हो सकता हूँ। दिन भर दिन मेरे शरीर का स्वास्थ्य बेहतर हो रहा हूँ ।

- फिर दिन में जभी आप के शरीर को पीड़ा नहीं हो रही हो तो तब कॉमेडी शो देख लीजिए। या फिर ऐसा कुछ कर लीजिए जिस से आप खुश होते हो। और फिर उसके बाद ऐसा महसूस कीजिए की, दिन भर दिन मेरे शरीर का स्वास्थ्य बेहतर हो रहा हूँ। वो समय नज़दीक है जब में पूरी तरीक़े से स्वास्थ्य शरीर, मन और आत्मा में रहूँगा।

- जब आप लगार पूरे ख़ुशहाल भावना से बोलते हो के आप दिन भर दिन स्वष्ट हो रहा हूँ। तो फिर आप के ब्रेन को वैज्ञानिक रूप से सच में ऐसा लगने लगता है की आप सच में स्वस्थ हो रहे हो। ऐसा होता है तब आप का ब्रेन आप की रिकवरी दुगनी रफ़्तार से कर देता है। इसलिए कभी कमी के भावना में मत रहिए। जैसे की स्वस्थ्य होने की कम महसूस मत कीजिए।

(Disclaimer: आप की जो कुछ भी दवाई चल रही है। वो चालू रखिए। पर मानसिक रूप से आप strong रहने की कोशिश करते हो, तब आप की बीमारी ठीक होने में help मिल जाती है। मतलब जब शरीर बीमार होता है तब उस वक़्त मन के ग़लत विचार बीमारी बढ़ा सकता है।)

❖ एक मिनट pause लेकर तुरंत comedy shows देखना ज़रूरी है। ये switch करना ज़रूरी है।

इससे होता क्या है:

- वैज्ञानिक दृष्टि से जब हम कॉमेडी shows देखते है, तब हमारे शरीर में ख़ुशी के भावनाये निर्मित हो जाती है। और उस वजह ख़ुशी का रसायन आपकी बॉडी में निर्मित हो जाता है। और उस वजह से आप के recovery की एनर्जी बढ़ जाती है। और उस वजह से आप की immunity power भी बढ़ जाती है। और जब आप कॉमेडी शोज़ देखेंगे तो आप हँसोगे, हँसोगे तो जाने अनजाने में खुश होंगे। फिर आप की एनर्जी हाई होगी। और इस तरह से वैज्ञानिक दृष्टि से आप को बीमारी से सही सलामत बाहर निकलने के लिये आप के बॉडी को help हो जाएगी। और इससे आप की रिकवरी शुरू हो जाती है।

- जब जब दिन में आप के शरीर को पीड़ा नहीं हो रही होती तब comedy shows देख के आप की फ़्रीक्वेसी जब high होती है, तब उस वक़्त पूरे दिल से इस क्षण के स्वथ्य शरीर मन आत्मा के लिए thank you बोलिये।

  मतलब ऐसा करने से आप, आप के भीतर के दुनिया में स्वथ्य शरीर मन आत्मा निर्मित कर रहे होते हो।

  हमने तो देखा है, आप की बाहरी दुनिया मतलब की वास्तविक दुनिया आप के भीतर के दुनिया का आयना होती है। और इस बात की विज्ञान गवाई देता है।

- दिन में जब कभी आप के शरीर के बीमारी(जो शरीर की बीमारी मन की बीमारी के वजह से हुई है) से आप को पीड़ा होती है, तब जिस जिस हरकतों से आप को ख़ुशी होती है, वो वो कीजिए। जैसे की comedy शोज़ देखना। हर किसी का खुश होने का कारण अलग हो सकता है। मैं हैप्पी सांग्स सुनने से खुश होती हूँ। तो ऐसे समय पर में हैप्पी सांग्स लगाऊँगी। वैसे सोचिए आप किस बात से खुश होते हो? वो आप को जब पीड़ा होती है तब करना है। ताकि ख़ुशी की भावना निर्मित हो सके।

❖ हमारे भीतर के दुनिया में (मन में) जो भी चालू होता है, उसके सिगनल्स ब्रेन कोजा रहे होते है।

  ● यदि आप के स्वस्थ होने के बारे में आप के विचार और भावनाये डरावने हो, तो डर की भावना ब्रेन तक जाती है, और आप का ठीक होने का वक़्त बढ़ जाता है।

  ● इस लिए डॉ जो डेस्पेंज़ा कहते है की, सबसे पहले आप स्वस्थ शरीर में हो, ऐसा फील करो। ऐसा फील करोगे तो आप के ब्रेन को वैसे ही सिगनल्स जाएँगे। और फिर आप का ब्रेन रिकवरी करने लगेगा।

इस लिए आप के ठीक होने के बारे में आप के भीतर के दुनिया में आप का शरीर पूरी तरीक़े से ठीक होने के बारे में क्या चल रहा है ये पक्का analyse (जान के) लीजिए। आप का self talk सही तो है ना, ये analyse कीजिए। आप का self talk सही कीजिए। सेल्फ talk कैसा होना चाहिए। ये हुक्म देखेंगे अगले chapter में।

।।चैप्टर का सारांश।।

कई बार कई लोग बीमार पड़ने के बाद पहले तो बहुत ही दर जाते है। उस डर के वजह से वो ग़लत तरीक़े से सोचने लगते है। अपने पूरी तरीक़े से स्वथ्य होने के बारे में ग़लत शब्द use करने लगते है। उस ग़लत सोच और शब्दों के वजह से नकारात्मक दुखी भावनाये निर्मित होते है। संक्षेप में हमारे विचार, भावना और शब्द यही हमारी भीतर की दुनिया (मन inner world) होता है। इस बारे में अधिक जानकारी हमने इस चैप्टर में ली है।

२०. क्या आप आप के मन में इस तरह से बोल रहे हो? तो तुरंत इस तरह से बोलना बंद कीजिए

"देखता है भजी, माँगता है वड़ा" ये ऐसा तो हो नहीं रहा आपका? ये ऐसा तो आपका नहीं हो रहा है ना? मतलब? मैं आप को उदाहरण देकर बताती हूँ, ये उदाहरण का आप के स्वास्थ्य से तुलना कीजिए।

- आप ख़ुद कैसे हो:
  - मतलब आप गुस्से वाले हो क्या?
  - आप हर बात पर ज़रूरत से ज्यादा सोचते (over thinking) हो क्या?
  - आप अति संवेदनशील over sensitive हो क्या?
- आप को क्या चाहिए:
  - आप को रिश्ते में प्यार चाहिए?
  - आप को मन के मुताबिक़ पैसा चाहिए?
  - आप को अच्छी सेहत चाहिए?

❖ तो आप विरोधाभासी (कंट्राडिक्ट) बर्ताव कर रहे हो क्या? उदाहरण के तौर पर:

* मतलब यदि आप ख़ुद गुस्से वाले हो और आप को प्यार चाहिए।

* मतलब आप ख़ुद बहुत ही नकारात्मक हो और आप को सकारात्मक लोग चाहिए।

ये दोनों भी चीजें विरोधाभासी है। एक दूसरे के opposite है एक ज़मीन है तो दूसरा आसमान है।

❖ चुंबकीय औरा (magnetic field) कैसे तैयार होता है?

* **विचार** शरीर की भाषा है।

* **भावना** ब्रेन की भाषा है।

* ये दोनों भी मिल के **चुंबकीय औरा (magnetic field)** तैयार होता है।

* ये चुंबकीय औरा, आप के विचार और भावना के अनुसार, आप के जीवन में व्यक्ति और incident लेके आता है।

❖ तो, आप का चुंबकीय औरा (magnetic field) कैसा है ये हम अब देखेंगे।

* अगर आप के **विचार** नकारात्मक और दुखी होंगे।

* अगर आप की **भावनाये** गुस्सेवाले और नकारात्मक होंगे, तो उस वजह से आप का चुंबकीय औरा (magnetic field) गुस्से वाला और नकारात्मक हो जाता है। और उस वजह से आप के जीवन में आप वैसे ही गुस्से वाले और नकारात्मक लोग आकर्षित करते है।

* पर आप को तो प्यारा व्यक्ति और प्यार चाहिए। पर आपके विचार और भावना प्यारे नहीं है। इसलिए आप के चुंबकीय औरा (magnetic field) में प्यार नहीं है। इसलिए प्यारे व्यक्ति और प्यारे incident आप के जीवन में नहीं है।

अगर आपको प्यारे रिश्ते,व्यक्ति और incident आप के जीवन में चाहिए तो आप के विचार और भावना में प्यार होना चाहिए। ताकि आप के चुंबकीय औरा(magnetic field) में प्यार आ जाये। और ये आप का चुंबकीय औरा(magnetic field) आप के जीवन में प्यारे रिश्ते,व्यक्ति और incident लेके आयेगा।

तो आप को जो चाहिए, वो आप बन जाइए।

Be what you wish to

- Neville Goddard

ऐसा attitude carry कीजिए। वैसे ही विचार और भावना आप के मन में लाइए।

इस सब को विज्ञान साक्षी है।

❖ मतलब आप दिन में एक बार मैडिटेशन कर रहे हो। पर पूरा दिन आप आप को जो नहीं चाहिए उसके बारे में आप के मन में और दूसरे लोगों से बात कर रहे हो। तो आप "देखता है भजी, माँगता है वड़ा", ऐसे आप कर रहे हो। तो आप विरोधाभासी (contradict) बर्ताव कर रहे हो।

उदाहरण की तौर पर आप के शरीर और मन के स्वस्थ ठीक ना हो। आप को उससे पूरी तरीक़े ठीक होना है। पर आप लगातार यही बोल रहे हो की, "यार मैं कब पूरी तरीक़े स्वस्थ होऊँगा? क्या है ये? यदि बुख़ार आया तो आप को समझमे आता है पर स्ट्रेस के वजह से हुई शरीर के बीमारी से कैसे ठीक होंगे? जीवन के बाक़ी हिस्से (परिवार,रिश्ते, पैसा,करियर) तो अच्छे है। पर इससे कैसे ठीक होंगे?"

ऐसा अगर आप का ख़ुद से ही बोलना होगा तो, आप ब्रह्माण्ड में कैसे सिगनल्स दे रहे हो? तो इसका जवाब है की, आप ब्रह्माण्ड में कमी की, desperation की, चिंता की, frustrate होने की वाइब्रेशंस दे रहे हो। ब्रह्माण्ड का सिद्धांत है, जो आप ब्रह्माण्ड में दोगे, वो आप को तीन गुना वापस देगा। तो ये सब आप को तीन गुना वापस मिलेगा।

दिपा वंजारे   295

फिर आप का कहना हो सकता हिया की, शरीर ठीक नहीं है, स्वस्थ नहीं है, तो फिर कैसे कहे और महसूस करे की "शरीर ठीक है, स्वस्थ है।" तो ऐसे परिस्थिति में ऐसा हो सकता है की,

१) पूरे दिन में सिर्फ़ कुछ समय आप को ठीक ना लगता हो, पर बाक़ी समय आप पूरी तरीक़े से स्वस्थ हो। तो जब जिस वक़्त आप का शरीर पूरी तरीक़े से ठीक है उस वक़्त शरीर को थैंक यू बोलना है।

उदाहरण की तौर पर: कुछ लोगो के सिर्फ़ रात को ही पैर दुखते है। कुछ लोगों को सुबह उठते ही सिर दर्द होता है। मतलब कुछ लोगों का time फिक्स होता है। तो जब जिस वक़्त कुछ दुख नहीं हो रहा हो तब पूरे शरी के लिए थैंक यू फील करो। और visualise करो की अब इस वक़्त आप का शरीर स्वस्थ है। वैसे ही पूरा दिन स्वस्थ है।

२) ऐसा हो सकता है की शरीर के एक body part में आपको पीड़ा होती हो। पर बाक़ी सब पार्ट सही सलामत हमेशा होता है। तो उसके लिए आपको थैंक यू फील करना है। और जो पार्ट में आप को अभी पीड़ा हो पर कभी तो ऐसा होगा की वो पार्ट आप का पूरी तरीक़े से ठीक था, तो उस वक़्त के लिए थैंक यू बोलिये और वो वक़्त याद कर के विज़ुअलाइज़ किजीए की अभी भी पहले जैसा स्वस्थ हो चुका।

Always Feel good about your body

Alway Feel "thank you/gratitude) for your body

मतलब डॉ जो डेस्पेंज़ा हमेशा बोलते है की, यदि आप को स्वस्थ शरीर चाहिए होगा, तो पहले आप स्वास्थ्य शरीर में हो ऐसा फील करो।

First feel completely healthy, if you want healthy body

First feel complete, whole, if you want a healthy body.

- Dr. Joe despenza

❖ इसके पीछे का विज्ञान ये है की:

  ◆ जब आप फील करते हो की आप स्वस्थ शरीर में हो, जब आप ऐसा फील करते हो तब आप ब्रह्माण्ड में वाइब्रेशंस दे रहे होते हो की, आप स्वस्थ हो। और सिद्धांत के अनुसार जो कुछ भी आप ब्रह्माण्ड में देते हो, वो आप के पास तीन गुना होके वापस आ जाता है। इस वजह से आप जल्द से जल्द ठीक होते हो।

  ◆ जब आप पहले से ही स्वस्थ शरीर में हो ये फील करते हो, तब आप के ब्रेन को लगता है की, आप स्वस्थ शरीर में हो। पर ब्रेन को लगता है की आप सच में स्वस्थ हो, पर उसको एनालाइज होता है की आप का शरीर स्वस्थ नहीं है, फिर वो recovery स्टार्ट कर देता है।

❖ मन में बोलते समय समय या फिर किसी और से बोलते समय अपने बीमारी के बारे में discuss मत कीजिए। उदाहरण की तौर पर यदि आप किसी बीमार दोस्त को मिलने गये। उसे जो भी बीमारी हुई हो, और मन लो वही बीमारी आपको past में हुई हो, आपको भी वही symptoms past में हुए हो।

तो ये बात आप share मत करो की आप को भी ये बीमारी और symptoms पहले कभी हुए थे।

आपका ब्रेन आपको याद दिलाएगा की, "आप को भी ये सब हुआ था।" तब तुरंत आप को माइंड में बोलना है की, "cancel cancel cancel, delete delete delete"

जब जब आप खुश हो तब तब आप ऐसा बोल सकते हो:

और फिर आगे मन में बोलिये की, **"यूनिवर्स, थैंक यू, जब से पैदा हुए हो तब से लेकर अब तक जो भी body parts सही से काम कर रहे है, उसके लिए पूरे दिल से शुक्रिया।**

और थैंक यू universe, आख़िरी सास तक मेरा शरीर मन आत्मा पूरी तरीक़े से स्वस्थ है।

(I am always in healthy mind body soul)

मेरा मन के स्थिति हमेशा सही और खुशहाल सकारात्मक (positive) होती है"

क्योंकि स्वस्थ शरीर और मन आप के मन के स्थिति से connected होते है। कई लोग शरीर मन स्वस्थ न होने के वजह से मानसिक रूप परेशान होते है।

।।तात्पर्य।।

अपने ख़ुद के ही शरीर के बारे में लगातार बुरे शब्द बोलकर, चिंता जता कर, आप आप की बीमारी और भी ज़्यादा बढ़ा रहे होते हो। तो उसके बजाय चार अच्छे शब्द जो मैंने अभी ऊपर दिये है अपने शरीर के बारे में बोलेंगे, तो फिर आप का शरीर स्वस्थ होने में हेल्प होगी। विज्ञान इस बात की गवाई देता है की, शब्दों में क्या ताक़द होती है। ये हमने इसके पहले की किताब "प्रारंभ"में बहोत ही आसान भाषा मी देखा है।

❖ आप एक काम कर सकते है:

• "I am the best" ये शाहरुख़ ख़ान का गाना (जो "फिर भी दिल है हिंदुस्तानी" मूवी का है।) लगाइए।

• **और नाचते नाचते जब भी "I am the best" ये लाइन आये तब फील कीजिए की, "मेरे शरीर और मन का स्वास्थ्य best है। मेरे मन की स्थिती हमेशा खुशहाल, सही, सकारात्मक, wise होती है।"**

"I am always in a healthy and happy mind, body, and soul.My mindset is always happy and positive."

जब आप ऐसे खुश होकर नाच करते है। तब आप के वाइब्रेशंस हाई होते है। तब आप के शरीर में १४०० खुशहाल भावना और १४०० खुशहाल रसायन तैयार होते है। और ऐसे ख़ुशी से नाचते झूमते समय जब आप "I am in healthy and happy mind body soul" ऐसे बोलते हो, तब आप के ब्रेन को लगता है की, "ये इतना

ख़ुशी से बोल रही है। ये इतनी खुश है। मतलब ये सच में स्वस्थ हो चुकी है। पर बॉडी क्यों बीमार दिख रही है। मैं रिकवरी स्टार्ट कर देता हूँ।"तो फिर आप के तेज़ी से रिकवरी स्टार्ट हो जाती है।

❖ **उदाहरण की तौर पर**

- जब भी आप को inferiority complex होता है तब आप का self talk कैसा होना चाहिए? "मैंने कोई भी काम किया तो best होगा ही। (ख़ुद का नाम लेकर बोलिये। मैं मेरा नाम लेकर बोलती हूँ। आप आपका नाम लेकर बोलिये) "दीपा ने कोई भी काम किया तो वो best ही होगा। इतना की उस काम को भी नाज होगा की दीपा ने का पता नहीं, पर दीपा जो भी काम करती है best ही करती है। I am the best"

- ऑफिस जाते समय या फिर जो भी काम आप करते समय आपको low फील होता है,वो काम करने से पहले गहरी सास लीजिए। और फिर ख़ुद को बोलिये की, "इसके पहले भी मैंने कई चीजें अचीव किए है। और इसके पहले अगर मैंने achievements की है। तो ये भी कर ही सकती हूँ।"ये ख़ुद से आत्मविश्वास के साथ बोलिये।

- ख़ुद पर विश्वास कीजिए। "मेरा ख़ुद पे यक़ीन है की, मैं कोई भी काम करूँगी, वो ठीक से ही करूँगी।

- आप के बीमारी के बारे में आपका self talk कैसा होना चाहिए:

  - मान लो की, डर के वजह से anxiety के वजह से आप के शरीर में बीमारी हुई हो, तो फुल ऑन टशन में बोलिये की, "ये बीमारी एक डर के विचार से हुई है। ये सिर्फ़ एक डरावना विचार है। ब्रेन कटपुतली जैसे अब तब नाचा रहा था। मैं ये स्थिति आत्मविश्वास के साथ handle कर सकता हूँ। मेरा शरीर, मन, आत्मा

हमेशा स्वस्थ्य रहता है। मेरी मन की स्थिति हमेशा खुशहाल और सकारात्कमक होती है।"

"It's just a thought and brain is playing with me.SO brain, shut up और भाई मैं ये परिस्थिति full confidence के साथ फेस कर सकता हूँ। भाई I am always in a healthy mind, body and soul.I am completely fit and strong."

❖ मन में आप जो भी बोलते है

- आप के बीमारी के बारे में आप आप के मन में क्या बोल रहे हो? इसका निरीक्षण कीजिए।

- आप के बीमारी के बारे में आप क्या क्या बातें करते हो ये आप ही analyse कीजिए।

- बीमारी कोई भी होने दीजिए, शरीर की हो या मन की हो at the end सबको स्वस्थ्य शरीर, मन, आत्मा चाहिए होता है। बीमारी से बाहर निकलना होता है। सबको स्वस्थ शरीर और मन चाहिए होता है।

- आप अपने आप से जो भी मन में बातें करते हो(self talk में) उसमे डर, गुस्सा, frustration होता है क्या?

- अगर होगा तो, accept kijiye। क्योंकि चलो आप को इस बात की जागरूकता (awareness) तो है। और aware होने के बाद accept करना ज़रूरी है। acceptance is first step to cure

- अभी के अभी तय कीजिए की, जब जब आप आप के बीमारी के बारे में आपको चिंता, गुस्सा, डर, frustration महसूस होगा, तब उसी क्षण आपके vibrations high करने के लिए तुरंत पिछले चैप्टर में दिये गये songs लगा के dance कीजिए या फिर कॉमेडी शोज़ देखिए। संक्षेप में जब भी आप के vibrations low होते है, उसी क्षण आपको आपके वाइब्रेशंस करने वाले चीजें करनी है।

स्विच करोगे और जैसा की मैंने आपको सिखाया वैसे self talk कीजिए। आप ख़ुद से मन में क्या क्या बातें करते हो, ये बहोत ही महत्वपूर्ण है।

जागरूक होना बहुत ही महत्वपूर्ण है।

* आप के मन में बीमारी के बारे में ग़लत, नकारात्मक, दुखी विचार है क्या? ये **analyse** कीजिए।

* क्योंकि ये एहसास होने के बाद ही आप ये **accept** कर सकते हो की आप लगातार बीमारी के बारे में ग़लत सोच रहे थे।

* और जब आप accept करोगे उसके बाद ही आप ये ग़लत **विचार को सुधार** पाओगे।

* और फिर उसके बाद ही आप ख़ुद के **vibration high** होने के लिए प्रयास कर पाओगे।

* Self talk is very important.संक्षेप में आप आप का self talk को analyse कीजिए, accept कीजिए, फिर ग़लत सोच को सही सोच से replace कीजिए।

क्योंकि बीमारी से आप को स्वस्थ होना होता है। और आप जाने अनजाने में आप के बीमारी के बारे में डर, तनाव, stress, गुस्सा, चिड़चिड़ापन, frustration महसूस करते है। और वैसे भावना में आप की सोच भी वैसे ही नकारात्मक दुखी बन जाती है। मतलब आप को चाहिए होता है की, आप पूरी तरीक़े से स्वस्थ हो जाये। पर उसके बिलकुल उल्टा (opposite/contradict) ही विचार और भावना होती है। और फिर इस वजह से आप को स्वस्थ होने के लिए और भी ज़्यादा समय लगता है। क्योंकि जैसे हमने अभी देखा की आप के विचार और भावना मिलकर आप का औरा तैयार होता है। आप की मैग्नेटिक फील्ड तैयार होती है। तो इसका मतलब यही है की, आप का self talk इसमें बहोत बड़ा रोल निभाता है। क्योंकि self talk में जो होता है, उसमें आप के विचार और भावना दोनों शामिल होते है।

अभी मैं आप को एक आसान तरीक़ा बताती हूँ। ये सबसे आसान तरीक़ा है।

शुरू में self talk में improve करना यदि आपको आसान नहीं लग रहा हो तो, ये तीन आसान तरीक़े आज़माइये:

१) "धन्यवाद भगवान, मेरे शरीर और मन स्वस्थ है। धन्यवाद भगवान, मेरे मन की स्थिति हमेशा सही, खुशहाल और सकारात्मक होती है।"

ये ऐसा self talk आप कीजिए। मन में हम स्वास्थ्य के बारे में क्या बोलते है ये important है। मन में सही बोलना ज़रूरी है। ये दोनों भी बातें ध्यान में लेकर यदि आप ख़ुद से ही हमेशा सही शब्द बोले, सही बातें की, जैसे की हम मंत्र का जाप करते है। ठीक वैसे ही सही शब्द मन में लगातार बोलिये। वैज्ञानिक दृष्टि से repetitively सही शब्द बोलने से ये आप के subconscious mind में जाएगा।

यहाँ पे हम **जागरूकता से** लगातार सकारात्मक बातें मन में कर रहे है।

२) ये सही शब्द आप आप के आवाज़ में रिकॉर्ड कर के मैडिटेशन करने के बाद लगातार सुन सकते है।

मेडिटेशन करने के बाद तुरंत १५ मिनट अगर आप ये हर दिल सुनोगे, तो वैज्ञानिक दृष्टि से ये आप के subconscious mind में जाएगा। और उससे आप का शरीर और मन के स्वास्थ्य में सुधार होता चला जाएगा। या फिर आप पूरा दिन ये सुन सकते हो। जैसे की आप ऑफिस जाते समय घर से निकले तो ट्रेन से ट्रैवल ऑटो से ट्रैवल कर रहे होंगे। या फिर आप घर में होंगे तो घर में ये रेकॉर्डिंग loud पे लगा कर सुन सकते हो।

३) आप आप के आवाज़ में नीचे दिये गये रिकॉर्ड कीजिए और फिर पूरी रात ये रिकॉर्डिंग धीरे आवाज़ में प्ले

कीजिए और फिर सो जाइए। (PS: आप को सो जाना है। पूरी रात जागना नहीं है।)

इसके पीछे का लॉजिक, वैज्ञानिक कारण ये है की, रात को जब हम सो जाते हैं, तब हमारा conscious mind(logical mind) भी सो जाता है। तब उस समय हम subconscious mind में आसानी से हमे जो चाहिए वो डाल सकते है। सबकंशियस माइंड का विज्ञान ये कहता है की जो सबकंशियस माइंड में जाएगा वो वास्तव में आएगा। पूरे दिन में आपका conscious mind(logical mind) जो होता है वह alert होता है। जो कुछ भी आप पूरे दिन में सनकेंसियस माइंड में डालने का प्रयास करोगे उस समय conscious mind(logical mind) बीच में आ के लॉजिक दे देता है। जैसे की, डॉक्टर किसी पेशेंट को बोला होगा की इस बीमारी का कोई इलाज नहीं है। अब ये इस बीमारी से बाहर नहीं आ सकता। तब अगर समझो मैंने दिन में उस पेशेंट को बोला की, आप का शरीर मन पूरी तरीक़े से स्वस्थ होना possible है। तब आप का conscious mind(logical mind) बीच में आयेगा और आपको logics देगा की, "कैसे possible है? डॉक्टर ने तो नहीं कहा है।" पर यदि आप नीचे दिये गये अपने आवाज़ में record कर के वो पूरी रात प्ले करोगे, तब उस समय मतलब रात को जब आप सोने जाते हो तब आपका conscious mind(logical mind) भी सोता है। पर आप का subconscious mind जागा रहता है। तो उस समय आसानी से ये बातें आप के subconscious mindमें जाएगी और फिर वो वास्तव में आने लगेगा।

"मेरे स्वास्थ्य में दिन भर दिन सकारात्मक सुधार आ रहा है।

मेरे मन की स्थिति हमेशा खुशहाल, सकारात्मक, सही होती है।

मेरी सोच हमेशा wise, सकारात्मक, खुशहाल होती है।

मेरा शरीर मन आत्मा स्वस्थ हो रहा है।

मैं ख़ुद से बहुत ज़्यादा प्यार करता हूँ।"

हम अपने बीमारी के बारे में अपने मन क्या बातें कर रहे है, ये कितना महत्वपूर्ण है, ये हमने इस chapter में देखा। इस बात के सारे scenarios हमने इस चैप्टर में देखे। आप जाने अनजाने में दुखी नकारात्मक विचार, भावना में बह जाते है जिस वजह से आप ख़ुद ही आप के बीमारी का कारण बन जाते हो।

२१. अंदेखा करना ये मानसिक स्वास्थ्य के कितना जरुरी है, ये जान लीजिये

जैसे यह लड़की उस लड़के को नज़रअंदाज़ करती है जिसे वह पसंद नहीं करती, आपको भी अपने अतीत की बुरी घटनाओं को नज़रअंदाज़ करना चाहिए।

मेरी एक दोस्त है। जिसे हालि मे जॉब लगा था। और उसने उसके सीनियर्स से एक टास्क के बारे में guidance माँगा था। पर उसके सीनियर्स ने उसे मार्गदर्शन नहीं किया। और फिर उस मार्गदर्शन के अभाव के वजह से उससे ऑफिस के काम में एक गलती हो गई। फिर उसके सीनियर्स ने उसपे बहुत गुस्सा किया। संक्षेप में उसके साथ आम जनता के भाषा में आसानी से बताऊ तो "politics" हुआ। उससे हुआ क्या? उसे बहुत ही तनाव महसूस हुआ। और उस तनाव के वजह से उसके शरीर पर उसका असर होने लगा।

ये घटना होने से पहले: वो सुबह हुई ना की, खिड़कियोंके पर्दे खोलती थी। सूरज की किरने उसके घर में आने देती। मानो वो सूरज के किरने पूरे घर में ख़ुशी से झूम उठते। फिर पूरा घर प्रकाशमय हो जाता था।

पर वो घटना होने के बाद जब सुबह होती थी, तब उसे खिड़कियों के पर्दे खोलने का मन ही नहीं करता था। क्योंकि सूरज की प्रकाश में उसे जाने का मन ही नहीं होता था। मानो उसे डर

सा लगता था। उसको पता था खिड़की में उसने जो पौधे लगाये है, वह सुक रहे है, फिर भी पर्दे खोलके पौधों को पानी देनी की हिम्मत उसकी नहीं हो रही थी। क्योंकि सूरज की रोशनी में जाने के लिए उसका मन उसे इंकार कर रहा था। मानो सूरज की रोशनी का वो सामना ही नहीं कर पा रही हो। पर ऑफिस में जाने के लिए उसे सूरज की रोशनी का सामना करना ही पड़ता। तो पूरी हिम्मत जुटाकर ऑफिस जाती तो थी और सूरज की रोशनी का सामना भी करती थी। पर पूरा दिन वो बैचेन रहती थी।

फिर वो सेकायत्रिस्त के पास भी गई। सेकायत्रिस्त ने उसे एक मेडिसिन भी लिख की दी। उसने वो मेडिसिन एक ही बार ली। मेडिसिन लेने के बाद पूरा दिन उसे ऑफिस में नींद आ रही थी। इस नींद के वजह से उसका ऑफिस का काम हो ही नहीं रहा था।

ऐसा रोज़ दवाई लेके नींद आयी तो कैसा चलेगा? ऑफिस का काम कैसे होगा फिर? तो फिर उसने मेडिसिन लेना बंद कर दिया। एक ही दिन उसने वो मेडिसिन ली थी। उसके बाद उसने कभी वो मेडिसिन नहीं ली।

फिर उसके पति ने उसे समझाया की, "ऑफिस का काम चतुराई से और ईमानदारी से कर। ईमानदार और होशियार तो आप है ही। ऑफिस के काम में गलती होना ये एक अनुभव था। उस अनुभव से सिख लीजिए। इस अनुभव से ख़ुद को कम मत समझिए। आगे जाके जभी कभी आप सीनियर होंगे, तब आप कभी आप के under काम करने वालों को हमेशा सही तरीक़े बर्ताव कर और मार्गदर्शन कर।"

धीरे धीरे ऑफिस का इंवायरन्मेंट पहले जैसे हुआ। वैसे वो भी पूर्ववत हो गई। मतलब उसने पूरी तरीक़े से अनदेखा कर लिया था। वो रिलैक्स रहने लगी थी। ऑफिस का काम वो और ज़्यादा ध्यान देके करने लगी। पूरा साल अच्छा गया। पर उसके बाद क़रीबन एक साल बाद उसी महीने में फिरसे उसे वैसे ही होने लगा। उसे खिड़की के पर्दे खोलने का मन नहीं कर रहा था। उजाले में, सूरज की रोशनी में उसे जाने का मन नहीं कर रहा था। सूरज की रोशनी

में उसे जाने का मन नहीं कर रहा था। उसे दिख रहा थी उसके खिड़की में उसने जो पौधे लगाये है, वो सूक रहे है। पर फिर भी सूरज कि रोशनी में उसे जाने का मन नहीं था।

फिर उसको अचानक से याद आया, "ओह, पिछले साल भी इसी समय ऐसा ही उसे हुआ था।" फिर उसको एहसास हुआ की, गये साल जैसा अब फिरसे ऐसा ही हो रहा है।

फिर उसने फिरसे ये बात अपने पति से शेयर की। उसने अपने पति को कहा, "पिछले साल जैसे ऑफिस के घटना के तनाव के वजह से उसे सूरज की रोशनी/उजाले में जाने का मन नहीं कर रहा था। पर इस साल अब तो ऐसा कुछ तनाव नहीं था। ऐसा कुछ घटित भी नहीं हुआ था, की उससे तनाव आये। फिर भी इसी महीने में फिर से वैसे ही होने लगा।"

फिर उसने फिरसे पिछले साल वाले उपाय अपनाया। अनदेखा कर दिया और relax होकर ऑफिस के काम पर ध्यान देने लगी। फिर क्या फिर से वो पहले जैसे पूरी तरीक़े से स्वस्थ महसूस करनी लगी। अब वो बिना किसी झिझक के सूर्यप्रकाश में जा रही थी।

ये सब बताने का कारण ये है की, इस सत्य घटना के लड़की ने क्या किया? अनदेखा कर दिया और वो पूरा दिन वो रिलैक्स रहने लगी।

मतलब उसने "सूरज की किरणों में मैं जाने का मन नहीं कर रहा", इस बात को उसने महत्व ही नहीं दिया। इस बात पर उसने पूरी तरीक़े से ध्यान हटाया। मतलब तनावपूर्ण विचार के वजह से उसके शरीर पर असर हुआ है, वो लाइट को फेस नहीं कर सकती। इस बात पर ध्यान ही नहीं दिया। पूरी तरीक़े से अनदेखा कर दिया।

उदाहरण देकर बताती हूँ। मान लो आपने आप के एक दोस्त को फ़ोन किया और उसने उठाया नहीं। फिर आप ने उसे मेसेज किया। उसने मेसेज पढ़ के भी आप को रिप्लाई ही नहीं दिया। ना आप का कॉल उठाया, ना आप को मेसेज पर रिप्लाई दिया। फिर

आपने २,४ दिन अलग अलग समय पर उसे कॉल लगाया। मेसेज भी अलग अलग दिन अलग अलग समय पर किए। फिर भी उसने जवाब नहीं दिया। फिर आप उसे फिरसे कॉल करेंगे क्या? और फिर उस्के बाद आप को बहार से भी पता चला की, इस व्यक्ती को आप से बात ही नाही करनी। फिर आप उससे contact करोगे क्या? नहीं ना?

ठीक वैसे ही......

ऊपर जो हमने सच्ची कहानी सुनी, उस कहानी की लड़की ने उसके सूरज की रोशनी में जाने के परेशानी को ही अनदेखा कर दिया। Relax रह कर ऑफिस का काम किया, उसने उसके तनाव वाले विचारों को महत्व ही नहीं दिया। उसने उसकी बीमारी को महत्व ही नहीं दिया। विज्ञान की दृष्टि से देखा जाये तो, उसने उसके ब्रेन को डर की भावना के रसायन को महत्व ही नहीं दिया। (सूरज की रोशनी में /उजाले में जाने से पहले उसको डर लगता था) उसने अपने ब्रेन में डर की भावना के रसायन को बढ़ने से रोका। रोकने का तरीक़ा था "अनदेखा करना"

❖ उससे बिलकुल ही उल्टा आगे के कहानी में आप को दिखाई देगा। मेरा एक्स्टूडेंट था। उसकी ये सच्ची कहानी। उसे भी उसके जीवन के घटना के वजह से तनाव महसूस हुआ। इस वजह उसे भी सूरज की रोशनी में/उजाले में जाने से उसे डर लगता था। पर इस वजह से वो बहुत डर गया।

  • पहले तो उसने इंटरनेट पर बहुत कुछ ढूँढा:

    ✦ रोशनी में जाने का डर कई लग रहा है?

    ✦ रोशनी में जाने का डर किस वजह से हो रहा है?

    ✦ उसका मूल कारण क्या है?

    ✦ कौन से प्रकार के तनाव के वजह से ये हो रहा है?

    ✦ ये तनाव का प्रकार कितना गंभीर है?

    ✦ इस टेन के प्रकार के वजह से और कौन कौन से शरीर की बीमारी हो सकती है?

उसको ये confirm पता लगा था की, तनाव के वजह से शरीर की बीमारी आयी थी। मतलब रोशनी में जाने का डर, एंजाइटी के विचार आना, किसी भी प्रकार की रोशनी में जाने से चक्कर आ रही है है ऐसा महसूस होना, रोशनी मी जाते ही पसीना आना।

"इससे पूरी तरीक़े से स्वस्थ होना है। शरीर की बीमारी हो तो समझ सकते है। पर तनाव के वजह से शरीर की बीमारी तो कैसे ठीक होना है?"इस बात का उसने काफ़ी स्ट्रेस लिया था। इस लिए वो कुछ जड़ा ही चिंताग्रस्त था।"मेरे साथ ही ऐसा क्यों हुआ?" ऐसा सोच सोच कर और भी ज़्यादा टेंशन आ रहा था।

जब एस चैप्टर की पहली कहानी में मेरे दोस्त को जब रोशनी में जाने से परेशानी हुई थी। तब मेरे दोस्त ने इस रोशनी से पैदा हुए डर को ही अनदेखा कर दिया था।

पर दूसरी कहानी में जो मेरा स्टूडेंट था जिसे रोशनी की परेशानी हुई थी। तो उसका कहना था की, "हालाकि ये बीमारी तनाव के वजह से हुई है तो, वक़्त तो ज्यागा लगेगा ही।" उसकी मन में पूरी तरीक़े से ये बात बैठ गई थी की, उसे रिकवर होने में टाइम लगेगा। इसलिए वो धीरे धीरे रिकवर हो रहा था। इसका स्वस्थ होने का स्पीड जो था, वो बहुत ही कम था। इस चैप्टर की पहली कहानी की जो मेरी दोस्त थी वो तो दोनों बार पिछले साल और इस साल एक ही हफ़्ते में ठीक हो गई।

।।तात्पर्य।।

ऊपर के दोनों कहानी में जो बीमारी थी, वो बीमारी एक ही थी। बीमारी का मूल कारण भी एक ही था। वो था "तनाव"।

पर एक कहानी की मेरी दोस्त एक हफ़्ते में ठीक हो गई। और दूसरे कहानी के मेरे दोस्त का स्वस्थ होने का स्पीड बहुत ही ज़्यादा कम है।

ऐसे दोनों कहानी में डिफरेंस क्यों था?

क्योंकि पहली कहानी में उस डर और रोशनी से होने वाली तकलीफ़ को ही अनदेखा किया। पूरा ध्यान अपने ऑफिस के काम पर कर दिया। तो दूसरे कहानी के मेरे स्टूडेंट का पूरा ध्यान बीमारी पर था। बीमारी के वजह से वो चिंताग्रस्त हो गया था। तनाव, मानसिक बीमारी के बारे लगातार सोच सोच के इंटरनेट पर ढूँढ ढूँढ के वो और ज़्यादा घबरा गया था। उस वजह से उसके anxiety वाले डर वाले विचार और ज़्यादा बढ़ गये। उसमे उसे इंटरनेट पर ये पता लगा की मानसिक बीमारी के वजह से जो शरीर की बीमारी होती है, उसे ठीक होने में ज़्यादा समय लगता hai (जो विज्ञान के अनुसार सच नहीं है)

मेरे स्टूडेंट ने यक़ीन कर दिया। और इस वजह से उसके ठीक होने का स्पीड कम हो गया।

Disclaimer: ज़रूरी होगा तो डॉक्टर के पास जाइए। पर डॉक्टर की दवाई लेने के बाद जब आप बीमारी को अनदेखा कर के खुश रहने पर ध्यान देते हो, तब आप जल्दी स्वस्थ हो जाते हो। क्योंकि वैज्ञानिक दृष्टि से जब आप खुशहाल भावना पे ध्यान देते हो, तब आप की रिकवरी फ़ास्ट हो जाती है। पर जब आप चिंताग्रस्त होते हो, तब आपके रिकवरी का स्पीड स्लो हो जाता है। उल्टा इस चिंता के वजह से आप की बीमारी बढ़ जाती है।

ये मैं एंजाइटी के वजह से, डर के वजह से पैदा हुए शरीर के बीमारी के बारे में बोल रही हूँ। जितना अनदेखा करोगे और रिलैक्स महसूस करोगे, उतना जल्दी आप स्वस्थ हो जाओगे। जब भी कोई अलग भी बीमारी होती है, तब भी जब आप दवाई लेकर, शांत रिलैक्स होकर, खुशहाल रहने के तरफ़ ध्यान दोगे, तब आप जल्दी स्वस्थ होंगे। आख़िरकार हमे तो बस पूरी तरीक़े से स्वस्थ्य होना है ना? तो चिंता कर के, टेंशन लेके बीमारी बीमारी को और ज़्यादा बढ़ाने के बजाय रिलैक्स रहकर खुशहाल रहने पर ध्यान देकर स्वस्थ होने में क्या बुराई है? और इस बात को विज्ञान भी गवाई देता है।

❖ **आप जो चीजें करने में ख़ुशी मिलती है, वो चीजें कीजिए। Ignore it and focus on things which you love to do.**

"The secret" के मूवी की एक कहानी मैं आप को सुनाती हूँ। उस कहानी में एक लड़का था जो गे था। उसके ऑफिस के लोग उसे बहुत तंग करते थे। bully करते थे। उसे बहुत परेशान करते थे। इस वजह से वो हमेशा परेशान रहता था। वो लड़का stand up comedy भी करता था। पर वहाँ पे भी लोग उसका मज़ाक़ उड़ाते थे। क्योंकि पहले ही उसका मूड ख़राब रहता था। क्योंकि ऑफिस में लोग उसका मज़ाक़ उड़ाते थे। उसको परेशान करते थे। इस वजह से उसका मूड ख़राब होता था और उसी मूड में जब वो स्टैंड अप कॉमेडी शो करने जाता था। तो वहाँ जाने पर भी उसे वैसा ही response मिलता था। तो ये सब परिस्थिति से छुटकारा पाने के लिए। फिर उसने तय किया की ये सब किसी को बताया जाये ताकि इसका परिस्थिति का कुछ हल निकले। काफ़ी सोचने के बाद उसे याद आया उसके एक सर थे, जिन्हें वो ये सब के बारे में बता सकता है। और उनके पास इस बात का पक्का कोई ना कोई हल होगा।

तो उसने उसके सर को मेल लिखा। उसकी अभी की सारी परिस्थिति उसने ईमेल पर अपने सर को bataकर दी।

उसके साथ जो जो हो रहा था, उसके ऑफिस में, स्टैंड अप कॉमेडी शो करते समय वो सब पूरी जानकारी के साथ उसने अपने सिर को बता दी।

फिर कुछ दिनों के बाद उसके सर को उसके रिप्लाई दे दिया। उस मेल में ऐसा जवाब आया की, "आप ने इस मेल में आप के साथ क्या क्या हो रहा है ये बताया। इस मेल में आप ने मुझे 'क्या नहीं चाहिए', ये बताया। अब आप एक काम कीजिए । आप के साथ अब क्या हो रहा है, ये आप अनदेखा कर दीजिए। और अब आप का पूरा ध्यान आप को क्या क्या करने में ख़ुशी मिलती है, वो कीजिए।"

उसने उसके सिर का मेल पढ़ते ही, जैसे की मेल मी दिया था की, जिस चीज में ख़ुशी मिलती है, वो उसने करना शुरू किया। मतलब उसे गाना सुनना पसंद था, उसे किताबें पढ़ना पसंद था। ये सब वो ख़ुशी से, मज़े से करने लगा। अब भी उसके ऑफिस के लोग उसे तंग कर रहे थे। पर अब उसने उनको अनदेखा करने लगा।

वो उसके मनपसंद चीजें करने लगा। उस वजह से वो खुश रहने लगा। और उसी ख़ुशी से वो standup comedy भी करने लगा। और अब stand up comedy करने जाने के पहले ज़ादातर खुश होता था।

ऐसा उसने लगभग ६ महीने किया। वो खुश रहने लगा था। अब उसकी ख़ुशी पहले से ज़्यादा बढ़ गई थी। ग़म पहले से ज़्यादा कम हुए थे।

६ महीने के बाद हुआ ये कि: जो लोग उसे ऑफिस में परेशान करते थे, उन में से कुछ लोगों की दूसरी जगह पर ट्रांसफ़र हो गई। कुछ लोगों को दूसरी जगह पर जॉब मिल गई। या तो डिपार्टमेंट चेंज हुए या फिर दूसरी जगह पे जॉब लग गई। और जो नये लोग आये, वो लोग इसे परेशान नहीं करते थे।

उसका स्टेंडअप कॉमेडी शो भी पहले से बेहतरीन तरीक़े से चल रहा था। अब जब वो स्टेंडअप कॉमेडी शो करता था तब उसे उसके गे होने के वजह से और बोलते समय हकलाने पर भी मज़ाक़ नहीं बनाते थे। अब वो स्टेंडअप शो करने से पहले खुश रहता था। उसका स्टेंडअप कॉमेडी शो भी शानदार तरीक़े से करता था। और लोगों को वो पसंद भी आता थे।

||तात्पर्य||

ये सब कैसे हुआ? इस कहानी के व्यक्ति ने ऐसा क्या किया??

- उसे **"क्या नहीं चाहिए"** इस बात को पूरी तरीक़े से अनदेखा कर दिया।

- तो उसे "क्या करने में मज़ा आता है" इस बात पर उसने पूरा ध्यान दिया। और वही सब वो पूरी ख़ुशी से करने लगा।

ये कहानी मैंने आपको इस वजह से सुनाई ताकि आप को ये एहसास हो की,

- हम अनजाने में "हमे क्या नहीं चाहिए?" इस पर ध्यान देते है।

- हम अनजाने में "हमे क्या नहीं चाहिए?" इसी के बारे में बार बार लगातार बोलते रहते है। या तो हम ये सब ख़ुद से मन में बोलते है। या फिर हम ये सब दूसरे लोगों के साथ डिस्कस करते रहते है।

जैसे की जब हम बीमार होते है, तब हम नीचे दिये गये विचार के ऊपर लगातार ध्यान देके फ्रस्ट्रेट होते है।

- "ये सब दर्द, पीड़ा नहीं चाहिए।"

- "ये बीमारी नहीं चाहिए।"

- "ये डिप्रेशन, ये anxiety के विचार, panic attack नहीं चाहिए।"

आप को क्या करने में मज़ा आएगा, आप को जो करना पसंद है, वो अगर आप ने किया, तो खुशहाल भावनाए निर्मित होंगे और आप के शरीर में खुशहाल रसायन निर्मित होंगे। और वैज्ञानिक दृष्टि से आप के शरीर में जब ख़ुशी के रसायन निर्मित होते है, तब आप की रिकवरी शुरू हो जाती है। इतना आसान वैज्ञानिक गणित है। ये आप पक्का कर के देखिए।

"What is" को अनदेखा कीजिए और कॉमेडी शोज़ देखिए।

Ignore "what is" and watch comedy shows

अब मैं आप को और एक कहानी सुनाती हूँ। ये कहानी मैंने सुनी थी "The Secret " के मूवी से। ये एक सच्ची कहानी है। ये कहानी के महिला को ब्रेस्ट कैंसर हुआ था। उसे जब इस बात

का पता चला कि उसे ब्रेस्ट कैंसर हुआ है, तब शुरू में वो थोड़ी सी पैनिक हुई थी।

फिर अचानक से उसे आकर्षण का सिद्धांत याद आ गया। उसके बाद उसे ऐसा भी एहसास हुआ की, वो जब पूरी तरीक़े से स्वस्थ थी। तब वो खुश रहती थी। उसने फिर ठीक वैसे ही स्वस्थ रहने का तय किया। और फिर वो कॉमेडी शो देखने लगी, खुश रहने लगी। डॉक्टर की दवाई तो चालू थी ही। पर वो खुश रहकर कॉमेडी शोज़ देखने लगी।

कई महीने बीत गये, ये सब ऐसा ही चालू था। धीरे धीरे उसके प्रकृति में सुधार दिखाई देने लगा। धीरे धीरे उनका कैंसर ठीक होने लगा। उसके रिपोर्ट्स में भी सुधार आने लगा। और ६ महीने के बाद उसका कैंसर ठीक हो गया।

तो ये कैसे हो गया?

तो इस कहानी के महिला ने भी उसके बीमारी पर फोकस ही नहीं किया। पर उसके पहले उसने वो बीमार हो गई है, इस बात का उसने स्वीकार किया।

उसे जब पहली बार पता चला कि, "उसे ब्रेस्ट कैंसर हुआ है।" तब उसके पास दो रास्ते थे:

१) लगातार उसे हुए ब्रेस्ट कैंसर के बारे में चिंता करना, दुखी रहना, नकारात्मक भावना में रहना। और बीमारी worst हुई तो क्या होगा ये सोच सोचकर परेशान होना।

२) या तो जो जीवन है, वो ख़ुशी से जीना। सिर्फ़ कॉमेडी शो देखना, डॉक्टर की दवाई तो ले लेना। पर बीमारी के बारे डिस्कस न कर के खुश रहने का रास्ता अपनाना।

इस कहानी के महिला ने दूसरा option चुना। डॉक्टर की दवाई तो चालू थी। उसी के साथ चिंता न करने का उसने तय किया। उसने सोचा कि, "चिंता करने से, किधर बीमारी ठीक होने वाली है? उलटा और बीमारी बढ़ेगी और मानसिक कई नयी बीमारियोंकों

आमंत्रित करेंगे। जैसे की लगातार चिंता करने से और नयी मानसिक और शरीर की बीमरी हो जाती।"

उसके कॉमेडी शोज़ देखने के वजह से ख़ुशल भावनाये निर्मित हुए, जिससे खुशहाल रसायन उसके शरीर में निर्मित हुए। लगातार खुशहाल भावना में रहने के वजह से उसकी recovery शुरू हुई और धीरे धीरे वो पूरी तरीक़े से स्वस्थ भी हुई। इसको विज्ञान साक्षी है।

।।चैप्टर का सारांश।।

अगर आप को किसी भी प्रकार की बीमारी हुई है, शरीर की या फिर मन की, पहले तो आप को ये accept करना ज़रूरी है। क्योंकि जब आप ये मान लेते हो तब आप आधि से ज़्यादा लढ़ाई जीत जाते हो। क्योंकि जब तक आप ये accept नहीं करते तब तक आप चिंता करते बैठते हो और कितना बुरा हो सकता है? जब आप accept करते हो तब आप की चिंता की intensity कम हो जाती है। आप को एहसास होता है की, और ज़्यादा चिंता करने से बीमारी और भी ज़्यादा बढ़ जाएगी। इससे अच्छा डॉक्टर की दवाई लेकर खुश रहके कॉमेडी शोज़ देखने में क्या हर्ज है। उससे खुशहाल भावना निर्मित होंगे और फिर ख़ुशी के रसायन शरीर में निर्मित होकर जल्दी से रिकवरी शुरू हो जाएगी। और फिर आप पूरी तरीक़े से ठीक होने के चांसेज भी बढ़ जाएँगे।

मान लीजिए (accept कीजिए)

- ❖ बीमार हो ये मान लीजिए।

- ❖ बीमारी के वजह से जो डर पैदा हुआ, उस डर को भी accept कीजिए।

- ❖ अचानक बीमारी के वजह से जो भी चिड़चिड़ापन हुआ है, वो चिड़चिड़ापन को accept कीजिए।

- ❖ बीमारी के वजह से जो कुछ भी आप के मन के भीतर उठ रहे उसको accept कीजिए।

एहसास

एक बार आपको ये एहसास हुआ की, अचानक हुए बीमारी के वजह से ये सब चिंता के, anxiety के, तनाव के, गुस्से के, चिड़चिड़ापन की भावना निर्मित हो रहे है। और फिर इस भावना के रसायन शरीर में निर्मित हो रहे है। आप के सभी नकारात्मक भावना को आप के रसायन के नज़रिए से देखिए। ख़ुद को आप ख़ुद ही ये लॉजिक, ये विज्ञान समझाइए की, "विज्ञान कहता है की, चिंता कर के बीमारी और भी बढ़ेगी। खुश रेहके बीमारी ठीक होने में शरीर को मदद होगी। तो मुझे खुश रहना का option सिलेक्ट करना मेरे ही ख़ुद के सेहत के लिए फ़ायदेमंद साबित होगा।" ऐसा ख़ुद से बात कर के आप खुश रहना का पर्याय सेलेक्ट कीजिए। और उसके बाद आपको ये दुखी, नकारात्मक भावना को avoid कीजिए।

ये सब कीजिए

❖ कॉमेडी shows देखिए।

❖ खुश भावना में रहिए।

❖ सही डॉक्टर/सही स्वस्थ होने का तरीक़ा सिलेक्ट कीजिए।

❖ आप को आप के बीमारी के वजह से जो कुछ भी परेशानी हो रही है, वो आप डॉक्टर को बताइए।

❖ अपने आप से मन में या फिर करीबी लोगो से लगातार चर्चा मत कीजिए। इससे आप की बीमारी बढ़ सकती है। क्योंकि डॉक्टर को बतायेंगे, डॉक्टर तो दवाई देंगे। पर करीबी लोगो से आप के बीमारी के बारे में बातें कर के आप को क्या मिलने वाला है?

२२. एक मुलाकात खुद के साथ.. एक मेहफिल खुद के साथ

(ख़ुद को सवाल किजिये: भाई, आप को चाहिये क्या?)

आप मी से कई लोगों का होगा के, पति ने आप के साथ समय बिताना चाहिए। या फिर अपने बच्चों आप के साथ समय बिताना चाहिए। यदि आप दादा दादी या फिर नाना नानी हो या फिर माता पिता हो, तो आप को ऐसा लग रहा होगा की, आप के पोता पोती ने आप के समय बिताना चाहिए। क्योंकि हर व्यक्ति अपने ऑफिस, स्कूल, कॉलेज, क्लास, एक्स्ट्रा क्लास में व्यस्त रहता है।

पर अभी मैं आप को एक सवाल पूछती हूँ। आप में से कितने लोग ख़ुद के साथ वक़्त बिताते है?

हा ख़ुद के साथ....सही पढ़ा आप ने, दिन में ५ मिनिट, कम से कम ५ मिनीट ख़ुद के साथ। अभी कई लोगों का कहना होगा ख़ुद के साथ? क्यों ख़ुद के साथ समय बिताना होगा? कई लोगों के पास तो वक़्त ही नहीं होगा। आप ख़ुद को महत्व ही नहीं देते ही नहीं हो। आप ख़ुद के साथ वक़्त बिताते ही नहीं हो। आपको हमेशा यही लगता है की, आप के पति ने या फिर बच्चों ने या

फिर पोता पोती ने आप के साथ समय बिताना चाहिए। पर ख़ुद के साथ समय क्यों बिताना है? ऐसा कुछ होता है क्या? हा होता है।

फिर आप बाहर प्यार ढूँढते हो। पूरे दिन में ५ से १० मिनट ख़ुद के साथ वक़्त बिताके तो देखिए।

❖ **अब हम देखेंगे की ऐसा क्यों करना है? ख़ुद के साथ वक़्त क्यों बिताना चाहिए?**

एक बार ख़ुद के साथ वक़्त बिता के तो देखिए। ख़ुद ये सवाल कीजिए की, "भाई, चल क्या रहा है?" ख़ुद को एक बार पूछिए तो सही की, "कैसे हो आप? कैसा लग रहा है आप को?"ख़ुद को एक बार बोल के तो देखिए की, "वाँ दिपा (ख़ुद का नाम लीजिए) बहोत ही बढ़िया लगा आप के साथ वक़्त बिता के।" वो ख़ुशी,वो शांति,वो हलकापन ख़ुद के साथ ये सब महसूस कीजिए। ख़ुद के साथ wow की फीलिंग महसूस कीजिए।

"वाँ दिपा (ख़ुद का नाम लीजिए) You are amazing।"ऐसा ख़ुद को बोल के तो देखिए।

हम किसी और को मिलते है तो हमे कैसा feel होता है? पति/ पत्नी, बच्चे, दादा दादी, रिश्तेदार, फ्रेंड्स को मिलने के बाद हमे कैसा महसूस होता है? कई दादा दादी को जब जब सारे बच्चे, सारा परिवार घर पे होता है तब अच्छा महसूस होता है। उनको ऐसे परिवार से भरा हुआ घर अच्छा लगता है।

घर के बुजुर्गों को वीकेंड को शनिवार रविवार या फिर जब परिवार में किसी का बर्थडे हो या फिर जब जब त्योहारों पर सारा परिवार इक्कठा होता है। पूरा घर भरा हुआ होगा तो और किसी भी बहाने से पूरा परिवार एक छत के नीचे मतलब घर पे हो तो वो बहुत खुश होते है। फिर से सब चले जाते है तब उन्हें अकेलापन महसूस होता है। सब चले जाने के वजह से घर में जो ख़ालीपण आता है वह उन्हें उदास,दुखी कर देता है। तो फिर वो यूही छोटी छोटी बात पर चिड़चिड़ापन होने लगता है। उन्हें बहुत ही अकेलापन महसूस होता है।

ये सब क्यों होता है? क्योंकि उन्होंने कभी ख़ुद से मुलाक़ात ही नहीं की। आप कभी ख़ुद को मिले ही नहीं। ख़ुद की साथ महफ़िल कभी सजाई ही नहीं। कभी ख़ुद को प्यारसे पूछा की, "आप कैसे हो?"

या फिर कभी आप के जीवन में कुछ घटना घटित हुई, उस समय उस घटना के वजह से आप को चिड़चिड़ापन हुआ या फिर आप frustrated हो गये तब कभी ख़ुद को पूछा क्या, "its okay। Relax, भाई तुझ चाहिए क्या?

कभी जब हमारे दोस्तों के साथ कुछ हुआ तो हम अपने दोस्तों को कैसे बच्चन देते है। मतलब उनको हर तरीक़े से समझाने का प्रयास करते है की, "ठीक है, ये तो हो गया, अब आगे क्या? पीछे मड के मत देख। relax, जो कुछ भी होता है वो एक के लिए होता है।" दोस्तोंकों प्यार से गले लगा के उन्हें समझते है।

ये सब हम अपने दोस्तों के साथ करते है। पर ख़ुद की बारी अति है तब? मतलब ख़ुद के साथ कुछ हुआ तो, ये जो दोस्तों के साथ करते है वो ख़ुद के साथ कर के देखिए। ख़ुद से बात कीजिए की, "ठीक है। मुझे अब बुरा क्यों लग रहा है? ये जो घटना घटित हुई उसमे मुझे अब आगे क्या चाहिए?" आगे ख़ुद को ये भी बोलिये क्या हो रहा है ये नहीं क्या चाहिए? स्पष्टता है क्या? ख़ुद को ही प्यार से गले लगा लीजिए और गहरी सास लीजिए और बोलिये की, "मैं सब के साथ हमेशा अच्छा करती हूँ। तो मुझे यक़ीन है मेरे साथ भी सब अच्छा ही होगा।"

यदि आप हाउस वाइफ हो तो, working women हो, जॉब करने वाले हो, स्टूडेंट हो: कभी कुछ ऐसी घटना घटित हुई, तो ऐसे वक़्त कभी ख़ुद के साथ अकेले समय बिताया है? कभी ख़ुद को पूछा की, "इस घटना से कैसे महसूस हो रहा है? ठीक है, इसके बाद क्या? भाई, तुझ चाहिए क्या? इसके पहले भी जब जब ऐसा कुछ हुआ था, तब तू सही सलामत बाहर निकला था। तो अब भी सही सलामत बाहर निकल पाओगे। don't worry, relax। जो कुछ

भी होता है वो अच्छे के लिए ही होता है। पर जहां पे मुझे stand लेना ज़रूरी है, वहाँ पर मैं stand ज़रूर लूँगा।"

"मेरा ख़ुद पर भरोसा है।"ऐसा सब ख़ुद को बोल कर ख़ुद को ही गले लगाइए।

ऐसा कुछ हुआ, तो, पहले तो वो परिस्थिति को accept कीजिए। ठीक है ऐसा हुआ। क्योंकि जब आप accept करेंगे, तब आप आधी लड़ाई जीत लेंगे। accept करने के बाद solutions, opportunities के दरवाज़े खुल जाएँगे।

ऐसा आप पक्का कर के देखिए। ऐसा कुछ अपने दोस्त के होने के बाद हम उसे कैसे पहले समझायेंगे,फिर उसे कैसे सलाह देंगे,फिर उसे बार बार कैसे समझायेंगे। उसे इस परिस्थिति से बाहर निकालने के लिए कैसे उसका मनोबल बढ़ायेंगे? ठीक वैसे ही, ये सब ख़ुद के साथ करना है। ख़ुद ख़ुद को समझ के लेना है।

और ये सिर्फ़ कुछ घटना घटित होने पर ही नहीं, तो दिन में ५ से १० मिनट ख़ुद के साथ वक़्त ज़रूर बिताये। दिन में कभी भी, जब भी आप comfortable या फिर फ्री हो तब ख़ुद के साथ वक़्त बिताये।

ख़ुद के साथ वक़्त बिताते समय आप को बहुत ही अच्छा महसूस होना चाहिए, आप को ख़ुद wow की feeling आनी चाहिए। मतलब उदाहरण की तौर पर, जैसा आप अपने पसंदीदा व्यक्ति के साथ समय बिताते है तब आप को कैसे महसूस होता है, तब आप को कितना अच्छा महसूस होता है। तब आप को कैसी wow की feelings होगी? वैसा आप ख़ुद के साथ महसूस कीजिए।

||तात्पर्य||

पर ऐसा क्यों करना है? वैज्ञानिक दृष्टिकोण से अब इसका कारण देखते है।

हमने पिछले chapter में देखा की: "आप की अंदर (inner world) में जो कुछ होता है, वही आप को बाहर के दुनिया में मिलता है।"

"Your outer world is reflection of your inner world"

यदि ख़ुद के साथ वक़्त बिताते हुए ही आप bore हुए। या फिर ख़ुद के साथ ही समय बिताते समय ही आप को अच्छा महसूस नहीं हुआ। मतलब आप ने ख़ुद ने ही ख़ुद को ही क़ीमत (value) नहीं दी, तो बाहर की दुनिया में आप को कोई क्यों क़ीमत देगा? आपको ख़ुद के साथ ही मज़ा नहीं आया तो बाहर के दुनिया के लोगों को भी आप के साथ समय बोतते समय अच्छा महसूस नहीं होगा।

क्योंकि आप ख़ुद के साथ ही वक़्त बिताते समय wow feel नहीं कर रहे हो। तो दसों से भी ये expect मत कीजिए की वो आप का साथ enjoy करे।

"Your outer world is reflection of your inner world"

आप को ऐसा लगता है की आप के पति ने आप की तारीफ़ करनी चाहिए। पर उसके पहले कभी आप ने ख़ुद की तारीफ़ की है क्या? ख़ुद ही ख़ुद की पीठ अभिमान से थपथपाई आप ने?

"wow यार, तू कमाल है। तू ऑफिस का काम कर के घर का भी काम करती है। तू ख़ुद के hobbies पर भी ध्यान देती है। मुझे आप पर नाज है।"

ऐसा कभी ख़ुद को बोला है?

आप इतना दिल से ऑफिस में काम करते हो, आप १००%दे कर आप काम करते हो, उससे कंपनी को भी फ़ायदा होता है।

ऑफिस में काम करते समय आपको पक्का ऐसा लगता होगा की, आप के बॉस ने आप की तारीफ़ करनी चाहिए।

पर आप ने कभी ख़ुद की तारीफ़ की है?

इस सबका डायरेक्ट संबंध आप के मानसिक स्वास्थ्य से है। जीवन के कई पाडाव में फिर आप हाउसवाइफ हो या विद्यार्थी हो, या फिर ऑफिस में काम करने वाले हो, हर व्यक्ति को ऐसा लगता है की आप ने जो भी काम किए है, उसके लिए आप हमेशा दूसरों से तारीफ़ की अपेक्षा (expectation) रखते हो। पर ख़ुद, ख़ुद की तारिफ़ करना भूल जाते हो। दूसरे लोगों ने आप को क़ीमत (value) देना चाहिए, ऐसा आप को लगता है। पर आप ख़ुद को ख़ुद क़ीमत (value) देना भूल जाते हो।

❖ **किसी और पे निर्भरता क्यों?**

कोई घटना घटित हुई तो भी आप ख़ुद को ख़ुद समझाने का प्रयास नहीं करते, बल्कि आप दूसरों पर निर्भर रहते है। आप को लगता है कोई दूसरा आप को आप के प्रॉब्लम का सलूशन देगा और फिर आप प्रॉब्लम से बाहर निकलेंगे। याद रखिए, आप के प्रॉब्लम का जवाब आप के पास है। आप के भीतर है। एक बार आँखें बंद कर के ख़ुद से सही सवाल कीजिए की, इस घटना से आपको क्या महसूस हो रहा है? फिर ख़ुद को hug कर के गहरी सास लेकर ख़ुद को संभल लीजिए। फिर ख़ुद को पूछिए अब क्या चाहिए? ख़ुद को पूरी तारीके से क्लियरिटी ना मिले तब काक ये सवाल किजिया? और हा ये करते समय, एक और महत्वपूर्ण बात ध्यान में रखिए की, आप के सलूशन से किसी का बुरा नहीं करना है, किसी को धोखा नहीं देना है। नैतिकता का के सारे नियम follow करने है।

और ये करते समय आप का मन आपको कई बार बुराई रास्ते जाने को बोलेगा, तब आप को नैतिकता का सही रास्ता ही चुनना है।

आप का मन ये प्रॉब्लम और कैसे बिगड़ जाएगा तो क्या होगा, वो सारे scenarios दिखाएगा।

आप के मन आप को भूतकाल में घटित हुए बुरी घटनाएँ याद दिला के आपको दुखी करेगा।

आप का मन आप को बार बार reality वास्तव दिखाएगा। और आपको दुखी करने का प्रयास करेगा। तब आप को ख़ुद को यक़ीन दिलाना है की, आप इस प्रॉब्लम से साहिसलमत बाहर निकल सकते हो। तब उस वक़्त आप को ख़ुद को संभलना होगा। क्योंकि ये आप ही कर सकते हो। आप ही आप के लिए अच्छे तरीक़े से कर सकते हो।

इस सब का आप के मानसिक स्वास्थ्य से direct रिश्ता है। जब प्रॉब्लम आता है। तब कई लोग उसका सलूशन करीबी लोगों से पूछने जाते है। ये सबसे बड़ी गलती करते है। क्योंकि हर दूसरा इंसान जिससे आप राय माँगे वो उतना सक्षम है की नहीं ये आप नहीं देखते।

उदाहरण के तौर पर यदि आप किसी की हड्डी टूट गई तो उसके लिए अलग डॉक्टर होते है। प्रेगनेट लेडी के लिए अलग डॉक्टर होते है। जिम में गये तो जिम में भी ट्रेनर होते है जो इस चीज में माहिर होते है।

तो आप के प्रॉब्लम जिसको बता रहे है। वो उतना सक्षम है की नहीं ये देखना ज़रूरी है। नहीं तो वो प्रॉब्लम कम करने की बजाय प्रॉब्लम को बढ़ाया। अगर वो समझमे सक्षम नहीं हुआ तो वो आप का प्रॉब्लम और भी ज़्यादा बड़ा सकता है।

इससे अच्छा ख़ुद को ध्यान कर के सक्षम बना लीजिए ताकी आप का अंतर आत्मा/आप की भीतर का आवाज़ ही आप को मार्गदर्शन करे। और आपको सही राह दिखाए। ये होने का आसान तरीक़ा एक ही नियमित रूप से ध्यान करना। जिससे आप का मानसिक स्वास्थ्य भी बेहतर होगा। साथ में ही आप अपने आप से जुड़ जाओगे। अपने भीतर की आवाज़ से जुड़ जाओगे।

यदि आप ने बाहर के लोगों से अपने प्रॉब्लम की सलूशन पूछे या तो आप वो आप को अनजाने में ग़लत रास्ता दिखा सकते है।

पर यदि आप ख़ुद से जुड़ जाते हो तो आप का रास्ता हमेशा सही रहेगा। और मानसिक रूप से भी आप बेहतरीन हो जाओगे। इस सबको विज्ञान ने सिद्ध किया है।

ख़ुद के भीतर के आवाज़ को कैसे पहचानना है ये हम मेरे आगे की किताब में जो मैडिटेशन के ऊपर है, उसमे और गहराई से देखेंगे।

❖ रिटायर लोग

यदि आप दादा दादी या फिर नाना नानी होंगे तो भी ख़ुद के साथ वक़्त बिताइये।

"बाप रे मैं अब रिटायर हो गया। अब मैं क्या करूँ? मेरे पास समय ही समय रहेगा। वक़्त कैसे गुजरेगा? ऑफिस होता तो कैसा अच्छा था, सब वक़्त पर होता था। ख़ाना वक़्त पे, लोग भी मिलते थे। पर अब मैं करूँ तो क्या करूँ?"

ऐसा बोलकर ये बुजुर्ग लोग निराशा के और चले जाते है। यूही फिर बिना किसी कारण उनको इस अकेलेपन से डर भी लगता है और बुरा भी लगता है। फिर शुरू होता है इनका नकारात्मक विचारों का सिलसिला। करने को कुछ नहीं होता फिर इनका ध्यान बीमरी पर जाता है। वो बोलते है ना "ख़ाली दिमाग़ शैतान का घर होता है।" फिर शुरू होता है इनका बीमारी का सिलसिला क्योंकि ध्यान बीमारी पर होता है। और जिस पर ध्यान होगा वो चीज बढ़ेगी।

आप सिर्फ़ ररिटायर हुए है। आप के पास दो वक़्त का ख़ाना, अच्छा परिवार, पति/पत्नी, बच्चे है, सबकुछ अच्छा है। फिर क्यों निराश होना है? क्यों दुखी होने के लिए कारण ढूँढ रहे हो? फिर लगातार किए जाने वाले उदास विचार आपको कब आपको डिप्रेशन की और लेकर जाएँगे ये आपको पता भी नहीं चलेगा।

कई बुजुर्ग लोग ना बोलने का सिलसिला इतना करते है की, उनके हर सेंटेंस में नकार घंटा चालू होती है। वो हमेशा इस प्रकार बोलते है, "कोई भी काम ठीक से नहीं हो रहा है।"

यदि पूरा दिन ऐसे नकारात्मक sentence बोलोगे तो कैसे आप के काम होंगे?

शब्दोंकी ताकद तो हमने देखी है। ऐसे उदास भावना के साथ लगातार ऐसे नकारात्मक sentence ("कोई भी काम ठीक से नहीं हो रहा है।") बोलने की वजह से सच में आप के कोई भी काम नहीं होते। एक उदास विचार उदास भावना को जल्म देती है। और लगातार किए जाने वाले उदास विचार फिर उदास भावना से आप डिप्रेशन की और चले जाते हो। उसका शरीर पर असर होता है फिर मन पर भी असर होता है।

उदास विचार => उदास भावना => लगातार किए गये उदास विचार => उदास भावना => डिप्रेशन => मन पर असर => शरीर पर असर => शरीर की बीमारी उदास विचार => उदास भावना => => लगातार किए गये उदास विचार => उदास भावना =>शरीर और मन की बीमारी का बढ़ना

ऐसे चक्रवुह में आप फिर अटक जाते हो। आप को महसूस भी नहीं होता। ये सिर्फ़ एक रिटायरमेंट तो है।

एक उदास विचार ने ये सफ़र शुरू हुआ था। तो फिर रिटायरमेंट का ये सफ़र उदास विचार से करने के बजाय एक नये जीवन का सफ़र समझ के ख़ुशी से कीजिए।

या फिर यादों के अलमारी से आपके hobbies ढूँढ के निकाले। आप को जो करना पसंद था वो कीजिए। और जो ज़िम्मेदारी के वजह से या फिर किसी भी कारण के वजह से कर नहीं सके थे या फिर पैसों की कमी के वजह से कर ना सके थे। जो करना आपको बेहद पसंद था वो आप कर नहीं पाये ऐसे आपके हॉबीज़ वो कीजिए।

अब वो सारे चीजें आप कर के देखिए। जो आपको करना पसंद था। अभी भी समय नहीं गया। अभी भी आप वो कर सकते है। सिर्फ़ बीमारी और बुढ़ापा इतना ही आप का जीवन नहीं है। आप रिटायर हुए है मतलब सिर्फ़ आप के पोता पोती ने ही आपको

समय देना चाहिए इतना ही जीवन नहीं है। टार आप की ख़ुद की भी ज़िंदगी है, जो आप को ख़ुशी से जिनी है।

ख़ुद के साथ वक़्त बिता के तो देखिए। फिर देखिए आप के बच्चे, पोता पोती ख़ुद ही आप के साथ समय बिताने के लिए आयेंगे। आप ख़ुद ही आप का साथ enjoy नहीं करते तो कोई और कैसे करेगा?

यदि ये सब आप ने नहीं किया, बुढ़ापे में अकेले रहने के भावना से या फिर ऑफिस में कोई credit नहीं दे रहा, इसलिए या फिर आप हाउसवाइफ हो, परिवार में आप सब के लिए सब कर रहे हो, फिर भी आप को कोई value नहीं दे रहा, इस लिए एक उदास विचार लगातार कर ने से कब वो आप को डिप्रेशन की और लेकर जाएगा ये आपको ही नहीं समझेगा।

इसलिए आप में बता रही हूँ की, आप चाहे कुछ भी हो, आप student हो, आप ऑफिसर हो, या फिर बिजनेसमैन हो या फिर हाउस्वाइफ़ हो, पति या पत्नी हो, आप दादा दादी हो, फिर भी आप को ख़ुद के साथ ५ से १० मिनट हर दिन बिताना है। ख़ुद की company enjoy करनी चाहिए।

कुछ घटना आपके साथ घटित होगी तो ख़ुद से cliarity लीजिए की आप को क्या चाहिए? क्योंकि ऐसा समय पर हम "क्या नहीं चाहिए" इस अपर हमारा ध्यान होता है। जब हम "क्या नहीं चाहिए" इस पर ध्यान देते है, तब चिंतित होते है, frustrate होते है। chapter १०.९में दिये गई चीजें अपने जीवन के दिनक्रम में include कीजिए।

ये सब हर एक व्यक्ति ने करना बहुत ज़रूरी है। ऐसा करोगे तो डिप्रेशन का "डि" भी आप के जीवन में आयेगा नहीं।

"इस लिए अभी क्षण में (present moment में) संतुष्ट और जागृत रहिए।"

"So be mindful and satisfied in the present moment, that's the secret."

तो मिलते है आगे के किताब में "ब्रेन hacks" में....

||Chapter का सारांश||

कई लोगों को डिप्रेशन किस वजह से आता है? तो सामने वाले व्यक्ति ने उनको महत्व नहीं दिया इसलिए।

उसके पहले ख़ुद को ख़ुद महत्व दीजिए। ख़ुद ही ख़ुद को समय दीजिए। जो जो चीजें आपको ऐसा लगता है की आप के करीबी लोगों ने आप के लिए करना चाहिए, वो वो चीजें पहले आप अपने लिए कीजिए। यदि आप को लगता हो की आप के करीबी लोगो ने आप की तारीफ़ करनी चाहिए। पहले आप तो अपने प्रति वो proud, वो तारीफ़ महसूस कीजिए।

क्योंकि जब तक आपको आपकी वैल्यू नहीं होगी, तब तक किसी और को आप की value नहीं होगी।

क्योंकि आप के भीतर जो चालू होता है, वही आपको बाहर के दुनिया में मिलता है।

पहले आप ख़ुद को तो महत्व दीजिए। पहले आप ने अपने आप को महत्व दिया तो दूसरे लोगों से भी आप के लिए महत्व मिलेगा। फिर आधे से ज़्यादा डिप्रेशन के प्रॉब्लम यह पे ही solve हो जाएँगे।

For more details

My Authorized Books

- ❖ Brain hacks,
- ❖ 9 to 5 job
- ❖ एक भटकता इन्सान
- ❖ पद्‌यामगाची चंद्रमुखी
- ❖ Goals आणि मी
- ❖ प्रारब्ध: author की सच्ची कहानी: प्रारंभ पार्ट २

YouTube: Author Deepa Vanjare

Instagram: author_deepakishorvanjare

Website: www.authordeepa.com

Blogs: www.deepaworld9.blogspot.in

www.ingramcontent.com/pod-product-compliance
Lightning Source LLC
Chambersburg PA
CBHW031245160726
47993CB00001B/33